変貌と伝統の現代インド

アンベードカルと再定義されるダルマ

嵩 満也 編

The Tradition and Transformation of Contemporary India

Ambedkar and Dharma redefined

法藏館

変貌と伝統の現代インド——アンベードカルと再定義されるダルマ＊目次

変貌と伝統の現代インド

アンベードカルと再定義されるダルマ

The Tradition and Transformation of Contemporary India

Ambedkar and Dharma redefined

edited by

DAKE Mitsuya

HOZOKAN

はじめに

嵩　満也

かつて「停滞と貧困のインド」「悠久のインド」というイメージで見られてきたインドは、現在では「発展のインド」、あるいは「ＩＴ産業のインド」という新たなイメージで見られるようになっている。今やインドは、ダイナミックに躍動する南アジアの大国として、世界的な注目を集める国となっている。

インドが経済的に発展する直接のきっかけとなったのは、一九九一年に、それまでの計画経済政策に代わり導入した経済自由化政策にあったことはよく知られている。経済自由化政策により、国内のさまざまな産業規制が緩和され、貿易や諸外国からの投資の自由化が徐々にすすめられ、毎年、高い経済成長率を実現してきた。また、インドの経済発展は、ソフトウェアやＩＴサービス事業といった、コンピュータ分野や情報技術などの最新技術を用いた産業が牽引しているところにその特徴がある。まさに、コンピュータの発明に欠かすことの出来ない概念である、０（ゼロ）を発見したインドの知の伝統の面目躍如たるものがある。

また、そのような経済発展にともない、社会のいろいろな場面で民主主義が深化し、さまざまな社会集団の社会参加がすすんでいる。

とりわけ、かつて不可触民と呼ばれ、インド社会の中で差別を受け、周縁的（マージナル）な地位に置かれてきたダリト（抑圧された人々）をはじめとする人々が、民主主義の深化のなかで、平等な権利と尊厳の回復を求めて声を上げている。そのような「下層民の台頭」は、インド各地で多様なかたちで見られる社会現象となっている。また、仏教徒やキリスト教徒・ムスリムなど、ヒンドゥー社会の中で、宗教的マイノリティとして、やはり周縁化されてきた宗教集団が政治的・社会的な行為主体として発言力を増すようになっている。

もちろん、このようなインドの経済発展や「下層民の台頭」という社会現象は、インド社会に必ずしもプラスの面だけをもたらしているわけではない。グローバルな経済活動にともなう社会構造の変化や、根強く残るカースト制度にもとづく慣習的差別に加え、地域間・階層間のさまざまな格差の問題、貧困や紛争に加え産業の発展にともなう環境破壊の問題など、新たな大きな問題も生じている。また、宗教的マジョリティであるヒンドゥー教原理主義者を刺激し、宗教的マイノリティであるムスリムとの対立・紛争を各地で引き起こしている。

しかし一方で、現代インドのダイナミズムにおいて、インド各地でマージナルな立場に置かれてきた人々が、地域コミュニティの中で自分たちの尊厳の回復と平等な権利を求め連帯し、声を上げるという、それまでインド社会には見られなかった状況も大きなうねりのように起こっている。しかも、そこで注目されるのは、その運動が、地域性はあり、すべての場合に当てはまるわけではないが、カースト制度と離れがたく結びついているヒンドゥー教を棄てて、集団で仏教に改宗をするという、仏教改宗運動と結びついていることである。

言うまでもなく、仏教はインドで生まれた宗教である。しかし、歴史的には、一三世紀以降、インドではほとんどその姿を消した。その後仏教は、今日のスリランカやタイ・ミャンマー・カンボジア・ラオス・ヴェトナムといった東南アジア諸国や、中国・韓国・台湾・日本といった東アジア諸国で広がり、発展をしてきた。ところが、一度は姿を消した仏教が、現代インドのダイナミズムの中で、再生しつつあるのである。

このようなインド社会における仏教改宗運動は、B・R・アンベードカルの活動とその思想から大きな影響を受けている。アンベードカルの名前は、インド独立の父とも呼ばれるガンディーの名前に比べると、日本ではまだほとんど知られていない。特にインド独立運動中でも、会議派の指導者であったガンディーと激しく対立しながらも、ヒンドゥー社会の中で長い間不可触民と呼ばれ虐げられてきた人々の尊厳と権利の回復を求める運動をすすめ、独立後の一九五六年に同胞のマハール（不可触民とされてきたカーストのひとつ）の人々とともに集団で仏教に改宗し、それが今日まで続くさまざまな下層民の運動や、インドにおける仏教改宗運動の大きなきっかけとなっていることを知る人はまだまだ少ない。

＊

本書に収められている論考は、龍谷大学国際社会文化研究所において、二〇一三年度から二〇一四年度の二年間にわたり、「現代インド変貌の諸相――マイノリティとマージナリティの視点から」というテーマのもとにすすめられた共同研究の成果の一部である。共同研究では、ますますダイナミックに躍動しつつある現代インド社会の実際の姿を、マイノリティとマージナリティの視点から捉えるとともに、それを支えている論理や原理が、伝統的なインド思想とどのように繋がり、また同時に相克する関係にあるのかということについて議論を重ね、考察をおこなった。共同研究に参画したのは、歴史学、文献学、文化人類学、宗教学、仏教学など、さまざまなディシプリンにもとづいて南アジア地域の歴史・文化・社会・政治・宗教を研究の対象としている研究者である。それぞれの研究者が、それぞれのディシプリンにもとづいて、現代インド社会の実際の姿を理解する視座を提供しようと試みている。
より具体的に言えば、第Ⅰ部では、現代インド社会における「下層民の台頭」に大きな影響を与えたアンベードカルの思想が、民主主義やカースト制度に対してどのような理解と態度をとったのかについて明らかにするとともに、アンベードカルの思想が独立以降のインドの地域社会でどのような役割を果たしてきたのかについて考察している。

最初の嵩満也論文では、カースト制度の絶滅を主張したアンベードカルの活動が、彼のどのような個人的な経験を背景にして生まれてきたのかについて取り上げるとともに、そのことが「ブッダのダンマ」、すなわち仏教とどのように結びついているのかについて論じている。

次のゴウリ・ヴィシュワナータン論文は、アンベードカルの著作の随所に見られる、仏教理解に込められた歴史的かつ象徴的な意味を読み解くとともに、彼が仏教に見られる合理性と道徳性、そして社会的自覚にもとづいて、どのように民主主義を理解したかについて明らかにしている。両論文をとおして、読者はアンベードカルの生涯と思想の骨格をおよそ理解してもらえるはずである。

ガンシャム・シャー論文は、かなり長篇な論考であるが、原文のまま収録した。この論文では、アンベードカルの仏教理解の特質を踏まえつつ、グジャラート州におけるアンベードカル以降のダリト運動の実態について歴史的に明らかにしている。

舟橋健太論文は、ウッタル・プラデーシュ州における現在の仏教運動の実態と、仏教徒たちがアンベードカルの思想を受け継ぎながら、日常生活において、社会的なマジョリティであるヒンドゥー教徒たちとの付き合いとして、宗教的儀礼をどのように選択的あるいは混交的におこなっているのかについて、フィールドワークの成果を踏まえて明らかにしている。両論文により、アンベードカル以降のダリト運動の実態と、グジャラート州やウッタル・プラデーシュ州における仏教徒の活動や実態について理解してもらえるはずである。

中根智子論文では、インドが経済的に発展する中でも、恩恵を受けられず取り残されているマージナルな社会的弱者の問題、とりわけ大都市における貧困層の子どもの問題を、西ベンガル州コルカタ市のストリート・チルドレンの事例を取り上げ、同市におけるNGOによるエンパワーメントの取り組みが持つ可能性を取り上げている。

第Ⅱ部の各章では、アンベードカルの思想やその後のダリト運動の言説に見られる論理や、行動の背後には、インド社会の中で、長期にわたり歴史的に培われてきた伝統思想が存在しているという共通理解のもと、特にダルマあるいはダンマという概念に焦点を当てて、伝統的なインドの思想において、ダルマあるいはダンマという概念がどのような思想系譜を持っているのか、そしてそのような系譜がどのように現代のインド社会において継承されているのかが議論の中心となっている。すなわち、ダルマというインドの伝統的な概念は、歴史的にインド社会に生きる人々にとって、行動の重要な規準となってきたことが観察される。そして、現在のインド社会における下層民の一定の地位向上が、ダルマというインドの伝統思想、とりわけ宗教思想の変革と深く関連している。つまり、ダルマという伝統思想の再起用が、ダリト運動などの実践を支えているのである。

すなわち、パトリック・オリヴェール論文では、古典期の聖典であるヴェーダではダルマの概念は後世に見られるほど中心思想ではなく、まず初期仏教において採用され、その後ダルマ・スートラなどのバラモン教に採用されたということを論じている。次の若原雄昭論文では、オリヴェール論文を承けて、ヴェーダには見られない仏教のダルマの理解について論じている。さらに、アンベードカルの「ブッダのダンマ」についての理解は、大乗仏教の菩薩道に通じるものであると指摘している。

ヴェルナー・メンスキーの論文は、近代のイギリス植民地下のヒンドゥー法、すなわちヒンドゥー教のダルマは、インドを統治したイギリス人の官僚により、翻訳される過程で、ヒンドゥー教のダルマが本来持っていた多元的な側面が失われ、一元的に理解されたことを指摘する。しかし、ヒンドゥー法は個人法的であり、そこに今日でもさまざまな緊張や競合する関係が存在していることを明らかにしている。

桂紹隆論文は、ブッダはダルマを普遍的法則として理解したことから、そもそも仏教の教えは近代の科学とは対立しない性質を持っており、アンベードカルがそのような「ブッダのダンマ」に、差別と抑圧から自由な社会を築く根拠を置いたことは正鵠を得ているとする。

田辺明生論文は、インドの歴史においては、普遍的な価値に即しつつ個人がそれぞれのヴァナキュラーな立場から幸福を追求するなかで、ダルマという概念を中心にダイナミックな秩序の構築がおこなわれてきたことを明らかにし、アンベードカル主義的な仏教運動の歴史的な意味もそこにあると指摘している。

第Ⅱ部の各章は、全体として、インドにおけるダルマの歴史的・思想的な系譜を明らかにするとともに、その思想が歴史的にどのようなかたちで解釈され、現実社会の中で再構成されてきたのか。また、現代のインド社会においてどのように発露しているのかが論じられている。

また、コラムとして、本書の読者に関心を持ってもらえそうなテーマについて、佐藤智水先生、中村尚司先生、鍬塚賢太郎先生、井狩彌介先生にもご執筆をいただいている。

本書に掲載されている論考の中で、海外の四人の研究者の論文は、すべて二〇一三年一二月に龍谷大学で開催された国際シンポジュウム（龍谷大学現代インド研究センター主催、龍谷大学国際社会文化研究所共催）において英語で発表されたものである。今回掲載するにあたり、いずれも嵩満也が翻訳を担当した。翻訳作業にあたっては、専門的な知識も必要であり、いろいろな方々の手を煩わした。特に、龍谷大学研究フェローの桂紹隆先生と同僚の若原雄昭先生には、訳文の作成に当たり数々の有益なご助言とご助力をいただいた。また、他にも粗訳の作成段階でお手伝いいただいた方々がいる。いちいち名前はここに記さないが、この場を借りて謝意を表したい。いずれにしても、翻訳そのものについての責任はすべて嵩にある。

また、桂紹隆論文と田辺明生論文も、龍谷大学現代インド研究センターの国際シンポジュウムにおいて英語で発表されたもので、ご本人に依頼して日本語に改稿していただいた論文である。日本語への翻訳のご許可をいただいた海外の四人の研究者、並びに日本のお二人の先生方に対して甚深の感謝の意を表したい。

なお、今回の出版にあたり、龍谷大学国際社会文化研究所から出版助成金をいただいた。末筆ではあるが、深く感謝する次第である。

二〇一七年一一月

Ⅰ　現代インド変貌の諸相

アンベードカルの思想とインド下層民の台頭

アンベードカルにおけるカースト絶滅の道とブッダのダンマ

嵩　満也
DAKE MITSUYA

一　アンベードカルの肖像

インド不可触民制撤廃運動の指導者ビームラーオ・ラムジー・アンベードカル（一八九一―一九五六）の名前は、インド独立の父モハンダース・カラムチャンド・ガンディー（一八六九―一九四八）に比べると日本ではあまりなじみのない名前であるかもしれない。しかし、一九九〇年代以降、インド社会の中で長い間根を下ろしてきたカースト制度のもとで最下層に置かれ、差別と貧困の中で生きることを余儀なくされてきた下層民が、ダリト(1)という自分たちのアイデンティティを主張し、政治的・社会的な分野で発言力を増している。そのような現代インド社会の下層民の台頭を理念的・精神的に支えているのは、二〇世紀前半のインド社会の中で不可触民制撤廃運動を指導したアンベードカルの思想なのである。

近年、インドを訪れると、水色に近い青い背広を着たアンベードカル像が道路の辻や広場に建てられているのをよく目にするようになった。その像は、近くに改宗仏教徒たちのコミュニティがあることを示している。アンベードカルは、一九五六年一〇月一四日に、自分が属するマハールと呼ばれる不可触民カーストの同胞三〇万人とともに、インド中央部デカン地方のボンベイ州（現在のマハラシュトラ州の一部）の都市ナーグプールで、仏教への集団改宗式を挙行した。アンベードカルは、集団改宗式のおよそ二カ月後に急逝するが、ダリトを中心とした仏教への集団改宗は、マハラシュトラ州を中心にインド各地でその後も続き、一九五一年に一八万人ほどにすぎなかったインド仏教徒の数は一九六一年には三二〇万人にまで急成長した。現在（二〇一七年）では、インドの仏教徒の数は実質的に六〇〇〇万人とも言われ、一億人だと言う人さえある。この仏教改宗運動には、日本仏教のような宗派もなければ、テーラヴァーダ仏教のように長老仏教僧の指導者が常にいるわけでもない。ただ、インド各地に建てられた仏教徒たちの質素な寺院や集会所には、ブッダと並んで必ずアンベードカルの像や肖像画が飾られている。

このように、インド各地でアンベードカルの像や肖像画が公の場で広く見られるようになったのは、ごく最近のことである。その背景には、仏教改宗運動の高まりにより仏教徒の数が増えたこと以上に、一九九〇年代以降急速に進んだ現代インド社会の変化が、その背景にはあると見ることができる。それは、とりわけ、経済自由化や地方分権といった、政治的・経済的・社会的な現代インド社会の大きな変化の中における、不可触民と呼ばれてきた人々の社会的な台頭を象徴する現象でもある。インド各地で、それまで「アンタッチャブル（不可触民）」という呼称だけでなく、「アンシーアブル（見えない存在）」、「アンヒアラブル（声のない存在）」とされてきた人々が、自分たちの存在を示し、声を上げている。仏教への改宗によるカースト制度からの離脱、積極的な政治参加、公共圏の構築などを通じて、その生活や精神態度は大きく変化している。カーストの絶滅をめざす、そのような現代のインド社会のダイナミズムの一面を生み出す原点となっているのがアンベードカルの存在なのである。

本論では、現代インド社会における仏教改宗の原動力となり、不可触民制とカースト制度[2]というインド社会の宿痾と生涯をかけて闘ったアンベードカルのカースト制度批判と、彼の仏教改宗への道程について紹介したい。

二　アンベードカルの生涯と不可触民制撤廃運動

まず、アンベードカルの生涯を、彼の不可触制撤廃運動と仏教改宗への歩みに焦点を当てつつ辿ってみたい。

アンベードカルは、一八九一年にベンガル州（現在のマハラシュトラ州の一部）で、不可触民カーストとされるマハールの家庭の一四人兄弟の末子として生まれた。祖父と父親はイギリス軍で軍人として働いており、経済的には比較的恵まれていた。また、父親はバクティの聖者カビールへの強い信仰を持っていたとされる。カビールは、ヒンドゥー教だけでなくイスラームにも影響を受け、根源的な唯一神の実在を説き、カースト制度を否定し不可触民制を批判した宗教改革者でもあった。アンベードカルは、後に「自分にとってのグル（師）はブッダとカビールとフレーだ」［粟屋 2010: p. 358］と述べているように、彼が経験した現実の厳しい差別体験だけでなく、そのような家庭環境も、アンベードカルをその後の不可触民制撤廃運動に向かわせる素地となったと考えられる。また、その意味で、カビール、フレーをはじめ、一六世紀以来見られるインドにおけるカースト制度批判の思想がアンベードカルに与えた影響について、今後さらに明らかにしていく必要がある[3]。

アンベードカルは、不可触民出身者として、当時では異例とも言える高学歴を修めた。彼は大学入学資格試験に合格し、ボンベイ（現在のムンバイ）のエルフィンストーン大学を卒業したばかりでなく、海外留学の機会を持つことができた。カースト制度のもと、不可触民が著しく教育を受ける機会を奪われていた時代にあって、このことは全く前例のないことであった。

また、アンベードカルがブッダの教えに最初に触れたのも、この頃だと考えられる。カースト・ヒンドゥー（上位カースト者）出身の社会改革家ケースカルが、アンベードカルが大学入学資格試験に合格したことを祝うパーティに出席し、自分がマラティー語で書いた『ブッダの生涯』を贈っているからである。ケースカルは、この本の中で、ブッダは全ての人間を平等に見た聖者であると書いているが、アンベードカルは、すぐにブッダのそのような思想に関心を示したわけではなかったようである。けれども、アンベードカルが亡くなった翌年の一九五七年に出版された『ブッダとそのダンマ（*The Buddha and His Dhamma*）』では、ブッダは一般に伝えられている四門出遊の経験ではなく、水利争いが原因で出家したという説を立てている。この説に対しては、テーラヴァーダ仏教徒や専門の仏教研究者からは根拠がない説として批判を受けることになるが、実は、同じ説がケースカルのこの本の中に書かれているのである［Education Department Government of Maharashtra 1995: p. ix］。その意味で、仏教との最初の出合いとなったこの本は、後にアンベードカルの仏教理解に大きな影響を与えることになる。

アンベードカルはインドで大学を卒業した後、一九一三年に幸運にもバローダ藩王の海外留学奨学金を受給し、アメリカのコロンビア大学で政治学を学ぶ機会を得る。そして、一九一六年に博士論文を提出し博士の学位を取得している。ただ、後日アンベードカルは、アメリカ留学では経済学よりも教育学者ジョン・デューイのプラグマティズムの哲学とヒューマニズムにもとづく民主主義の思想に大きな影響を受けたとも語っている。アンベードカルは、学位取得後さらにイギリスのロンドン大学で経済学を学び、弁護士資格を取るための勉強を始めるが、奨学金が切れたため一九一七年にインドへ帰国した。帰国後暫くの間、バローダ藩王の役所で働いていたが、同僚から差別的な扱いをたびたび受けたことから、間もなく職を辞した。しかし、すぐにボンベイのシドナム・カレッジで経済学の教授職を得ることができたアンベードカルは［Rodrigues 2004: pp. 555-556］、教育と不可触民の権利を守る運動に取り組むようになる。

一九一七年は、不可触民をめぐり政治的に大きな動きがあった年であった。インド独立を目指し民族運動を推進していた国民会議派が、不可触民の支持を得るために、その年の年次大会で不可触民制撤廃を党の綱領に掲げたのである。一方、それに対抗してイギリスは、分割統治政策の一環として、不可触民の集団を独立した政治集団と認め、議会で留保議席を与えようとした。そのために組織されたサウスボロ委員会からの諮問に対して、アンベードカルは、その提案に乗るかたちで不可触民の政治的な権利としての留保議席を要求した。そして、一九一九年に公布された新インド統治法では、わずかではあるが不可触民の議席が保証されることになった。そのような経緯の中で、アンベードカルは不可触民たちの意識を向上させる目的で、一九二〇年にマラティー語紙『ムーク・ナーヤク（唖の指導者）』を刊行し、不可触民制撤廃のための論陣を張った。その創刊号で、アンベードカルは次のように書いている。

インド社会は、梯子も入り口もない数層の塔のような、不平等が固定化された社会である。バラモンは学問を独占し、カースト＝ヒンドゥーは彼らと同じ神を信ずる仲間を不可触視する。不可触民をこうした永久的な奴隷状態・貧困・無知から救うためには、彼ら不可触民を目覚めさせる長期の努力が必要である。

［山崎 1979: p. 18］

また、不可触民の留保議席の権利に反対する国民会議派の態度に対しては、次のように厳しく批判している。

インドにとって政治的に独立するだけでは不十分であり、政治的・社会的・経済的な平等こそが実現されなければならない。バラモンがイギリス政府の不当な権力に抗議する権利を持つというなら不可触民はその一〇〇倍もバラモン支配に反抗する権利を持つ。（中略）不可触民に基本的権利が与えられないようなスワラージは、不可触民にとって新たな奴隷制を意味するにすぎない。［山崎 1979: p. 18］

一九二〇年にコールハープール藩王からの援助金を得たアンベードカルは、弁護士資格を得るためにロンドンへ再渡航した。途中、ドイツのベルリン大学へも留学する機会を得た後、一九二三年にロンドン大学で経済学の博士号を授与され、弁護士資格も取得し、同年六月にインドに帰国した［Rodrigues 2004: pp. 556-557］。このようにして、「いまや、コロンビア大学とロンドン大学の博士号と、法廷弁護士の資格を持ち、（中略）不可触民としては未曾有のこの肩書きと実力で武装した彼は、いよいよ本格的に不可触民解放運動に乗り出すことになる」［山崎 1979: p. 19］のである。

帰国後のアンベードカルは、まず不可触民の教育普及・経済状態改善・苦情の受付などを目的とした被抑圧者救済会を一九二四年に設立し、不可触民制撤廃運動を精力的にすすめる。そして、一九二六年には留保議席でボンベイ州会議の議員となり、政治家としてその影響力を強めていくことになる。

州会議でアンベードカルがまず取り組んだのは、公共貯水池の不可触民への開放の実効化であった。一九二三年に州議会では公共貯水池の不可触民への開放を決議していたが、この決議は実効を伴わず、貯水池は不可触民には開放されていなかったのである。そこで一九二七年にアンベードカルは、ボンベイ郊外にあったチョウダール貯水池の不可触民への開放闘争を始めた。チョウダール貯水池は、イスラーム教徒やキリスト教徒には開放されていたが、周辺に住むカースト・ヒンドゥーたちは不可触民たちの使用を拒否していた。それは、長い間ヒンドゥー教徒の生活と内面に大きな影響を与えてきた『マヌ法典』の規定により、不可触民は公共の貯水池や井戸の水を直接飲むことを許されていなかったからである。アンベードカルは、不可触民の集会を持ち、その不当性を訴えて、集団でチョウダール貯水池から直接水を飲むという行動に出た。このことは前代未聞のできごとであった。これに対してカースト・ヒンドゥーたちは、すぐに『マヌ法典』にもとづいて貯水池の穢れを浄める浄化儀礼を行った。このことはアンベードカルにとって大きな屈辱であった。アンベードカルは再び集会を開き、ヒンドゥー社会の改革の必要性を説き、不可触民制を説く元凶となっている『マヌ法典』を公衆の面前で焼き捨てた。この事件はインド全土のヒンドゥー教徒に大きな衝撃を与えた。しかしこの時点でのアンベードカルは、まだ、不可触民制撤廃という問題をヒンドゥー教内部の問題として解決しようとしていた。当時のインタヴューに対して、アンベードカルは「カースト・ヒンドゥーからいかに迫害されようともヒンドゥー教は棄てぬ」［山崎 1979: p. 31］と述べているからである。

さらにアンベードカルは、一九三〇年には、ヒンドゥー教の聖地ナーシクのヒンドゥー寺院への不可触民の立ち入りを目指す運動を開始した。この有力なヒンドゥー寺院であるカーラーラーム寺院は、寺院内への不可触民の立ち入りを認めていなかったのである。アンベードカルたちは集団でこの寺院に押しかけたが、寺院は門を閉ざし続け、周辺でカースト・ヒンドゥーとの暴力的な衝突も起こった。その後五年間にわたり寺院解放運動は続けられたが、状況はほとんど変わらなかった。このような経験から、アンベードカルは次第に、ヒンドゥー教内部での不可触民の解放を実現することの困難さを自覚するようになっていった。当時アンベードカルが、ガンディーに対して「自分には故国はない」と発言したことの裏側には、そのような思いが込められていたと考えられる。次第にアンベードカルは、ヒンドゥー教内部での改革に絶望しつつあったのである。

一九三一年、アンベードカルは、その後の政治活動でも、また不可触民制撤廃運動でも、生涯にわたり対立・敵対するガンディーと初めて直接に会った。一九三〇年から「塩の行進」と呼ばれるイギリスの塩専売制などへの抵抗運動を主導していたガンディーと、インド総督との間に妥協が成立し、イギリスは自主選挙やマイノリティの問題などを議論するために第二次英印円卓会議を開催した。その参加者名簿にはマイノリティ代表としてアンベードカルの名前があった。そこで、インドからイギリスへ出発する直前、ガンディーの要請で直接会うことになったのである。その場でガンディーは、アンベードカルに対して、自分が早くから不可触民の問題について考えてきたことや、国民会議派は不可触民の向上にできる限り努力してきたことを述べて、それにもかかわらず、なぜあなたは国民会議派に反抗するのかと問いただしたと言われる。それに対してアンベードカルは、国民会議派の不可触民政策はとても冷淡で形式的なものであると訴え、「あなたは私が故国を持っているといわれるが、実際には私には故国はない。われわれを犬や猫以下に扱い、水さえ拒むような国や宗教をどうして〝自分のもの〟といえるだろうか」〔山崎 1979: p. 36〕と反論した。そして、不可触民はヒンドゥー教徒であり、分離選挙を認めて不可触民をカースト・ヒンドゥーから分離することは自殺行為であると決めつけられたことに腹を立て、アンベードカルは面会の途中で席を立ったとされる〔山崎 1979: p. 35–36〕。両者の不可触民制についての理解は、最初から全く嚙み合わなかったのである。

両者の対立はロンドンへと持ち越されたが、そこでも全くの平行線をたどった。そして一九三二年には、この会議での議論を受けて、イギリスによるコミュナル裁定が発表された。それは、イスラーム教徒・シーク教徒・キリスト教徒には従来の通り分離選挙・保留議席を認め、不可触民に対しては、特別選挙区において保留議席への代表を分離選挙で選ぶ権利と、合同選挙区において一般議席代表をカースト・ヒンドゥーと合同で選ぶ権利を与える、というものであった。二重投票権という変則的なものではあったが、結果的には不可触民の分離選挙を認める裁定が出されたのである。アンベードカルの主張がかなり受け入れた決定が下されたのである。

これに対してガンディーは、イスラーム教徒などの分離選挙については容認するとしながらも、不可触民による分離選挙についてはヒンドゥー教徒の分裂を招くもので受け入れることはできないと強く反対した。そして、この裁定が撤回されないならば、取り消しを求めて死に至る断食に入ると宣言した。アンベードカルは、「マハートマは不可触民制の廃絶をカースト＝ヒンドゥーに求めて断食に入ったことはないのに、不可触民の権利要求を阻止するために断食を始めた」［山崎 1979: p. 41］とガンディーの態度を即座に批判したが、実際に断食に入ったガンディーの生命を賭した反対に、結局は折れるしかなかった。プーナでガンディーと面会し、留保議席数を増やす代わりに分離選挙の権利を放棄したのである（プーナ裁定）。もし、このことでガンディーが亡くなっていたとすれば、カースト・ヒンドゥーの不可触民に対する暴力的な反発や逆襲が起こった可能性は高い。しかし、この決断について、アンベードカルは後になるほど後悔の念を深めるようになった。

ガンディーの死に至る断食の表明以降、各地でカースト・ヒンドゥーたちは不可触民たちに多数の寺院や井戸を開放し、いたるところで不可触民制の撤廃が決議された。またガンディーは、カースト・ヒンドゥーたちが井戸や寺院の解放など、不可触民の教育的・経済的・社会的向上のために活動する団体として、ハリジャン奉仕者団を組織し、活動を始めた。一見、両者の間に歩み寄りの兆しが見られたようにも思われた。ところが、数年の内にそのようなカースト・ヒンドゥーたちの運動は急速に冷めてゆき、アンベードカルにはガンディーや国民会議派に裏切られてしまったという後悔の思いが積もっていった。彼は、一九四五年に出版した『会議派とガンディーは不可触民に何をしてきたのか（*What Congress and Gandhi Have Done to the Untouchables*）』の中でそのことを回想して、そのようなガンディーと国民会議派の裏切り行為を「きたないやり口」だったと非難し、同胞たちに対して、自分たちを守る最良の道は「ガンディー氏に気をつけろ」［Ambedkar 1945: p. 34］ということだと忠告している。

このような経験を通してアンベードカルは、次第にヒンドゥー教内部での不可触民の解放にも懐疑的になり、ヒンドゥー教を捨てる決意を固めていった。そして、一九三五年一〇月に開かれた被抑圧者階級会議の席上で、ヒンドゥー教内部でカースト・ヒンドゥーと同等になるという自分のそれまでの運動が、時間と金と努力の無駄遣いであったことを率直に認めた上で、自分が不可触民として生まれたことは不幸なことだが、どうにもならないことであったと言い、しかし自分は「ヒンドゥー教の中に生まれたが、ヒンドゥーとしては死ぬつもりはない」［山崎 1979: p. 52］と宣言した。つまり、自らヒンドゥー教を捨てることを宣言し、すべての不可触民がそれに続くことを呼びかけたのである。それまでのヒンドゥー教内部での不可触制の撤廃という方針から、ヒンドゥー教を棄てることによる不可触民の解放という方針へと、アンベードカルは大きく運動の舵を切ったのである。

また、それとほぼ同じ時期に、アンベードカルは、パンジャブ州のカースト・ヒンドゥーの社会改良家たちの組織であるジャート・パート・トーダク協会（カースト撤廃協会）から、年次大会での議長として議長演説を行うよう依頼を受けた。しかし、大会の直前になってヒンドゥー教からの改宗を演説に盛り込むことを警戒した協会側と折り合いがつかず、結局大会は中止された。けれども、そのために準備された原稿は、アンベードカルの手で一九三六年に『カーストの絶滅（*Annihilation of Caste*）』として出版された。その内容については後で少し詳しく触れるが、そこでは、ヒンドゥー教との決別については「残念ながら私はもうここにいないでしょうけれども」［Ambedkar 1936; 山崎・吉村 1994: p. 22］とほのめかす程度にとどめている。(4)

アンベードカルは、一九三六年五月に開かれたマハールの代表者集会で、マハール全体がヒンドゥー教を棄て、ヒンドゥー教の神への祈りをやめ祭りに参加しないことと、将来アンベードカルとともに集団で他の宗教へ改宗することを決議した。ただ、どの宗教に移るかは未定とされた。それは、慎重に自分たちの改宗先を考えようとしたことにもよるであろうが、マハールの運動家の中には、その結果受けることになる不利益のために運動が分裂することを恐れる人たちが少なからずいたことも、その理由の一つであった［山崎 1979: p. 54］。一九三五年に施行された新しいインド統治法において、不可触民を含むマイノリティはさまざまな優遇制度の恩恵を受けることになった。そのことは不可触民にとっては社会的な地位や経済的な死活問題にも直結していた。そのような中で、ヒンドゥー教を棄て、不可触民というカテゴリーからはずれることは、大きな不利益になる可能性があった。また、新しいインド統治法で採用された分離選挙法のもとでは、宗教上の勢力分布が政治上の勢力分布を意味することになるからである。そのこともあり、この宣言の直後から、アンベードカルに対してイスラーム・シーク教・キリスト教などから熱心な入信の勧誘があった。

アンベードカル自身は、当初、自分の改宗先については、シク教を真剣に考えていたと言われる。シク教は、一六世紀初めにナーナクが創始した宗教で、ヒンドゥー教とイスラームの影響を受けた教義を持ち、カースト差別に批判的な思想を持つ宗教である。また、キリスト教やイスラームは、それがインド文化の外から入ってきた宗教であるのに対して、シク教はインド文化の中から生まれた宗教である点も、アンベードカルにとって魅力的であったと言われる。しかし、結局シク教に入信することはなかった。

一方で、アンベードカル自身も、改宗宣言後さらに活発な政治活動を展開するようになる。まず、一九三六年には独立労働党という不可触民による政党を組織し、ボンベイ州議会の留保議席選挙では国民会議派に圧勝した。しかし、第二次世界大戦終結後に行われた一九四六年の選挙では、全インド指定カースト連合を組織して戦ったが、国民会議派に大敗を喫した。

インド独立は、一九四七年にインド連邦とパキスタン自治領の分離独立というかたちで達成された。しかし、それは、「一つのインド」という目標を掲げ国民会議派を指導してきたガンディーにとっては大きな挫折であった。インド各地で繰り返されるヒンドゥー教徒とイスラーム教徒の流血の争いを、個人的な力で何とか押しとどめようとしていたガンディーは、一九四八年に狂信的なヒンドゥー教徒の青年によって射殺される。他方、アンベードカルは、国民会議派のネルー首相により初代法務大臣に任命され、憲法起草委員会委員長として新生インドの憲法の起草者となった。ただ、草案には、アンベードカルがそれ以前から主張してきた分離選挙区制については書かれていなかった。しかし、カーストによる差別の禁止、不可触民制の廃止と違反者への罰則、立法府における不可触民議席の留保、行政官公庁における不可触民出身職員の一定数の留保などが、憲法には謳われた。インド国外では、カースト制度の廃止をガンディーの功績として讃えたが、アンベードカルの信念により実現されたと言ってよい。この憲法は一九四九年に制憲議会により採択され、一九五〇年一月に施行された。

アンベードカルはその後、インド議会でヒンドゥー法（家族法）の改正作業に入ったが、ヒンドゥー教保守派の激しい反対に遭い、政権内で孤立し一九五一年に法務大臣を辞職した。その後は野党議員として政治活動を続け、一九五六年には、新たに指定カースト（前不可触民）・指定部族・下層カースト民の政党として、共和党を結党することを宣言した。けれども、この政党が実際に発足したのは、アンベードカルが亡くなった翌年一九五七年のことであった。

一九五〇年以降、アンベードカルは、下層民の権利の保障のための政治活動を精力的に行う一方で、宗教的には次第に仏教への関心を深くし、インドにおける仏教の復興に余生を捧げる決心を固めていった。たとえば、アンベードカルは、一九四六年にボンベイに、下層民の高等教育機関としてシッダールタ・カレッジというブッダの名前にちなんだ大学を創設していたが、さらに一九五一年にはオーランガーバードに大学を創設し、仏教に改宗した古代パルティアのギリシャ系の王の名前にちなんで、ミリンダ・カレッジと命名した。このように、仏教精神にもとづく下層民の教育を推進した。また、他国の仏教徒との交流も頻繁に行い、一九五四年にはビルマで開かれた仏誕祭の行事に参加し、同年暮れにも、世界仏教徒大会に出席するためにビルマを再訪している。

このように仏教へ傾斜を強めたアンベードカルは、一九五六年に仏教への改宗を宣言し、二〇年来の約束であった自らの改宗先を明らかにした。そして、一九五六年一〇月一四日にボンベイ州（現在のマハラシュトラ州の一部）ナーグプールで、妻のカビールそしてマハールの同胞三〇万人とともに仏教への集団改宗式を行い、正式に仏教徒となった。ところが、そのおよそ二カ月後、一二月六日にデリーの居宅で急逝した。

晩年のアンベードカルは、健康が優れない中、政治活動だけでなく、いくつかの著作の執筆、そして仏教徒の集会への参加と、多忙を極めていた。改宗式の翌日の演説で「私は本を書き、皆さんの疑問を拭い去ることにベストを尽くすつもりです。今日私が皆さんに望むことは、私を信じてついてきてくれることです」［Ambedkar 1956 *On the Eve of the Great Conversion*; 山崎・吉村 1994: pp. 252-253］と、改宗した同胞たちに語りかけたアンベードカルの突然の死は、誕生して間もないインドの仏教徒たちにとって、あまりにも大きな損失であった。

三　ガンディーとアンベードカルのカースト論争

ガンディーは、インドの自治・独立（ヒンドゥースワラージ）は、正義にもとづく真理の把握（サティヤグラハ）により実現されなければならないと説いた。それ故に、非暴力・不服従の実践により独立をめざし、それをサティヤグラハ運動と呼んだのである。ガンディーのこのような思想は、今日でも非暴力・平和主義の原理として、その意味を全く失っていない。

けれどもガンディーは、ヒンドゥー社会が因襲的に保持してきたカースト制度の意義については、最後まで肯定的な立場を持ち続けた。ヴァルナの理念にその根源を持つカースト制度は、抑制という価値を人間に教え、貧困層や弱者に対して寛容な相互扶助であり、社会分業的な有用な制度であると考えていた。これは、すでに中世インドのバラモンたちにより語られてきた言説であるが、ヴェーダに説かれるヴァルナの理念の中に、ガンディーはカースト制度の本来の意味を求めた。ただ、不可触民に対する差別については、それは堕落であり、ヒンドゥー教にとっては悪い腫れ物のようなものであると批判した。さらに、そのようなヒンドゥー教内の差別を改めさせるために、ヴァルナでは説かれない「ハリジャン（Harijan 神の子）」と呼ぶことでその場所を与えようとした。しかし、現実の厳しい差別を経験し、そのことと闘ってきたアンベードカルにとって、ガンディーの理屈は、現実には実現されない理念で、目の前の現実を覆い隠くそうとする欺瞞として目に映った(5)。

アンベードカルは、一九三五年頃には、カースト制度はヒンドゥー教そのものであり、その差別から解放されるにはヒンドゥー教を棄てる以外にないと考えるようになっていた。一九三六年、アンベードカルは、ジャート・パート・トーダク協会（カースト撤廃協会）の年次大会の議長演説のために準備され、大会が中止されたことにより未発表のままになっていたその演説原稿を『カーストの絶滅（*Annihilation of Caste*）』という書名で出版した。同書では、ガンディーの不可触民差別とカースト制度に対する理解が取り上げられ、徹底的に批判されている。

アンベードカルは、まず不可触民解放の社会改革運動の障害になっている存在として、政治改革者と社会主義者の存在を指摘する。政治改革者は、社会改革の前に政治改革が必要であると主張し、社会主義者は社会改革の前に経済改革が必要であると主張しているが、それは運動の妨げとなっていると指弾する。政治改革のためには、それに先立つ宗教的・社会的革命が必要であり、社会主義による経済改革は、「平等と友愛の精神に基づいて、互いに同胞意識を抱くような精神的態度を基盤に持っていなければなりません」[Ambedkar 1936; 山崎・吉村 1994: pp. 45-46] と言う。この「平等と友愛」、そして、ここではあげられていないが「自由」という三つの価値は、後で触れるように、アンベードカルが、不可触民制撤廃運動の原理として掲げる理念である[6]。

『カーストの絶滅』の中でアンベードカルは、たとえば次のように述べる。

> 今日なおカースト制度を擁護する人々がいることは嘆かわしいことです。その数は決して少なくありません。カースト制度は職業分業制度にすぎないと弁護され、また分業があらゆる文明社会に必要不可欠な要素であるとしたらカースト制度には何ら弊害はないと弁護されています。 [山崎・吉村 1994: p. 47]

ここでは明らかにガンディーらの主張が念頭に置かれている。その上でアンベードカルは、その主張に対し逆に、カースト制度は単なる職業的分業制度ではなく、むしろそれは労働者を分断する制度でもあり、そこで語られている分業とは「分断された労働者を上下に位置づける位階制度」であると批判する。アンベードカルは、カースト制度は人間どうしを分断し、その自然な能力や素質を社会的な統制のもとに従属させるものであり、制度を維持するのに十分な社会的地位を持つカースト・ヒンドゥー（上位カースト者）の、傲慢と利己心が具体化したもの以外の何ものでもないと指摘する [山崎・吉村 1994: pp. 47–53]。カースト制度は、ガンディーが主張する抑制の価値や寛容な相互扶助を説く制度などではなく、むしろ「共通の活動というものを不可能にし、そうすることによって、ヒンドゥーが一体化した生活と自己意識を持った社会を形成することを妨げてきた」[山崎・吉村 1994: p. 56] 制度であるとするのである。

さらに、カースト制度がヒンドゥー教徒に公共精神や慈善心を失わせる原因となっていること、特にカーストに縛られた道徳心は、憐れむべき人々に対する同情心を欠如させていると指摘する。その上で、ガンディーが、アンベードカルによるカースト批判は、無限の美徳であるヴァルナの伝統についてではなく、ヴァルナの理想から堕落したものであると主張していることを念頭に置いて、(7) ガンディーが説くヴァルナの理念は実現不可能であるだけでなく、社会にとってまったく有害なものでさえあるとあげつらう。

ガンディーは、一九二二年、すでに不可触民差別について、「不可触民制は宗教の奨励するものではなく、悪魔の考案したものである。悪魔はいつも聖典を引き合いに出す。しかし、聖典は理性と真理をこえることはできない」[Gandhi 1955; 竹内・浦田ほか 1991: p. 267] と、不可触民制自体に対して批判を加えている。また、カースト差別の現実を前にして、不可触民制と並んでカースト制度に対しても次第に疑問を向けるようになっている。けれども、ヴァルナが持つ美徳については最後まで自分の考えを変えなかった。たとえば、一九四七年一一月二四日付の『ヤング・インディアン』では、「ヴァルナとは、人間の福利を実現することを託された人々が発見した法則である。それは人間の案出したものではなく、普遍の自然法則の一つであり、(中略) ヒンドゥー教はそれを発見できたのである」と書いている [竹内・浦田ほか 1991: pp. 256–257]。

アンベードカルによるガンディーが説くヴァルナ制度への批判は、まず果たして人々をそのような四つの明確な階級に分類できるのか、ということにある。また、たとえできたとしても、それを維持するためには『マヌ法典』に説かれるような恐ろしい刑罰——実はそれはカースト差別の中で日常的に行われていたこと——を復活させなければならなくなると言う。さらに、もしこの考えを支持する人々が、ヴァルナ制度における諸階級観の関係は被保護者と後見人の関係であると言うのなら、この制度の下では後見人の悪行から被保護者の利益を守る手立てがまったく工夫されていないと、厳しい批判の言葉を投げかけている。その上で、カースト制度を批判したブッダやナーナクを引き合いに出して、「ブッダやグル＝ナーナクのように、シャーストラを放棄するだけでなく、その権威をも否定しなければなりません」〔Ambedkal 1936; 山崎・吉村 1994: p. 94〕と、『マヌ法典』などのシャーストラの権威も否定するべきであると断言している。

『カーストの絶滅』の中でアンベードカルが主張した眼目は、カースト制度あるいはヴァルナ制が持つ差別性はヒンドゥー教という宗教そのものに根ざしたものであり、カースト絶滅のためには、それに代わる自由・平等・友愛の原理に合致する宗教が必要だという点にある。すなわち、アンベードカルは、ヒンドゥー教の宗教的原理を意味するダルマ（dharma）という言葉は、「大半の場合、宗教的命令や儀礼という意味」〔山崎・吉村 1994: p. 109〕で使われており、「ヒンドゥーが宗教と呼んでいるものは、じつは法規、あるいはせいぜい立法化された階級倫理」に他ならないと言う。そして、「これらの一群の法に最終性と固定制が付与されている」〔山崎・吉村 1994: p. 110〕ことには大きな問題があり、そのことにより、どのような社会環境の中でも、差別を維持し正当化する根拠が与えられており、ヒンドゥー教のダルマにしてもカースト制度にしても、これまでそのような役割を果たしてきたと言う。そのことに対してアンベードカルは、「率直に言って、私はこの一群の法令を宗教と呼ぶことを拒否します」〔山崎・吉村 1994: p. 110〕と宣言する。その上で、イギリスの政治家エドモンド・バークの「真の宗教は社会の基盤であり、全ての真正の民主的政府の基礎をなすものである。そして、社会と政府の両者が与える裁可の基盤でもある」という言葉を引き合いに出して、民主主義に合致する原理を持つ宗教の必要性を訴えている〔山崎・吉村 1994: p. 111〕(8)。そして、後にブッダのダンマを、社会の基盤となる民主主義に合致するものとして選択するのである。

四　アンベードカルにおけるブッダのダンマとカースト

アンベードカルとガンディーの不可触民制の問題の解決方策に対する考えは、全く相容れないものであった。ただ、共通した理解もあった。すなわち、両者とも不可触民制の問題を、単に政治的・社会的な問題としてではなく、宗教的にも解決されなければならない問題であると考えていたことである。しかし、その解決へのアプローチは対照的であった。ガンディーはヒンドゥー教の枠組みの中で、宗教的寛容性ということを拠り所に不可触民への差別の問題と取り組んでいた。それに対して、アンベードカルは、最初はヒンドゥー教の枠組みの中でその解決策を模索したが、それは不可能であると自覚し、ヒンドゥー教を棄て、新たな宗教的枠組みの中で解決する道を選んだ。頭初、選択の対象は、宗教思想だけでなくマルクス主義にまで広げられたが、最終的にアンベードカルが、不可触民制撤廃を可能にし、近代的な民主主義や科学的・合理的な真理に矛盾しない宗教として選んだのは、仏教であった。

ここでは、アンベードカルの仏教思想について、彼が仏教改宗と不可触民制撤廃とを直接結びつけて語っている「ブッダとその宗教の将来（*Buddha and the Future of His Religion*）」の内容を中心に、考えてみたい。

「ブッダとその宗教の将来」は、集団改宗式の六年前、一九五〇年に、カルカッタに本部を置いていたスリランカ上座部系の組織マハボディ・ソサエティ（大菩提会）の機関誌に掲載された論説である。この論考の中でまずアンベードカルは、歴史上大きな影響力を持つ宗教指導者として、ブッダ、イエス、ムハマド、クリシュナの四人の開祖を取り上げ、その四人の中でブッダを際立たせている二つの特質があると述べている。一つめの特質としてあげるのは、ブッダは人間として教えを説き、自己の神聖性を否定したという点である。アンベードカルは、ブッダはマールガダーター（正道を教示する者）であり、モークシャダーター（救済を与える者）ではなかったと言うのである。二つめの特質は、ブッダは自分の教えが、疑問を差しはさむ余地のない無謬性を持つものだとは主張しなかった点である。すなわち、自分の教えは理性と経験にもとづくものであり、それをただブッダが説いたからという理由で受け入れたり、拘束力を持つとしたりしてはいけないと説いた点をあげる。人間の教えであり、理性と経験にもとづく教えであるところに、仏教の特質があると言うのである。

アンベードカルがここで、特にブッダは自分たちと同じ人間として教えを説いたということを強調するところには、自分たちを不可触民として扱うヒンドゥー教に対する強い憤りがあると考えられる。そのことは、たとえば、一九三六年のマハールの代表者集会の演説の中で、アンベードカルが次のように聴衆に語りかけていることに端的に示されている。

宗教は人間のためのものである。人間が宗教のためにあるのではない。
もしあなたたちが自尊心を得たいのならば、宗教を変えよ。
もしあなたたちが相互に助け合う社会を作り上げたいのならば、宗教を変えよ。
もしもパワーを望むのならば、宗教を変えよ。
もし平等を望むのならば、宗教を変えよ。
もし独立を望むのならば、宗教を変えよ。
もしもあなたたちの住む世界を幸福にしたいのならば、宗教を変えよ。

（中略）

ある階級は知識を得てはならず、富を得てはならず、武器を手にしてはいけないと説く宗教は宗教ではなく、人間の生活への侮蔑である。

[J. Beltz 2005: pp. 51-51; 粟屋 2010: pp. 363-364]

人間のための宗教であることは、アンベードカルにとっては何よりも重要なことであった。ブッダは最後の説法の中で、「私は出家してから五十年余となった。正理と法の領域のみを歩んで来た。これ以外には〈道の人〉なるものも存在しない」[中村 1980: pp. 150-151] と語っているが、アンベードカルはブッダのそのような姿に、マールガダーター(正道を教示する者)としてのブッダの存在の本質を見たのである。

また、次にアンベードカルは、ブッダの教えすなわちダンマの特質を、ヒンドゥー教のダルマの概念と対比しながら明らかにする。ここでアンベードカルが、ブッダの教えに、当時一般的にヒンドゥー教の教えを指していたサンスクリット語のダルマ(dharma)という言葉ではなく、パーリ語のダンマ(dhamma)という言葉を使っていることは、注目される。意図的にダンマという言葉を使ったと考えられるからである。そして、そこには二つの意図が込められていると考えられる。一つは、アンベードカルは、ヒンドゥー教のダルマは単に儀礼の遂行や規則を意味しているのに対して、ブッダのダンマは道徳のことを意味しており、二つの言葉は異なる意味を持つものとして理解している。もう一つは、ダンマもダルマも、どちらも同じくインド社会に伝統的に存在してきた重要な価値をあらわしてきた言葉であるということである。

パトリック・オリヴェルは、ダルマという言葉の歴史について、この言葉がインド史を通じて常に論争されてきた言葉であり、その論争の歴史は、特に仏教が自分たちの教義の中核と生き方とを特定するためにこのダルマという言葉を使い始めた、紀元前四世紀までさかのぼると論じている。また、ヴェーダ期において、ダルマは、後のバラモン教やヒンドゥー教におけるほど中心的な概念ではなかったと指摘している。初期仏教がそれを採用し、紀元前三世紀にアショーカ王の活動によりダルマが社会全体に広まると、その概念は根本的に再定義され、「道徳性」「正しい生き方」「敬虔さ」という意味で用いられるようになったのである。そして、その後ダルマ・スートラなどの伝統の中でも用いられるようになり、さらにヒンドゥー教が興隆する中で、ヒンドゥー教的な概念として発展してきたというのである〔Olivelle 2004, 2005〕。この理解に従うならば、アンベードカルが指摘するヒンドゥー教のダルマは、もともと本来の仏教のダルマの概念成立以降に展開したものだということになる。アンベードカルは、自分たちの改宗先について、「改宗先はインドの文化に根ざしたものでなければならない」と語っているが、ダルマの概念は、仏教がインドの文化に深く根を下ろしている宗教であることを示している。

またそのことに関わって注目されるのは、インド仏教学者の桂紹隆が「仏教がバラモン教というインドにおいて支配的な宗教・思想に対する一種の異議申し立てとして登場した」〔桂 2015: p. 51〕と指摘していることである。ブッダの教団は、古代インド以来、インド社会で正統な権威とされてきたヴェーダの権威を認めず、ヴァルナ制も認めない宗教であったところにそのことが表れているというのである。アンベードカルが、「ブッダは平等を唱道した。彼は四ヴァルナ制度の最大の敵対者であった」〔山崎・吉村 1994: p. 210〕と述べるように、ブッダはバラモンが支配する社会に対し異議申し立てすることを厭わなかった。このような点にも、アンベードカルが仏教を高く評価し、ダンマというブッダ自身が使ったと考えられる言葉を用いる理由があったと考えられる。

アンベードカルは論説の中で、ヒンドゥー教以外の宗教を選ぶ場合の四つの条件について提示している。それは、⑴道徳的な意味を持った宗教であること、⑵科学と合致した宗教であること、⑶自由・平等・友愛という社会生活の根本原理を認知する宗教であること、⑷貧困を神聖化あるいは高貴化しない宗教であること、というものである。そして、唯一これらのすべてを満たす宗教は仏教以外にないと結論づけた。また、ブッダの教えについて、多くの者がアヒンサー（不殺生）だけを説いたかのように語るが、実際にはブッダは社会的自由・知的自由・経済的自由・政治的自由を説き、平等を説いたと指摘している。

アンベードカルが、自分が選ぶ宗教に対して求めたこれらの条件は、彼が不可触民制撤廃を求めて活動するときに、つねに求めてきた基準である。すべてについて具体的な根拠は書かれていないが、具体的な活動を通して仏教がそれを全て満たしていると確信したのである。ただ、そのようなアンベードカルの仏教理解は、社会改革が先にあって、その枠組みの中で仏教を理解したものにすぎないと批判されることもある。しかしそれは、宗教と社会改革を単純に分けて考えないアンベードカルの一貫した立場なのである。

さらにアンベードカルは、仏教を広めるための三つのステップについても述べている。それは、⑴仏教の聖典を作ること、⑵比丘教団の組織・意図・目標を改革すること、⑶世界的な仏教伝道機関を設立すること［山崎 1979: p. 219］の三つである。アンベードカルのプラグマティックな側面を端的に示す主張であるが、この三つには既存の仏教への批判が込められていることが分かる。

聖典については、仏教にはすでに膨大な聖典が存在しているが、そのすべてに目を通すことは不可能である。従って、誰でも持ち運び、どこへ行っても読めるような、手軽で想像力をつなぎ止めうるような聖典が必要だと言うのである。逆の見方をすれば、そのような聖典が存在しないことへの批判だと考えることができる。アンベードカルが死の直前まで書き続けた『ブッダとそのダンマ』は、まさにそのような意図のもとに書かれた本であり、アンベードカルを慕う改宗仏教徒たちは、この本を自分たちのバイブルのように大切にしている。

またアンベードカルは、比丘集団は、本来、在家集団の人々すなわち一般の仏教徒に、理想とはどのようなものかという手本を示す存在であるべきだと考えている。しかし、現実の比丘集団はその役には立っていないし、信仰の普及にとって不可欠だと考えられる社会奉仕が見られない。裏を返せば、静まりかえった教団（サンガ）は、人々に奉仕し導くこともできていないから、一般の仏教徒を引きつけることもできていないと批判しているのである。

さらに、この論説の中では、インドにおける仏教普及のため、東南アジアなどの他の仏教国に支援を呼びかけている。また、その後みずからスリランカや東南アジアの仏教国をしばしば訪問している。けれども、一九五六年の集団改宗式の後の演説では、海外からの支援を期待せず、経済的にも自分たちで運動を支え進めていこうと語りかけている。[9] そこには既存の仏教国に対する失望感も窺われる。

むすびにかえて

アンベードカルが主導した仏教改宗運動は、仏教への集団改宗式のおよそ二カ月後に、彼の突然の死により最大の支柱を失った。しかし、アンベードカルが生涯をかけて取り組んだ不可触民制撤廃運動は、最初にも触れたように、一九九〇年代以降、かつて不可触民と呼ばれた人々を中心としたインド社会における下層民の台頭という、大きな変化を生み出している。アンベードカルは、それまで不可触民と呼ばれていた同胞に対してよく「教育しよう、声を上げよう、団結しよう」と説いた。そして、ブッダのダンマを自分たちの精神的支柱として受け入れ、仏教へ改宗することを呼びかけた。アンベードカルが生涯を懸けて求めた不可触民制の撤廃は、カースト絶滅の道でもあった。そのカースト絶滅の道程には、現在でもさまざまな政治的、社会的そして宗教的な障害が存在している。しかし、アンベードカルが残したカースト絶滅の道としてのブッダのダンマは、これからもインド社会で人々の大切な拠り所となっていくことはまちがいない。

註

（1）「抑圧された人々」を意味する。また、「ブロークン・マン」という言葉の語源でもある。

（2）カースト制度は、インド社会の中で長い間根を下ろしてきた身分制度のジャーティと、職業の世襲制や内結制を伴った社会制度のジャーティ制度を、一六世紀にインド西海岸を支配したポルトガル人が「カースト」（casta 家柄・血統の意味）と呼び、後から来たヨーロッパ人もそれをまねたことから、インド社会の中にカーストという言葉が定着したとされる。

（3）そのような視点からアンベードカルの思想について光を当てた近年の研究成果として、粟屋［2010］の論考がある。

（4）ただ、一九三七年版ではそうなっているが、一九四四年版では、該当箇所は「残念ながら私は皆さんの側から離脱することになります。私は改宗を決意しています。私は皆さんの宗教を離れても、皆さんの活動を燃えるような共感を持って見守り、役に立つなら助力するつもりです」［Ambedkar 1937; 山崎・吉村 1994: p. 119］と改められている。

（5）アンベードカルのカーストの起源についての理解は、［山崎 1979］に「付篇・カースト制度と不可触民制——その構造と歴史」として紹介されているので、参照されたい。

（6）アンベードカルは、自ら理想とする社会とは「自由、平等、友愛」に基づいた社会であるという。友愛とは「さまざまな利益が意識的に共有され、「異なる生活形式を持つ人々の間に、多様で自由な接触の機会があり」」、「同胞に対する尊重と敬意の態度」のことであり、民主主義の別名であるとする［山崎 1979: p. 69–71］。

（7）一九世紀末、カースト制度をヴァルナからの堕落と捉え「ヴェーダに還れ」と提唱し、不可触賤民の地位向上などを推進したアーリア・サマージの創設者ダヤーナンダ・サラスバティにより、すでにそのような主張が行われていた。

（8）　ここでアンベードカルは、自由・平等・友愛という原理を民主主義の原理としてあげるが、言うまでもなくこれらはフランス革命時のスローガンでもある。バークの思想的影響を受けていたアンベードカルは、後にこの言葉を用いるときにフランス革命における意味ではないということをしばしば断っている。すなわち、それは非暴力的なものであり、宗教否定でもないことを強調しようとしたのである。

（9）　一方、アンベードカルの仏教理解そのものに対しては、一九五七年に『ブッダとそのダンマ』が出版された直後から、マハボディ・ソサエティをはじめ伝統的な仏教勢力からさまざまな批判が加えられた。たとえば、かつてアンベードカルの論説を掲載した『マハボディ・ソサエティ』誌上には、アンベードカルが、四聖諦の教えを批判している点や、ブッダの生涯や行動についての解釈をめぐって、恣意的に曲解していると批判した。また日本でも、ブッダの故国インドでの仏教復興というアンベードカルの活動に対しては、早くから関心の目が向けられた。その中心は、一九五〇年代からインドに長期間留学していた若い仏教研究者であった。彼らは、アンベードカルの思想と改宗仏教徒たちについて紹介している。

いずれも、アンベードカルが主宰した集団改宗式以後、インドに仏教徒が新たに多く誕生していること、アンベードカルは不可触民出身であるにもかかわらず例外的に高学歴を修め、不可触民の政治的・精神的な指導者として活躍し、仏教に改宗することで自分たちの宿痾であった不可触民制から解放され、ヒンドゥー社会のカースト制度を廃止しようとしたことが紹介されている。ただ、不可触民による仏教改宗運動について、それを宗教的現象と見るか、宗教的色彩を持つ政治的・社会的現象と見るかということについては、大半が後者の立場を取ると表明している。たとえば、奈良は、アンベードカルの改宗は「信仰が先ずあってそれに基づく社会批判でなく、自らの理想とする社会建設を成就させる手段としての仏教だった。（中略）宗教的心情というより、完全に社会的要因に支えられたものだった」［奈良 1968: p. 20］と指摘している。

その他、主なものを列挙するなら、高崎直道「海外における仏教研究の動向——インド・セイロン」(『講座近代仏教　第1巻　概説編』法藏館、一九六三年)、藤吉慈海「現代インドの仏教復興運動——大菩提会とアンベードカルの運動を中心として」(『東方学報　京都』三三、一九六三年)、同「アンベドカルの仏教観」(『印度学仏教学研究』一二—二、一九六四年)、奈良康明「現代インドにおける仏教の問題点」(『高田学報』五九、一九六八年)、佐藤良純「インドのネオ・ブッディストについて」(『三康文化研究所所報』四、一九六九年)、辛島昇・奈良康明『インドの顔』(河出書房、一九七五年)などがある。

さらに一九七〇年代以降になると、歴史学研究者や日本の差別問題に取り組む社会運動家たちにより、アンベードカルや改宗運動の歴史的・社会的な側面に焦点を当てた著作が見られるようになる。歴史学研究者による成果の代表的なものとしては、たとえば、荒松雄『三人のインド人——ガンジー・ネルー・アンベードカル』(白樹社、一九七〇年)や、山崎元一『インド社会と新仏教——アンベードカルの人と思想』(刀水書房、一九七九年)があげられる。また、アメリカのジャーナリストで政治学者でもあったH・R・アイザックスが、独立後のインドにおけるカースト差別の実態とアンベードカルの思想について一九六四年に書いた *Idia's Ex-untouchable* が、一九七〇年に我妻洋・佐々木譲により翻訳され、『神の子ら——忘れられた差別社会』(新潮選書)として出版された。また、直接インドを訪問し改宗仏教との交流を行った社会活動家の中尾俊博『インド仏教徒との出合い　上・下』(永田文昌堂、一九七八年)などが公刊された。

参考文献

粟屋利江(2010)「第7章　近代から現代へ」(奈良康明・下田正弘編『新アジア仏教史02　インドⅡ　仏教の形成と展開』佼成出版社)。
B・R・アンベードカル、山際素男訳(2004)『ブッダとそのダンマ』(光文社新書)。
B・R・アンベードカル、山崎元一・吉村玲子訳(1994)『カーストの絶滅』(明石書店)。

桂　紹隆（2015）「第2章　異議申し立てとしての仏教」（粟屋利江・井坂理恵・井上貴子編『現代インド5　周縁からの声』東京大学出版会）

D・キール、山際素男（2005）『アンベードカルの生涯』（光文社新書）。

中尾俊博（1978）『インド仏教徒との出合い　上・下』（永田文昌堂）。

中村　元（1980）『ブッダ最後の旅――大パリニッバーナ経』（岩波文庫）。

奈良康明（1968）「現代インドにおける仏教の問題点」（『高田学報』五九）。

ロベール・ドリエージュ著・今枝由郎訳（2002）『ガンジーの実像』（文庫クセジュ）。

山崎元一（1979）『インド社会と新仏教――アンベードカルの人と思想』（刀水書房）。

マハトマ・ガンディー、竹内啓二・浦田広朗・梅田徹・鈴木康之・保坂俊司訳（1991）『私にとっての宗教』（新評論）。

B. R. Ambedkar（1957）*The Buddha and his Dhamma*, Siddharath College Publication.

B. R. Ambedkar（2014）*Annihilation of Caste The Annotated Critical Edition*, New York: Maple Press.

D. C. Ahir（1997）*Selected Speeches of Dr. Ambedkar (1927-1956)*, New Delhi: Blumoon Books.

D. C. Ahir（2004）*Buddhism and Ambedkar*, Delhi: B. R. Publishing Corporation.

J. Beltz（2005）*Mahar, Buddhist and Dalit: Religious Conversion and Socio-Political Emancipation*, New Delhi: Manohar.

Education Department, Government of Maharashtra（1995）*Dr. Babasaheb Ambedkar Writing and Speeches* Vol. 3, Kolhapur: Government of Maharashtra.

V. Rodrigues, ed.,（2002）*The Essential Writings of B. R. Ambedkar*, New Delhi: Oxford University Press.

宗教、民主主義に対するアンベードカルの見解

ゴウリ・ヴィシュワナータン
GAURI VISWANATHAN

一　仏教と「散り散りになった民」

アンベードカルは、カースト社会が課す過酷な差別こそ、ダリトたちが改宗によりヒンドゥー教を捨てる十分な理由であると、その生涯をかけて熱意をもって語った。しかし、自分自身の改宗の決意について多く語る一方で、ダリトたちを導く最優先の方法として、なぜ改宗を選ぶのかという問いに、直接答えることは一度もなかった。彼がダリトの支持者たちと共にいずれの宗教に改宗するのかは、二〇年の間、人々のさまざまな憶測を呼んだ。一九五六年、この世を去る数週間前になって、アンベードカルは近代史における最も大規模な集団改宗のひとつを指揮した。そして、仏教に正式なかたちで改宗することで、ヒンドゥー教徒として生まれることに選択の余地はなかったが、ヒンドゥー教徒としては死なない、という約束を果たしたのであった。

アンベードカルの改宗式は、一九五六年一〇月一四日にナーグプール（Nagpur）で行われた。彼の行動のすべて

においてそうであったように、改宗地の選定は決して恣意的なものではなかった。ナグプールは、仏教への古い改宗者として文学作品に描かれるナーガ（Naga）族の土地として、象徴的な意味を有していたからである。改宗の日付にもまた意味があった。古代インドに仏教を保護したアショーカ（Ashoka）王は、紀元前三世紀、一〇月一四日に仏教に改宗したとされる。この場所と時を選ぶことで、アンベードカルは、ダリトたちが自分たちを力づけてくれる自分たちの歴史の枠組みとして、古代の仏教に立ち返ったのである。

アンベードカルの思想は、象徴や神話あるいは寓話を広く使用するところに大きな特徴があるが、時にそのことは、合理的で分析的な彼の資質に矛盾しているようにすら見える。けれども、なぜ高い教育を受けた政治学者が、叙事詩の戦いの神話的な語りに意図的に似せて歴史を分析するというかたちで、ダリトの経験の書き直しに乗り出したのだろうか。否、むしろそれこそが、アンベードカルが不可触性（untouchability）の起源を再説することによりやろうとしたことなのである。叙事詩の中で、ダリトたちは、前四世紀に仏教に改宗したが、バラモン教が仏教に勝利した戦いを経て、カースト制度を守るヒンドゥー教徒たちによって排斥され、「散り散りになった民」（Broken Men）として書き直されたというのである。仏教徒として、バラモンを尊ぶことや司祭とすることに関心を示さなかった「散り散りになった民」は、ヒンドゥー教徒から疎外され、さらに、ヒンドゥー教において牛肉を食べることが止められた後も牛肉を食べ続けたが故に、不浄であると見なされた。不可触性という汚名は、バラモン教の宗教儀礼をきっぱり拒絶したことに対する罰として「散り散りになった民」に課されたものであった(1)。

象徴を用いるこのようなアンベードカルの人並み外れた能力により、ダリトという存在についての視野は拡大され、それまでよりもはるかに多くの自己決定的な自分たちの過去を含むことになった。彼は、後にインド政府が展開したアンベードカル主義の具体化（incarnation）のようなイデオロギー抜きの「解釈学的」なやり方ではなく、イデオロギー的シンボリズムをダリトの歴史を作るための有効な道具として変容させたのであった[2]。シンボルや寓話を生かそうとする態度は、彼が憲法草案委員会に身を置いた際にも役立った。委員会のなかで彼は、インドの国旗に仏教の法輪（Dharmachakra）を加えること、さらに憲法制定会議が、国家の紋章として、サールナートのアショーカ王の石柱からライオンを採用することを強く要求した。アンベードカルは、そのようなシンボリズムの隠喩的な意味を呼び起こした結果、非暴力的な宗教倫理を好み、カースト制度による抑圧を暴力により解決することを拒絶したとして、「現代インドのアショーカ」というラベルを貼られることになった。

南インドの反カースト運動のリーダーであるラマサミー・ペリヤール（E. V. Ramasamy Periyar）も、仏教に惹かれたのは「主に象徴的」な理由からであった[3]。仏教の合理主義が、その教理体系（theology）を受け入れることを強要することなく、彼に訴えかけたのである。しかし、彼とは対照的に、アンベードカルは、仏教の教理的な内容そのものにその身を置いた。彼は受動的に仏教に改宗したのでは決してなく、ダリト解放という目標を成し遂げるために、仏教の教えを実質的に書き直そうとしたのである。彼の死後一九五七年に出版された『ブッダとそのダンマ（*The Buddha and His Dhamma*）』では、古い伝統を丁寧に紹介するだけではなく、国の成長を妨げるカースト制度の挑戦と対決し、当時のインドの複雑な要求に合うように、仏教教理が最新のものに書き改められた。アンベードカルが編集した『ブッダとそのダンマ』と彼のインド憲法に関する著作とを比べれば、両書がそれぞれ共同社会の宗教生活と政治生活を描くために、どのように注意深く編成されたかを見ることができる。前者に関しては厳選された仏教教理から、後者に関してはアメリカ、イギリス、インドの法律の見地から、再構成されている。仏教への改宗は、伝統的なテキストの描く重要な道筋ではあるが、アンベードカルは、それを彼が作り直したブッダの教えの構造の中心に据えた。『ブッダとそのダンマ』第2部の第6・7・8章は、バラモンや犯罪者やその他の堕落した者たちのように〝罪深い〟人々の改宗のみならず、女性や抑圧された社会階級の改宗までをもカバーし、つり合いがとれるように注意深く再構成されている。

二　アンベードカルの仏教観

アンベードカルが新しく作り直した仏教は、長い間伝統的な仏教徒たちを悩ませてきた。彼らは、アンベードカルの解説に、四聖諦、業と輪廻、出家主義の強調、時間・空間の来世的領域、我執から生じる苦の概念などの仏教の根本的教理のいくつかが欠落していることを見出したからである。しかし、アンベードカルがそれらを省略したのは、ヒンドゥー教による仏教の吸収に目を向けさせるために計算された、意図的なものであった。『ブッダとそのダンマ』のイントロダクションで、彼は四聖諦に特に厳しい批判を加えた。苦に対する受け身の態度を、現世における大いなる不公平に耐えることを信者に勧める諦観の哲学、「悲観主義という福音」を与えるにすぎないアーリヤ主義の所産として描いている。バラモン以外のものが仏教を受け入れる際のあらゆる障害物の中で、これら四諦の教えより重大な躓きの石はないとして、アンベードカルは四聖諦をすべて除外した。実際に、アンベードカルは、インド仏教がアーリヤ主義との歴史的な連携によりすでに汚されており、ヒンドゥーの教えとさらに歩調を共にする苦と受動的容認の教義を採用したと主張した。一方で、仏教をヒンドゥー教との連携から解放し、仏教が非正統派的要素を取り戻すことを求めた。『ブッダとそのダンマ』における彼の究極的な目的は、仏教の形成をその始まりから駆り立ててきた社会的に進歩主義的な動機を復元することであった。そのような動機は、ヒンドゥー教の仏教に対する構造的な影響と、仏教が自律的アイデンティティを獲得するという非正統派の誓いを実現できなかったことにより、押しつぶされてしまったのであった。

古典文献の中の仏教から、アンベードカルは、古典マルクス主義の目標と重なり合う、社会道徳の実用的な規範集を再構成した。ただし、彼はマルクス主義には明らかに欠けていると信ずる、ひとつの注目すべき追加を行っている。それは、社会倫理が与える安定した構造を持ったアイデンティティである。たとえば、『ブッダか、カール・マルクスか（*Buddha or Karl Marx*）』というエッセイの中で、アンベードカルは特に、私有財産の廃止、苦しみを社会的な搾取と貧困に結びつけること、そして貧困に耐えることを容認する来世信仰に対する反感を強調する点で、仏教をマルクス主義の先駆者として擁護する。しかし、両者の比較を展開した上で、確かにマルクス主義は社会における経済関係を変えることには成功したかもしれないが、道徳的な性質を変えることに失敗しており、この点で、仏教はマルクス主義とは異なると論じる。アンベードカルは、ブッダの方法は「人の道徳的な性質を変えることにより、自ら進んで道に従うようにその人を変えること」であったと主張する。[4] しかし、アンベードカルは、仏教を宗教体系というよりも、むしろイデオロギーとして描く傾向があるにもかかわらず、仏教徒の解釈学的実践とマルクス主義者の批判との間に親近性を見出さなかった。マルクス主義のレトリックに対する彼の膨らみゆく反感は、マルクス主義をその名前で呼ぶことすら拒否した点にも現れている。彼は、マルクス主義を「永遠の独裁制」と呼び、たとえば「散り散りになった民」という呼び名のような、寓話的レッテルを好んで用いる歴史的あるいは社会的なコンテクストを与えるものだと考えた。

アンベードカルにとって、道徳的性質という概念は、合理的選択、文化的アイデンティティ、自己再生という概念と密接に絡み合っていた。彼の最優先の関心は、階級やカーストの諸条件に対する世俗的で物質主義的なものが、ダリトたちが自分たちの過去に気づくことを妨げ、その結果、ダリトたちは自身のアイデンティティを積極的に主張することを妨げる文化的麻痺状態に慢性的に苦しめられてきたということであった。アンベードカルにとって、ブッダのダンマの魅力は合理的な選択の強調にあった。ブッダの指導方法は、自分自身が選んだものではない方法で行動することを人々に強いるのではなく、合理性と道徳性、そして社会的自覚にもとづいて、熟考した上で決断・行動するための内面的な準備を整えるよう、人々の性質を変えることにあった。

アンベードカルは、カースト制度の抑圧は経済的不平等によって決定づけられるという理論に頼らずに、宗教的な違いが、社会的な抑圧の持続に経済的不平等と同じくらい物質的な影響力を及ぼしていると考えた。彼はこの点を精緻な寓話により強調した。それは、経済的な分析が持つ経験主義的な方法論の専制から解き放たれて、抑圧された歴史を語ることを容易にするための修辞的な選択であった。アンベードカルは、寓話とシンボリズムを通して、ヒンドゥー教は迷信と祭式主義に冒された経験主義的認識論にもとづく思考形態であることに注意を向けさせようとしたのである。『ブッダとそのダンマ』とインド憲法の両者に見られる、脱構築と再構築に見られる彼特有のやり方は、一九四八年の著作『不可触民（*The Untouchables*）』においても見事に示されている。不可触民の起源に関する彼の研究論文には、政治学者としての彼の学問的訓練と結びつけようという意図はほとんど見られない（言うまでもなく、彼はコロンビア大学とロンドン・スクール・オブ・エコノミクスから博士の学位を取得していたのであるが）。むしろ、神話的記述を想起させる類型論によって、不可触民性は競い合う宗教間の歴史的な対立の所産として、不可触性の問題を語っている。アンベードカルは、「散り散りになった民」が仏教徒であったという直接的な証拠はない」と繰り返し認めていたけれども、そのことは、「ヒンドゥー教徒の大多数が過去に仏教徒であった場合、実際問題として、証拠など必要ではない。われわれはそうであったと考えることができるのだ」と彼が主張する妨げとはならなかった。(5) どうして彼は自分の主張を支持する証拠は必要ないという確信を得たのであろうか。凝縮された過去が埋めこまれた、原型的な記憶の概念を蘇らせるためには、意図的に史料編纂的な方法論を拒絶することで記憶を再構築するしかないと考えたのである。

アンベードカルにとって、仏教の大きな魅力は、不可触性の誕生と仏教の広まりとの間の繋がりを描くことができる点にあった。彼は、それを因果的な繋がりではなく、むしろ注意深く、同時発展的に特徴づけられる繋がりとして描いた。アンベードカルの語るところによれば、バラモン教が仏教に勝利した時、「散り散りになった民」はバラモン教に戻ることを拒絶したために、不可触性という罰が課された。宗教対立の所産としての不可触性は、ダリトたちが単に経済的変化によって打ちのめされた被害者ではなく、行為主体として、自分たちの歴史を創造したから生まれたものである。アンベードカルは、仏教に改宗することにより、不可触性の付与により失われてきたダリトの行動力を取り戻すことができると信じていた。そしてそのことによりダリトの政治活動に宗教的な枠組みを与えたのである。

アンベードカルが、ヒンドゥー教の集団に残ると約束するなら差別的な慣習をヒンドゥー教から排除しようというガンディーの申し出に反発したひとつの理由は、そのような申し出は、不可触性がヒンドゥー教内の活動であることを前提としており、ダリトたちの積極的な行動力をカースト制度に依拠するヒンドゥー教徒内の問題に限定してしまうものであったことによる。アンベードカルの仏教への改宗は、そのような問題の矮小化に明確に挑戦しようとするものであった。

アンベードカルは、カースト制度に依る、ヒンドゥー教徒と不可触民が主要な登場人物である物語形式のインド史に、仏教とバラモン教の間の優劣を争う重要な章を挿入する。そのことにより、ダリトによる政治的な要求は分離主義的・反国家主義的なものであり、イギリスの植民地主義に対する戦いを蝕むものであるとする、インド国民会議派の主張に真っ向から挑戦したアンベードカルは、一九四四年にマドラス合理主義者協会（Madras Rationalist Society）で行った、バラモン教への復帰は、仏教が生み出した近代インドの基盤となる経験主義的・認識論的な進歩を押し止め、むしろ逆行させることにすらなったと語っている。バラモン教は、インドを暗闇に満ちた聖典主義へと回帰させはしたが、そこから真に道徳的で政治的なコミュニティを作り出すことはなかった。なぜインドが二〇〇年近くイギリスの植民地支配に隷属してきたかを、アンベードカルは次のように説明する。「バラモン教の閉じた体系が、植民地主義の攻撃性に唯一抵抗し得る、正義と平等の原理に立脚する有機的なコミュニティの団結を妨害したからである」と。実際に、アンベードカルの著作が成し遂げた最も重要な点は、仏教と文明開化を等値化したことであった。それは、古代インドにおいては確かに存在したが、その後カースト制度に依拠するヒンドゥー教によって破壊されてしまった。彼は述べる、「インドが経験した、最も開化され、最も合理的な時代、すなわち仏教の時代においては、そのように馬鹿げた、恣意的で、非合理で、壊れやすい基盤に立脚した教理はほとんど存続することはできなかった」と。[6]アンベードカルは、仏教をバラモン教に固執した結果、獲得できなかった理論として、すなわち近代の合理的で民主的な国民国家の原型として、仏教を捉えた。ちょうど古代インドにおいて自分たちの先祖がヒンドゥー教に抵抗したように、まさしくイギリスの植民地主義に抵抗することができる人々の手本として、合理的な国家の演者として「散り散りになった民」を捉えたのである。また、「散り散りになった民」が仏教徒であったという事実は、彼らとシュードラとの間の身分の違いを説明する。後者は、かつてのクシャトリヤとして、ヴァルナ制の中での移動によって過去の身分を取り戻すことがなお可能である。しかし、サンスクリットタイゼーション（Sanskritization）の論理は、シュードラには適応されうるが、「散り散りになった民」はヴァルナ制の外にあり、その論理が適用されることはなかった。[7]

三　仏教と民主主義

ヒンドゥー教に異を唱えるものとしての、仏教の歴史的地位は、他のいずれの宗教よりもアンベードカルを魅了した。インドではイスラム教もキリスト教も仏教ほどの歴史的な重要性を有さなかった。ただし、仏教に魅了されたのと同じ理由で、アンベードカルは他の宗教で唯一シク教に重大な関心を払った。シク教が、カーストの階級制を否定する点で、ヒンドゥー教に異を唱えていたからである。ヒンドゥー教の正統派が清浄と汚染という線引きをした際に、仏教はその伝統的な教義を受け入れることに抵抗し異端とされた。そのことは、アンベードカルの合理的な性格に大きく訴えかけた。

アンベードカルは次のように述べる。「ブッダの見解によれば、いかなるものも絶対に正しいなどということはなく、究極的ではありえない。再検討・再考察する理由が生じた場合には、いかなるものでも再検討・再考察の対象とされなければならない[8]」。このように仏教が終わりなき問いかけと絶対主義を否定する倫理を採用するように、社会的に作り出されたものにすぎないカースト・コミュニティ間の障壁も否定されなければならない、というアンベードカルの確信を強めることになった。

アンベードカルは、宗教を社会的な価値観を普遍化し、「人が社会の一員として認められて機能するために、あらゆる行動において、その価値観を理解することが求められる、個人の精神にそのような価値観をもたらす」手段として描いた[9]。他のいかなる社会思想でもなく、仏教の倫理が明らかにするダリトたちの潜在力こそ、アンベードカルの想像をかきたてた。イェオラ（Yeola）において、彼は初めてヒンドゥー教を離れる決意を表明したが、そこでの最も挑戦的な発言は、彼の信奉者であるダリトたちに、自身の宗教的アイデンティティを、運命として決定づけられたものではなく、自分たちで選ぶ権利があるものとして捉えるよう強く促すものであった。彼の発言で、これ程までに、ガンディーの怒りをかきたてたものはなかった。人は自身の宗教的なアイデンティティを選ぶことができるというアンベードカルの主張を、彼は以下のように言い返すことで退けた。「宗教は、自分の意思によって取り変えられる家や外套のようなものではない。それは、自身の身体よりも、自分自身の不可欠なものである。（中略）信仰を変えることは、心密かに思う主張に資することはない。（中略）とりわけ、人々の生活が善かれ悪かれカースト制度に依るヒンドゥー教徒の生活に密接に関係することを思い起こすときには[10]」。

アンベードカルは、仏教に改宗することによって、ダリトたちをヒンドゥー教が依りどころとするカースト制度から解放すると同時に、民族自決の政治における基盤を別に築こうとした。それは、非エリートのインド人が、カースト制度と植民地主義の両方の被害者として耐え忍んできた二重の孤立に訴えかけるものでもあった。政府の道徳的な枠組みを提供する宗教的観念を探し求めたアンベードカルは、再編成された宗教的価値観に民主主義的な諸原理を新たに注入することとして「改宗」のプロセスを捉えた。「あなたは自身の宗教に新たな教義的な基礎を与えなくてはいけない。それは、自由、平等、友愛に、つまり、民主主義と調和する基礎である。それは、人や物に対する見解や態度を完全に変えることを意味する。それは改宗を意味するのである[11]」。つまり、民主主義は、個人とコミュニティ間の正しい関係を促進するものの見方の一形態であると訴えたのである。彼は不可触民を「ハリジャン」（Harijan）、つまり「神の子」と呼び換えるような、単なる命名によって成し遂げられるとガンディーが誤って信じた表面的な変化ではなく、社会の態度における真の変化を生み出すために十分な包容力がある民主主義の概念を懸命に作り出した。そのことを仏教への改宗のプロセスのなかで注意深く計画していたのであった。

アンベードカルの仏教改宗は、受け継がれてきた仏教を解体し、彼自身の合理主義的・倫理的な目的のために再構築することであったと特徴づけることができる。既成のドグマとしての宗教に対する彼の反感を考慮すれば、彼が仏教を宗教ではなく、ダンマ、つまり社会的・政治的生活における人々の間の正しい関係を示す言葉で好んで呼んだことは驚くに当たらない。アンベードカルのダンマは、政治と宗教の間の空間で、ドグマから宗教を引き離すという目的におそらくは役に立った。しかし、彼の思想につき纏う問題は、ある領域（つまり宗教）の規範が、他（つまり政治）に影響を与える手段が不明瞭なままであったということである。倫理的な国家よりも、むしろ有害な宗教的国家主義（ナショナリズム）を生み出す可能性を持つ宗教の影響力とともに、この空白は長い間彼を悩ませた[12]。

四　文化の価値と民主主義

文化という言葉は、アンベードカルがこれまで述べてきたような問題の解決策を探すなかで、最も頻繁に登場させる術語である。文化と文化的なアイデンティティという観念は、生涯を通じて彼の心の中心を占め続けた。そして、彼がガンディーともっとも際立って違う点は、文化を宗教的伝統から引き離し、思想、合理的行動、議論のための能力と関わらせて再定義しようとしたところに見られる。アシス・ナンディー（Ashis Nandy）が語るように、伝統的なインドの文化と近代性はしばしば対立的に見られる。伝統は、「現代的な政治体制を維持するために、現代的なインド文化を創造しよう」という国家の努力に、是が非でも抵抗しようとする[13]。そのような文化に不変で固定化されたものとして保存する聖典伝承に対して因習打破の態度をとる点と、文化に関する静的な概念に対する直接的挑戦として機能する合理性や懐疑主義という価値観を主張する点とにおいて、仏教は近代民主主義と繫がっているとアンベードカルは考えていた。

仏教の近代性は、他のダリトの多くの著作においても繰り返し述べられている。たとえば、ダリト知識人であり文筆家であるバブラオ・バグル（Baburao Bagul）は次のように語っている。

仏教は動的であり、進歩的であり、革命的であり、そして、無神論的である。有神論やスピリチャリズムとは異なり、静的な絶対主義の主唱者ではありえない。仏教の哲学は、その基礎原理によって社会を民主主義へ導いたかもしれない。そして、民主主義が内面化され、意識の一部を形成する際には、たとえ経済的不平等があっても、権力が富裕者の手にあっても、普通の人間が、不可触で、無視され、あるいは軽蔑されたままではありえない。平凡な人間が思想の対象になりうる。これは仏教で起こった。まさにそれゆえに、社会の無視された一部の人々は、『テーラーガーター（*Theragāthā*）』や『テーリーガーター（*Therīgāthā*）』に居場所を見つけたのである。ポイントは、神話的価値観が意識や芸術や文学を正しく方向づけるということである。[14]

この一節において、バグルは、意識を文化を築くブロックとして、あるいは民主主義を個人倫理とする手段として仏教を語っている。仏教の魅力は、道徳律の倫理体系から引き出された正義と平等という概念を、民主主義の政治的基盤へと積極的に関連づける点にある。しかし、バグルは、社会的な正義という価値観が、仏教そのものに根ざしたシステムではなくて、政治的なシステムによってのみ発信されうるという考えに疑問を向ける。なぜならば、結局のところ、世俗的な平等の原理が内面化されるのは、意識によると彼は信じていたからである。もし、「神話的な価値観が意識を方向づけるなら」、政治的な形態が、一体なぜ必要なのだろうか。仏教と国家の間の不均衡を容認し、ひとたび仏教がその諸原理を政治的なシステムに伝えてしまうと、仏教の役割は不要となるのではないか。

確かに、これは、民主主義に対する仏教の関係というよりも、むしろ仏教の衰退と、その後のバラモン教への敗北を説明している。バグルは、それは単なる可能性に留まるにすぎないことをほのめかしながら、物足りないと言わんばかりに、仏教は「社会を民主主義へ導いたかもしれない」と指摘する。明らかに、仏教と民主主義の交わりは、実効的というよりも抽象的なままであると考えているのである。

しかし、これらの問題を扱うに際し、アンベードカルは異なった道をたどる。バグルと違って、彼は文化の問題を、ダリトたちを劣った役割へ追いやる生活の重荷として問題にした。彼はいくつかの著作において、シュードラたちは自身の底辺性に関してしばしば無知であり、それを慣れ親しんだ状態として認めていると、絶望して述べている。もし、文化の獲得が何かを意味するならば、それは、歴史と同様に言語の点でも、底辺性の源泉についてダリトたちを啓発するものでなければならない、と彼は主張する。文化の価値とは、それが人々の意識を変容することにある。アンベードカルは、それを文化形成の場として捉えた。この点において、文化は、受け継いで来た遺産、すなわち伝統との慣習的な関係を無にするものとして認識論的な重要性を持ったのである。

五　近代化と仏教

アンベードカルは、ダリトたちの市民権剝奪の根源を、考える主体が出現する余地が残されないほど過酷な肉体労働が彼らに課されたためだとした。労働の機械化に対する評価は、ガンディーとアンベードカルの間に深い断層があることを明らかにする。ガンディーは機械化を、コミュニティ間の有機的な繋がりを絶ち、個人を自分自身から、そして互恵的な責務の要請から疎外する、植民地主義の武器であると見た。一方、アンベードカルは、苦役する動物の生活から人類を解放するために必要なものとして機械化を称賛した。アンベードカルは、ダリトたちを力づける過去を確認するためにシンボリズムを探し求めたが、彼はまた、ガンディーのシンボリズムの使用が、いかにダリトたちの生活の物理的な現実を抽象化してしまうものであるかを理解していた。ガンディーには肉体労働を儀礼化し、宗教的・国家的な目的に利用しようとする傾向があった。その特に目に余る一例として、アンベードカルは、一九二五年一月八日に開催されたカティヤワッド政治会議（Kathiawad Political Conference）における、ガンディーの代表者演説から次のような一節を引用する。「肉体は十分に動かし、利用しなければならないというのは、神の掟である。（中略）紡ぎ車は「シャリール・ヤジュニャ（Sharir Yajna）」、つまり肉体労働の吉祥なシンボルである。労働という犠牲を捧げることなく食べ物を食する者は、食べ物を盗んでいるのである。この犠牲を放棄することで、われわれは国に対する反逆者となり、幸運の女神の目の前で、扉を閉ざすことになるのである」[15]。ガンディーの理想化された村落共同体は、カースト制の不平等を維持するための蓋いにすぎないと否定し、アンベードカルは、余暇を生み出す現代の進歩と文化によって可能となる思想に文化を直結させ、それによって過去の過酷な重荷から文化を切り離そうとした。

　アンベードカルが文化を強調したことは、ダリトの批評家の一部に、アンベードカルは物質的抑圧状態に十分に関心を持たず、ダリトのために文化を取り戻すことにあまりにも集中し過ぎていると考えさせた。この批判に対する最良の返答は、アンベードカル自身がエッセイ「ガンディー主義」（*Gandhism*）で述べている。その中で、彼は、物質的抑圧に対して、思考と思考する主体の成長を妨げる肉体労働の重荷について次のように語っている。

　人が価値ある生活を送るためには、まずは生きなければならない。単に生きること、つまり、生活に必要なものを得るために費やされる時間と労力は、明らかに人間性溢れる活動のために利用可能な、そして文化生活を生み出す時間と労力を損なう。ならば、いかにして文化生活が可能となるのか。十分な余暇がない限り、それは不可能である。（中略）余暇は、生活の物質的な要求を満たすために必要な苦労と努力を減らすことを意味する。何がそのような苦労を減じるのであろうか。機械が人間に置き換った時に初めて（中略）したがって、機械化と近代文明とは、人間を野獣の生活から解放するために、そして人間に余暇を与え文化生活を可能にするために、必要不可欠である。[16]

このように労働が機械化されて初めて、活発な精神的生活への解放があるとアンベードカルは主張する。しかし、機械化により可能となる余暇に文化を単に結びつけただけでなく、さらに一歩踏み出す。文化なくしては、民主主義はありえない、と彼は主張するのである。

ガンディーの思想は、その理想として民主主義を受け入れない社会には適したものかもしれない。民主主義を信じない社会は、機械化とそれに立脚する文明に無関心である。しかし、民主主義的な社会はそうではありえない。前者は、一握りの者に余暇と文化があり、大多数の者に重労働と単純労働が課される生活に満足するだろう。しかし、民主主義的な社会は、その市民一人ひとりに余暇と文化生活を保障しなければならない。[17]

アンベードカルは、コロンビア大学における彼の師であるジョン・デューイ（John Dewey）教授の民主主義と教育に関する見解、すなわち、民主的な参加の初歩的原理は子供の精神形成において植え付けられるものであるという見解を採用し、それを近代の産業社会の分析に応用した。その結果、工場時間などの概念を導入することで、人間の労働の構造と、情報と文化に対する人間の関係とを変えようとした。[18] 大規模な機械化と結びつく労働の非人間化や疎外を、アンベードカルが無視したことは確かに事実であるが、機械化された労働が、ダリトたちの物質的な生活と文化と知識へのアクセスの両方を向上させるための出発点であると、彼が確信していたこともまた事実である。

結論は以下の通りである。アンベードカルは、ダリトたちを力づける源泉を突き止めるために、仏教徒であった過去というシンボルを取り戻したとしても、彼の視線は前向きであり、近代と産業社会に関してガンディーよりもずっと肯定的な見通しを持っていた。アンベードカルが民主主義を機械化に結びつけたという事実は、拡大された時間・空間の創造――そこに思考する主体が姿を現し、それによって合理的な選択行為が民主的原理の受入れを発動させるはたらき――に彼が重きを置いていたことを雄弁に物語っている。アンベードカルは、近代産業時代に対する主観の変化と関連するモダニストの議論に歩調を合わせようとした。そしてダリトたちの世界観を眼に見えるように拡大するためにシンボリズムと神話を採用し、現代の複雑な要求に応えるのにもっとも相応しい宗教として、仏教を近代化したのであった。

（訳責　嵩　満也）

註

（1）Human Rights Watch の出版物によって喚起されるように、「ダリト」（Dalit）は、文字通りには、「抑圧された人々」を意味し、おおよそガンディーの恩着せがましい「ハリジャン」（Harijan）、つまり「神の子」という語を非難するものとして、人権運動家が「不可触民」（untouchable）に言及する際に使用するようになった語である（[HRW 1999] を参照）。

（2）[Valerian 2002] のイントロダクション（三七頁）において、作者は、さまざまなグループがアンベードカルを支持するのは、植民地期以降のインドが急激に政治化した点に位置づける。特恵的登録（preferential registration）を「選挙の分け前」（electoral dividends）を獲得する道具として採用する世俗的インド国家（三八頁）と、そびえ立つ看板像の周りに自分たちを組織化しようと欲する社会の低層の人々は、共にアンベードカルの中に自身の欲求と野望のための便利な根拠を見出した。このようにアンベードカルを象徴として使用することは、多くの場合、彼の思想の大きさを矮小化させる結果になった。大仰なアンベードカル像が次々と建てられ、彼がダリトたちを力づけるアイデンティティを再構築するために仏教の歴史から得たシンボルが持つ高い見識に取って代わってしまった。

（3）［Geetha and Rajadurai 1998: p. 308］。

（4）［Ambedkar 2002a: p. 183］。

（5）［Ambedkar 1969: p. 96］。

（6）［Ambedkar 2002c: p. 183］。

（7）［Jaffrelot 2005: p. 41］。ジャフレロは、「散り散りになった民」が、「インドの元々の、アーリヤ人侵入以前からの住民であった」という指摘に注目し、「散り散りになった民」に対するアンベードカルの理解における人種的な側面を強調する。また、ダリトたちの先祖の追放された生活を示唆的に喚起して、社会の部族的な組織に関して、アンベードカルを次のように引用する。「そこにおいては戦に負けた部族が散り散りとなる。この結果として、原始的な時代においては、方々を放浪する散り散りになった部族の人々の集団から成る、浮動的な人口が常に存在した」。

（8）［Ambedkar 1992: p. 89］。

（9）［Ambedkar 1989: p. 409］。

（10）［Keer and Ambedkar 1962: p. 255］に引用される。また、［Gandhi 1954: pp. 135–64］も参照のこと。

（11）［Ambedkar 1979: p. 78］。

（12）アンベードカルにとっての、宗教的アイデンティティと国家的アイデンティティとの間の分裂に折り合いをつけることの難しさ、そして国家権力に対する彼の二律背反的な感情に関しては、［Viswanathan 1998: pp. 234–39］を参照。

（13）［Nandy 2006: p. 286］。

（14）［Bagul 1992: p. 28］。
（15）［Ambedkar 2002b: p. 154］。
（16）［Ambedkar 2002b: pp. 158–59］。
（17）［Ambedkar 2002b: p. 159］。
（18）読書の習慣がいかに平日の日課に関して、「読書は「自由」時間の次、自由時間は「使用」時間の次であり、「精神開発主義という概念全体」を強化することを助ける」という解説については、［Stewart 1996: p. 78］を参照。

参考文献

Ambedkar, B. R.（1989）“Away from the Hindus.” In *Writings and Speeches*, vol. 5. Bombay: Education Department, Government of Maharashtra.

Ambedkar, B. R.（1992）*The Buddha and His Dhamma*. In *Writings and Speeches*, vol. 11. Bombay: Education Department, Government of Maharashtra.

Ambedkar, B. R.（1979）“Castes in India.” In *Writings and Speeches*, vol. 1. Bombay: Education Department, Government of Maharashtra.

Ambedkar, B. R.（1969）*The Untouchables*. 1948; 2d ed., Balrampur: Jetavan Mahavihar.

Ambedkar, B. R.（2002a）“Buddha or Karl Marx.” In Rodrigues.

Ambedkar, B. R.（2002b）“Gandhism.” In Rodrigues.

Ambedkar, B. R.（2002c）“Krishna and His Gita.” In Rodrigues.

Bagul, Baburao（1992）“Dalit Literature is But Human Literature.” In *Poisoned Bread: Translations from Modern Marathi Dalit Literature*. Ed. Arjun Dangle. Bombay: Orient Longman.

Gandhi, Mohandas K.（1954）*The Removal of Untouchability*. Ahmedabad: Navajivan Publishing House.

Geetha, V. and S.V. Rajadurai（1998）*Towards a Non-Brahmin Millennium:* From Jyothee Thass to Periyar. Calcutta: Samya.
Human Rights Watch（HRW）（1999）*Broken People: Caste Violence against India's "Untouchables."* New York: Human Rights Watch.
Jaffrelot, Christophe（2005）*Dr. Ambedkar and Untouchability: Fighting the Indian Caste System.* New York: Columbia University Press.
Keer, Dhanajay, B. R. Ambedkar（1962）*Life and Mission.* Bombay; Popular Prakashan.
Nandy, Ashis（2006）"Democratic Culture and Images of the State." In *The State in India: Past and Present.* Ed. Masaaki Kimura and Akio Tanabe. Delhi: Oxford University Press.
Rodrigues, Valerian, ed.（2002）*The Essential Writings of B.R. Ambedkar.* Delhi: Oxford University Press.
Stewart, Garrett（1996）*Dear Reader: The Conscripted Audience in Nineteenth-Century British Fiction.* Baltimore: Johns Hopkins Press.
Viswanathan, Gauri（1998）*Outside the Fold: Conversion, Modernity, and Belief.* Princeton: Princeton University Press.

インドの仏教とダリト解放運動

ガンシャム・シャー
Ghanshyam Shah

はじめに

B・R・アンベードカルは、宗教や居住地に関係なく、社会・文化的に抑圧されてきた人々――とりわけ、かつて「不可触民」と呼ばれ[1]、近年では「ダリト」と呼ばれる（なお、政府の公式用語ではSCすなわち「指定カースト（Scheduled Castes）」と呼ばれる）人々――のアイコンであり続けてきた人物である。彼自身は、ヒンドゥー教を見限って仏教を選び、多くの支持者（一九五六年の時点では、マハラシュトラ州出身のマハール・カーストの者が多かった）と行動を共にしたが、その支持者たちの多くが、彼と同じ道を辿っているわけではない。アンベードカルは、インドの仏教徒たちの間では「菩薩」――悟りへの途上にいる有情であり、ブッダに次ぐ崇拝対象であるもの――とみなされている。彼は、著書の中で、自身の仏教観を明らかにしているが、それは、彼の死後一九五七年になって出版された。その中で、彼は仏教のことを「抑圧された者たちのための宗教」と呼んでいる。一般に、ヒンドゥー教から仏教へと改宗した者たちは「新仏教徒（Neo-Buddhists）」として知られるが、二〇〇一年に行なわれた国勢調査によると、インドでは、八〇〇万人（全人口の一％未満）が仏教徒であり、指定カーストだけで見ると、その四・七％が仏教徒である。

本論は、アンベードカル仏教が、実際にどのような仏教であるのか、すなわち、ヒンドゥー教徒が圧倒的に多いインド社会一般において、さらには「ヒンドゥー至上主義」の実験場とも言えるグジャラート州において、ダリトの解放に関して、どのような役割を果たしたのかを考察することを目的としている。また本論は、宗教がこの地域の人々によってどのように理解され実践されていたかを、社会学的な次元から捉えようとするものでもある。

一　アンベードカルの仏教

そもそも、父なるお方（バーバーサヘブ Babasaheb）アンベードカルは、理性に基づく平等な社会秩序の設立を目指した実践家である。単に椅子に座して思索するだけの思想家ではない。彼の思想や社会変革のための戦略・計略は、彼自身の個人的な経験と苦悩から生まれた。すなわち、彼自身が、旧い言葉で言うところの「不可触民」として生まれ育ったことによる。彼は自ら先頭に立ち、市民権、および、産業や農業上の労働権利を求める大きな行動を幾度か起こした。彼は「独立労働党（Independent Labour Party）」を創設し、さらには「指定カースト連合（Scheduled Caste Federation）」も創設している。

アンベードカルが著書において取り上げているテーマは実に幅広く、ヒンドゥー教、カースト、「不可触民」、仏教、ヒンドゥー法案から、多くの経済・政治問題や他の様々な問題にまで及ぶ。彼によれば、ヒンドゥー・カーストの最大の特徴は、その階層分けの不平等さであって、その階層の中で、あるカーストが他のカーストを上位に置いたり下位に置いたりしているため、派閥争いのような対立が半ば永続的に生じており、搾取する側とされる側が分裂し、結果、社会的・政治的な目的のために連帯することがおよそ不可能な状況にあるのだという。そのような中で、彼は、ヒンドゥー教を否定することによってしか達成できない、カースト制度の打破を主張した。彼は、ヒンドゥー教とその慣習を冷徹に分析し「ヒンドゥー教徒によって宗教と呼ばれているものは、おびただしい数の命令と禁令にすぎない」と言い放っている。彼によれば、「ヴェーダ」や「スムリティ」といったヒンドゥー聖典は、全人類にあてはまるような普遍的な宇宙法則を「本当の意味では」提示しておらず、それらは「供犠、政治、経済、衛生に関わるルールや規定の塊がごっちゃになったものにすぎず」(Vol. 1: 75)、それらがカースト制度を神聖なものにしており、カーストによる抑圧は、ブラフマニズムの副産物というよりは、むしろその本質である。また、ヒンドゥー教のために「ヒンドゥー教徒は、カーストによる分離・隔絶を、美徳の一つとして捉えており」(Vol. 1: 65)、そのために社会秩序の不可侵を忠実に守ろうとしている。ヒンドゥー教徒にとって、カーストとは神聖な原理に他ならず、そうした原理が、不平等性の永続を助長したり正当化したりしている。そこでアンベードカルは、ダリトに対して「カースト制度が付与してきた、秩序の不可侵性と神性を打破すること」を訴えたのである。彼は、最終的には「結局、シャーストラやヴェーダの権威を打ち壊さねばならないのだ」(Vol. 1: 69) と主張するに至っている。

アンベードカルは、被差別階級の者たちや他のマイノリティたちのための分離選挙を求めていたが、ガンディーとの激しい対立を経て、「プーナ協定」と呼ばれる妥協案に調印するよう追い込まれる。この時にはすでにヒンドゥー教と決別することを決心していたようである。彼は一九三五年に公会議において次のように言っている。

われわれは不幸にも自身をヒンドゥー教徒と呼んでいるため、このように扱われるのである。もしわれわれが、他の信仰を持っているのであれば、誰もこのように扱いはしなかったであろう。平等な立場と平等な扱いを担保する宗教を選ぶべきである。今こそ誤りが正されよう。私は「不可触民」という汚名とともに生まれるという不幸を背負っていた。もっとも、それは私自身の過失によるものではないが。だが、私はヒンドゥー教徒としては死ぬまい。それは私の意志でどうにでもなるのだから。

[Zelliot 1992: p. 206]

アンベードカルは賛同者たちに「あなたを一人の人間として扱わないような宗教にどうして縛られたままでいたいのか？　あなたをあらゆる段階で侮辱する宗教であるのにどうしてとどまり続けるのか？」と問いかけ、さらには「平等を欲するのであれば、改宗せよ。幸せに生きることができるよう世界を変えたいのであれば、改宗せよ」と訴えている［同書 p. 192］。彼の当初の社会観は、一般的な民間ヒンドゥー文化と聖者伝説、そして、平等と尊厳を求める強い主張により形成されていたようである。その後、学校教育の中で、聖典や聖なる力を説く体系化された福音主義的な思想に触れるに至り、そして、知識を積むにつれて、イスラム教からキリスト教、シク教、仏教にまで至る様々な宗教の教義や組織についての問いかけを始める。これらの体系化された宗教の中でも、彼が最初に仏教に触れたのは一九二〇年代のことであった。一九〇八年に大学への入学試験に合格した時に、自分の恩師からブッダについての本をもらい受けている。彼は、卒業後もアメリカで学生生活を送るが、その間に、ジョン・デューイの説く、理知的ヒューマニズムと科学的な探求・気質に強く影響を受けたようである［Nanda 2004; Queen 1996］。一九三〇年代に入ると、一九〇七年に出版されたラクシュミー・ナラスの『仏教の要諦（*The Essence of Buddhism*）』を読むようになり、それがきっかけで、彼は「合理主義的な立場、すなわち、仏教を、あらゆる反啓蒙主義や宗教的な偏見に対抗するためのテンプレートとして、自由主義的に捉える立場」に立つようになった

［Aloysius 2002: p. xix］。そして一九四〇年代後半になると、アンベードカルは、仏教こそが、彼の支持者たちの理論上の拠り所となることを確信するに至るのである。

二　アンベードカル仏教のエッセンス

アンベードカルにとっては、合理性と非神秘性こそが、仏教の真髄であった。彼によれば、仏教は、絶対的ではなく「柔軟な気質」を具えており、それは他の宗教には決して見られないものであった。たとえば、彼は「ブッダが「ダンマ（Dhamma）」と呼んだものは、いわゆる「宗教」とは根本的に異なる」と分析している［Ambedkar 1992: p. 316］。このように、アンベードカルは、ヨーロッパ的な宗教の定義に与することはなかった。すなわち、宗教を「支配的な力を持った超越者の存在、とりわけ、服従と崇拝を課すような、個別の、または、複数の神の存在を信じること」とする定義に同意しなかったのである。一般に、宗教は個人的な人間と神との関係と捉えられている。しかし、彼は「ダンマは社会的なものである。根本的にも、本質的にも、社会的なものなのである。ダンマとは正義であって、それは、あらゆる生命の次元の人と人とをつなぐ正しい関係性を意味している」と述べている。また、ガンディーと同様に、各人にとっての「正しい振舞い」を強調し、在家者と出家者の「為すべきこと」と「為すべからざること」を説いている。また、アンベードカルは、ガンディーと同様に、ブッダは生き方の原理原則としてアヒンサー（非暴力）を明言したとしている。アンベードカルにとって、倫理上の原理は、個人にとっても、市民社会にとっても、州にとってもまったく同じものであり、それは個人間の関係や、個人と社会との関係を統制する道しるべであった。ダンマは「統制の一手段」［Ibid.: p. 317］に他ならず、それなくしては無政府状態や弾圧政治が起こってしまう、と彼は考えていた。事実、彼は「無政府状態や専制政治においては、自由は喪失されるがゆえに、自由を求めるならば、ダンマがなくてはならない」[Ibid.: p. 317]と明言している。他の宗教とは異なり、ダンマは、世界の始源を説明するためのものではなく、自由、平等、博愛が実現するよう「世界を再構築する」ためのものであった。仏教は、社会的な任務を担っており、その任務において道徳は、社会関係の再構築に向けての「目的であり手段」であった[Rodrigues 1993]。

アンベードカルにとって「解脱への道は、苦しみからの解脱であり、そこには、カーストによる差別も含まれている。それは、組織・行動・教育を通じて政治的・経済的状況を変えるよう、われわれに迫る外的要素に由来するもの」だった。彼は、苦しみの被害を自己に負わせるような宗教的「真実」を強く拒んでおり[Queen 1996: p. 59]、また「カルマ」や「再生」といった概念を形而上学的に捉えることも拒んでいる。彼にとって、カルマ（業／行動）とその結果の関係性は、個々の人生において生涯の間に起こる、物質的・道徳的な意味での因果関係に他ならなかったのである。各人の苦しみは、その者の日常的な振舞いや、執着・貪りといった行動に起因するだけでなく、社会的・経済的な構造にも起因するとブッダは説いている、と彼は考えていた。彼は、社会における「階級間」の対立を「絶え間ない永久のもの」とし、それこそがこの世の悲しみと苦しみの根底に横たわっていると考えていたのである[Ambedkar 1992: pp. 57–58; Queen 1996: p. 57]。ブッダは、天界へ至るための信仰対象ではなかった。彼の関心事は、この世における人生の不幸を精査し、その解決策を見つけることだったのである[Ambedkar 1992: p. 62]。

アンベードカルが仏教を選んだのは、ひとえに個人的な救済を求めてのことではない。彼にとっての仏教は、本質的に、あらゆる苦しみを取り除き、人類を幸福へと至らせるための道程であった。彼はブッダを、神というよりは「政治的な哲学者」として捉えた[Ilaiah 2001]。伝統的な仏教テキストを再解釈し、ブッダを「ヒューマニストたる、ある種の社会改革者」と捉え直している。彼が仏教へと改宗するに至った主要な要因は、仏教から平等主義的なメッセージを受け取ったことにあった。彼は、仏教の非心霊性、非心理学性を取り上げる一方で、超越性や霊魂といった概念にはほとんど目をくれていないことに対して、道徳的・実用的な解釈を施し、それを、道徳上・社会上の解放を説く教えとして捉え……仏教の救済論を、各人の霊魂の解放というよりはむしろ、社会の解放として捉えたのである［Beltz 2005: pp. 73-74］。アンベードカルは、ブッダがアヒンサーに加えて、次のようにも説いたと主張している。

社会的な自由、知的活動の自由、経済的な自由、政治的な自由［をブッダは説いた］。平等も説いたが、それは、男性間の平等だけではない。男性と女性の平等も説いたのである。ブッダに匹敵する宗教的指導者を見つけることは困難であろう。というのも、彼の教えは、一民族の社会生活を多面的に内包しており、彼の思想は、非常に現代的であり、彼の主要な関心事は、人々に対して、この世の生涯における救済を与えることであって、死後における天界への到達を保証することではないからである。［Queen 1994: p. 47］

また、アンベードカルが仏教を選んだのは、その理性的ヒューマニズムや社会的なメッセージからだけではない。インドにおいて、仏教が、ブラフマニズムのカウンターとして成立したという、文化的なルーツを見出したからでもある。

アンベードカルは、不可触民の歴史を復元するにあたって、彼らは仏教徒であり、ブラフマニズムに屈することはなかったと主張している。彼の仮説によれば、不可触民性の根底にあるのは、仏教徒への蔑視に他ならず、「それは、仏教とブラフマニズムとの間の、優勢を求める闘争の果てに生じたもの」なのであった［Vol. 7 1990: p. 379］。アンベードカルは、ブラフマニズムとカースト制度に基づく社会的秩序を打破するために、仏教を復興させたかったのである。ヒンドゥー組織やヒンドゥー教徒の中からも彼の支持者が現れると、彼はヒンドゥーの神々や迷信、そしてカースト制度に基づく社会秩序への拒絶を特に強調した。そのことは、彼が一九五六年に正式に仏教徒となった際に立てた二二の誓いの中によく表れているが、特に一九番目は、その鍵となるものである。

私は、今日より、ブッダのダンマを頂く。そして、人類の解放を阻害し、不平等を是認し、バラモン以外の者を卑賤な生まれとするヒンドゥー教を打ち捨てる。

アンベードカルは、憲法草案を作る委員会の責任者の一人として、他のリベラリストとともに、そうした道徳的な原則を文章の中心に据えることに成功する。また、憲法制定会議に上手く働きかけて、仏教の「法輪(Dharmachakra)」および、サールナートのアショーカ王柱に見られるライオンの彫像を、国家シンボルとして国旗に組み込むことにも成功する[Viswanthan 1998: pp. 226–227]。だが、そうした理想とは裏腹に、実際にその原則を社会の再構築にどのように転換するのかという問題は、未解決のままであった。事実、アンベードカルは、憲法制定会議における憲法の条文をめぐる議論の中で、「社会主義的な経済体制をとる場合を除いて、社会的、経済的、政治的な正義の実践を信ずる、いかなる政府によっても、それらがどのように具体化され得るのか到底分からない」と吐露している[Ibid: p. 100]。

三　植民地時代のグジャラートにおける「ダリト運動」と仏教

どのような社会においても、抑圧された人々は平等を求めてきた。彼らは、経済上、社会・文化上、宗教上の差別に対して反抗・闘争するのである。反抗・闘争の方法は様々である。インドにおいては、しばしば体制側に対抗するために、信仰、崇拝、文化体系の様式において、代替となるものが生み出されてきた。アンベードカルに主導された仏教の再興もその一つであるし、植民地時代以前にグジャラート等の地で起こったバクティ運動もその一つである。また、上層階級の模倣や対抗を必然的に伴うサンスクリットタイゼーション運動も、支配者層への挑戦の一つであったと言える。植民地時代は、本格的な産業化と農業生産物の変化が始まった時期であったが、ダリトの中には、都市部へと移住し、産業労働に従事する者たちもいた。経済の変化が進むにつれ近代的な経営システムと教育が導入されるようになった。すると、インド人の中にもサヤジ・ラオ・ガーイクワード（Sayaji Rao Gaikwad）のような啓蒙的な支配者が現れ、また、恵まれない子供たちに初等教育を提供するアーリヤ・サマージ（アーリヤ協会 Arya Samaj）のような宗教改革組織も登場し、結果、受益者たちのモラルは向上し、彼らは上部カーストらしく振る舞うようになった。たとえばヴァンカール（Vankar）という指定カーストに属する者たちや、チャマール／ローヒット（Chamar / Rohit）という指定カーストに属する者たちは、自分たちの歴史を復元するにあたり、近隣に住む上位カーストの者たちの習慣や儀礼に倣って、物語を作り上げている。また、早くも一九〇八年には、そうした者たちの中からエリートが登場し、政府に対して、特定の下層カーストを指すデード（Dhed）・バンギー（Bhangi）・カルパ（Khalpa）といった蔑称を廃止するよう意見するようになった。南グジャラートのヴァンカールたちは、自分たちをマヤヴァット・ラージプト（Mayavat Rajput）と主張する運動を起こし、自分たちがマーヤヴァニシ（Mahyavanishi）と認められるよう要求した［Parmar 2006］。一方、北グジャラートやカッチ（Kutch）のヴァンカールたちは、メグヴァル（Meghval）として知られるが、彼らも、自分たちがラージプート王家の末裔であると主張するようになった［Perez 2004; Kothari 2013］。

この時代、ガンディーは、アフマダーバード（Ahmedabad）に居住していたが、彼もまた、不可触民の社会・経済状況の改善に関心を持っていた。彼は、都市エリートたちの反対にもかかわらず、一人のヴァルミーキ(Valmikiゴミ拾いを生業とするカーストの一つであり、他の不可触民の者によってさえ不可触民と冷遇される)の少女を養女に迎えていた。また、不可触民をハリジャン(Harijan 神の子)と呼び変えた。アーリヤ協会もガンディーも、不可触民という存在をヒンドゥー教の汚点として捉えていた。彼らは、慈悲心と人道主義的なアプローチによって、不可触民の社会・経済状況を向上させるための社会福祉プログラムに着手していた。それらのプログラムは、社会の調和を目指すものであり、恵まれない人たちを平等に扱うというよりは、むしろ彼らに施しを与える内容のものであった。ガンディーは自分の支持者たちに、不可触民の者をそのように扱うのではなく、そうした意識を放棄するよう求めた。だが、そのアピールの効果は薄かった[Shah 1987]。一方で彼は、不可触民の者たちには、対立を避けるために自己抑制を求めると同時に、不可触民としての社会習慣や振舞いを改めるよう求めた。また、ガンディーとその支持者たちは、アンベードカルの設立した被抑圧者救済会(Bahishkrit Hitkarina Sabha)に対抗するため、ハリジャン・サマージ(ハリジャン協会 Harjian Samaj)という福祉団体を一九二五年に設立している。

ダリトたちの多くは、ガンディーとアーリヤ・サマージの福祉プログラムの影響を受けるようになったが、少数ながら、アンベードカルのイデオロギーの好戦的な手法に惹かれる者もいた。彼らは、一九三二年にアフマダーバードにアンベードカルを招き、そこで公開討論会を開催した。ガンディー支持者のダリトたちも、見解の相違を無視してその会に参加したが、そこでも彼らは、アンベードカルのやり方に対して異議を申し立てた。さらに彼らは、一九三三年にアンベードカルがイギリス政府に招かれて、ロンドンで開かれた第一次円卓会議に参加した時にも口を挟んだ。マハグジャラート・ダリト・サンガ(The Maha Gujarat Dalit Sangh)は、イギリス政府に対して、アンベードカルではなく、マハトマ・ガンディーこそが、インドのアティヤージ(不可触民 Atyanj)のリーダーであると、電報を送ったのである〔Shah 1975〕。

だからといって、ダリトの活動家たちが、皆、ガンディー派とアンベードカル派に分かれていたわけではなかった。多くの者が、ガンディーの福祉プログラム（たとえば、織物業や皮革業の労働組合、諸々の教育施設、禁酒・菜食・無害などの道徳訓）に対して好意的であると同時に、アンベードカルの好戦的なやり方にも惹かれていたのである。たとえば、一九三七年に第一号が出版された『*Atyanj Patrika*』という月刊誌には、「アティヤージ・ダリト」という言葉の後に、丸括弧で括られた「ハリジャン」という言葉が挿入されている。そして、その最初のページには、ガンディーとアンベードカルの二人の写真が掲載されている。またマヤヴァンシ（Mahyavanshi）（＝ヴァンカール）・カーストに属する者たちの間でのサンスクリットタイゼーション運動を主導したP・G・ソランク（P. G. Solank）の写真も掲載されている。その雑誌では、マハラシュトラ州における反対意見として、アンベードカルの提唱する改宗への反論も好意的に取り上げており、たとえば、同じカーストの同胞者に対する次のような呼びかけを掲載している。

貴方はヒンドゥー教徒である。貴方の祖先もヒンドゥー教徒だった。はっきりさせておこう。貴方が他の宗教に改宗したとしても、貴方は、なおヒンドゥー教徒のままであろう。忘れてはいけない。全てのヒンドゥー教徒が狂信的であるわけではないことを。マハリシ・ダヤーナンド（Maharshi Dayanand）、ラーム・モーハン・ローイ（Raja Ram Mohan Roy）、ラーマクリシュナ（Ramakrishna Parama Hansa）、マハラジャ・サヤジ・ラオ（Maharaj sayji Rao）、マハトマ・ガンディー（Mahatma Gandhi）、ラーラ・ラージパット・ライ（Lala Lajapat Rai）……等の者たちは、不可触民の状況を改善することに関心を持っている。貴方が、ヒンドゥー教に反感を持つことは理解できる。だが、だからと言って、ヒンドゥー教を放棄するのか？　われわれにヒンドゥー教の信者であった祖先をなおざりにする権利があるというのか？　貴方はヒンドゥー教である権利を、「四ヴァルナ（バラモン、クシャトリア、ヴァイシャ、シュードラ）」の者たちと同様に、しっかりと有しているのである。……もし貴方が、祖先から受け継いだ遺産を、彼らが危機に瀕しても保ち続けた遺産を、放棄してしまうなら、それはなんと卑怯な行為であろうか。卑怯者に幸福と平安を約束する地など、どこにあろうか？　ゆえに、ヒンドゥー教を捨てるなどという考えは捨てるべきである。自身の宗教の本質を理解すべきである。ヒンドゥー教徒であり続けてこそ、貴方は、自身の属するカーストにとって、あなたの未来の子孫にとって、貴方の国家にとって、有益たりえよう。[Shah 1975]

しかしながら、このような見解を持っているからといって、彼らが、ヒンドゥー教に基づく社会秩序において低い地位にいることに甘んじよと呼びかけていたわけではない。彼らは、ガンディーの提言を無視して、差別に対して激しい闘争を繰り広げ続けた。アンベードカルの支持者たちは、「被抑圧者救済会（Bahishkrit Hitkarina Sabha）」のグジャラート支部を創設し、そこで『*Samata*（平等）』という月刊誌を発行するとともに、「サマタシーニック・ダル（Samata seenik Dal）」という青年部を立ち上げる。一九三八年、政府が、損害を考慮して不可触民が公立ホテルに入館することを禁止する法律を発布すると、ダリトたち（特にヴァンカールとチャマールに属するものたち）は、アンベードカル派の者も、ガンディー派の者も、一緒になってホテルへの入館を試みた。結果、ホテルのオーナーたちとの間に衝突が起こった。ガンディー派の労働組合である「マジュール・マハジャン（Majur Mahajan）」は、ダリトたちに、「お清め」をしてから（おそらく、風呂に入ってからという意）「良い身なり」をしてホテルに入館し、正しく振る舞って、ホテルのオーナーたちが入館を断ったとしても争いを起こさぬよう諭している。後に、マジュール・マハジャンは、組合員たちに、彼らの許可なしに「ホテルに入館するな」と命令するに至ったが［Mehta 1995:

p. 151]、その命令に従った者は、ほんの一部の者にすぎなかった。またアンベードカル派の者たちは「何故、そのようなことを言うのか？　われわれが不潔だと言うのか？」と激しく反論している。

だが、ヴァンカールやチャマールたちからも「不可触民」として差別されるヴァルミーキ（別名バンギー）の者たちは、ガンディーの命令に従った。さらに、彼らは、同じカーストの同胞たちに対して「もし我らの中にホテルに入館した者がいれば、その者には五〇ルピーの罰金を課す」と命ずるまでに至っている［Mehta 1995: p. 152］。なお留意すべきは、早い段階でのサンスクリットタイゼーション運動に感化されたヴァンカールやチャマールたち――その中にはキリスト教徒の者もいたが――は、ガンディー派であろうが、アンベードカル派であろうが、ガンディー派の者たちの「バンギーの者が、同じ井戸から水を汲むことを容認せよ」という命令を無視している点である。彼らの言い分は「われわれは、四ヴァルナの者たちによる不当な扱いに、何世紀もの間、苦しみ続けてきた。それはこれからも続くであろう。だが、だからと言って、バンギーの者たちにわれわれの井戸から水を汲むことを許すわけにはいかない」というものであった。さらに、彼らは、バンギーの子供たちが、自分の子供と同じ学校に入学すると、自分の子供を学校から退学させたりもしている（［Prajbandu 1993］。引用は［Mehta 1995: p. 192; Franco et al. 2004］も参照）。このように、アンベードカル派の者たちも、ガンディー派の者たちも、同じように平等を主張するが、前者はそれを声高に好戦的なやり方で提唱するという違いがあった。だが、その違いも、彼らが自分たちよりも社会的に身分の低い者たちに対して実際に平等に振る舞うよう求められると、消えて無くなってしまっていたのである。

四　独立以後の「ダリト運動」と仏教

グジャラートのアンベードカル派のダリトたちは、一九四五年に指定カースト連合（Scheduled Caste Federation ＝SCF）を創設した。彼らは、アンベードカルの指導のもと、交通公共機関の普通利用を求める闘争や、土地を持たないものたちへの土地提供を求めるサティヤーグラハに参加し、さらには、土地改革法の施行を求める運動を始めた。また、ダリトたちの活動を支援するため、共済銀行や配給ショップなどを設立した。一九五二年には、アフマダーバード地方自治体、州議会、そして、国政の選挙における一定枠の議席をめぐって、指定カースト連合が候補者を擁立している。この頃より、平等を求めるメッセージは、仏教的な教義・シンボル・儀礼を通じて発せられるようになった。一九五一年には、アンベードカル派の者たちは、降誕会（ブッダの生誕祭）を初めて開催している。

アンベードカルの死後、指定カースト連合は、一九五七年にインド共和党（Republican Party of India）へと変わった。この政党も、その目的が、自由・平等・博愛という原理の実現、及び、あらゆる搾取の撤廃であることをうたっている。同年、アンベードカル派のL・G・パルマー（L. G. Parmar）は、月刊誌『ジョティ（*Jyoti*）』の発行をスタートさせるが、そこには「インドにおいて、月に一度、グジャラート人が、主であるブッダと、父なるお方であるアンベードカルのご高見に捧げる」と記されている［Jyotikar 1991: p. 440］。同政党は、グジャラートで地方選に勝利し、グジャラート北部のシッドゥプール（Siddhpur）とカロール（Kalol）においても議席を勝ち取る。そして、政府に対して、土地を持たない者たちへの土地分配、富裕層への増税、一対一〇という被雇用者間の給与格差の是正といった、様々な認可を申請する。一九六〇年に入ると、若い五名のダリトが——彼らは皆ヴァンカールであったが——

アフマダーバードにおいてディークシャー（diksha 入門儀式）を受けた。

同党は、一九六一年、新たな州が成立する直前になって、総理大臣に対して、ある認可を申請した。それは、政府内の特別枠を彼らが占有すること、指定カーストの学生のための奨学金を増やすこと、新仏教徒にも指定カーストと同額のあらゆる手当を付すこと、ブッダとアンベードカルの誕生日を国民の祝日とすることなどを求めるものであった。彼らはインド全土におけるサティヤーグラハを推進し、また一九六一年にバーヴナガル（Bhavnagar）で開催された「All India Congress Session」でデモを組織し、自分たちの要求を繰り返し唱えた。一九六五年のアンベードカルの命日には、社会主義政党や共産党と協力し、インド全土におけるサティヤーグラハを組織して、政府の休閑地を、土地を持たないダリトたちに分配することを求めたり、スラム街を代替居住地の提供なしに取り壊すことを止めるよう要求したりした。また、アンベードカルの肖像画を国会議事堂に安置することも求めた。だが、このような政治的熱狂は長くは続かなかった。党内部において派閥争いが生じ、六〇年代後半以降の、議会政党の対ダリト戦略が功を奏したのである。インド共和党は、次第に政治的影響力を失っていった。グジャラートにおけるインド共和党の党員の中には、他所における議会やスワタントラ（Swatantra）党に移り、そこでポジションを得る者もいた。

アンベードカル派の仏教徒たちの中には、政治的な活動だけでなく、社会・経済面における活動、宗教面における活動を始める者もいた。一九五八年には、大菩提会アンベードカルミッション（Mahabodhi Ambedkar Mission）が組織された。この団体は、仏教の教えや文化を比較研究すること、ブッダとアンベードカルに関する本をグジャラートにおいて出版すること、そして、仏教をインド全土に広めることを目的としていた。カロールやアフマダーバードでも、数名の者たちによって、説法や祈りのための会が毎週行われるようになった。カロールの仏教徒は、三階建てのビルの最上階にブッダ像を安置し、仏教寺院の建立を実現している。その寺院の一階にはクリシュナが、二階にはラムが置かれているのだが、それら全ての像に対してアーラティー（灯を円を描くように回す儀礼）をなす僧侶が常駐している。また「アンベードカル Vihar Prachar Sangh」や「Dalit Samaj Uddharak Mandal」といった、地域レベルのダリト団体も現れ、自分たちのコミュニティのための社会・経済上のプログラムや、教育上のプログラムを実施するようになった。一九六五年には、インド共和党の党員たちが、他のダリト活動家たちと共に「Dalit Samaj Uddharak Mahotsva（Dalit upliftment festival）」をジュナガド（Junagadh）で結成し、教育に関する様々な活動を始めた。

五　中流層ダリトの急進主義と上位カーストの報復運動（一九七〇―八〇年代）

七〇年代初頭には、貧困撲滅運動が収束に向かう一方で、上位・中位カースト階級の若者たちが武装して立ち上がり、「汚職」という道徳上の問題を提起した。彼らは「新生（Navnirman）」運動を先導したのである［Shah 1976］。一方で、都市部に住む知識人層のダリトたちも、小規模ながら、自分たちのアイデンティティや権利を主張し始めた。ボンベイでは「ダリト・パンサー（Dalit Panther）」が結成され、そこに、グジャラートのダリトたちも加わった。彼らは、日々の暮らしにおけるダリトたちへの不公平と恒久的な差別という問題を提起した。ダリト・パンサーのリーダーたちは、ガンディー哲学に疑問を投げかけ、カースト体制と支配的なバラモン文化の正当性を問題視した。一九三〇年代に起こった「ガンディーとアンベードカルの違い」という論争が、公の場で再燃したのである。ダリト文学というものが詩を通じて初めて現れ、隷属と不公平への反抗、平等と権利への希求が表現された。ダリト・パンサーは『マヌ法典』を非難するデモを繰り広げ、実際にそれを燃やすというパフォーマンスを行った。

こうした好戦的なムードの中、グジャラートにおいては、一九七五年に、四二の家族が、「グジャラート仏教協会」の支援のもと、初めてディークシャー（入門儀式）を受けた。同年、それに一一の家族が続いた。改宗の形態が、個人的な改宗から家族ごとの改宗へと変化したのである［Harsha 2003, 2012］。

同時に、より多くの指定カースト・指定部族の学生が、教育上の特別枠を得るという恩恵を受けるようになると、それを不満に思う上位カーストの学生やその親が、特別枠制度に対する反対運動を起こした。上位カーストの公務員やその他の職の中位階級の者たちも、その運動を支援した。その運動は、大学のキャンパスや政府の敷地内に限られたものではなく、都市においても、地方においても、全ダリトを対象として盛り上がった。ダリトの学生たちも、それに対する反対運動を組織し、インド社会において同じように差別に苦しむ他団体――アーディヴァシー（Adivasi 先住民族）やムスリムなど――との連携を図った。だが、他のコミュニティとの連携は言うまでもなく、全階級のダリトの連携は実現しなかった。大多数の指定カーストは、非常に貧しく、子供を高校に行かせることさえ困難であるため、高等教育や公職における特別枠の問題には無関心だったのである。一九八五年にも、上層カーストの者たちが反特別枠運動を起こしたが、ヒンドゥー至上主義の勢力は、それを巧みに反ムスリム運動へと転向させた。また民族奉仕団（ＲＳＳ）は、ダリトを打ち負かそうと、サム・ラサタ・マンチ（Sam-Rasata Manch）を結成し、アンベードカル派を取り込もうとした（この点の詳細に関しては後述する）。

グジャラートの市民生活は、一九八五年の反特別枠運動以降、変化した。ヒンドゥー至上主義の勢力が興隆し始め、一般社会と政治において確固たる主導権を得るようになったのである。概して、ダリトたちは、こうした動きとは無縁であったが、中流層のダリトは、特別枠論争とその弁護に明け暮れていた。ダリトたちの抵抗やアイデンティティや尊厳を表現するダリト文学が発展した。だが、それは、ダリトたちの意識や結集を、新たな社会秩序へと連結する媒体にはならなかった。抑圧への抵抗の呼びかけさえも「全くないとは言わないまでも、非常に稀であって、あったとしても、女性キャラクターの声を借りてのもの」であった［Kothari 2013］。ダリト文学において、自由・平等という信条や、仏教的なシンボル・思想は、その中心ではないどころか、ほとんど表現されなかった。むしろ、創造的な著作とされる基準を満たすために、つまりは文学の主流から一目置かれて認められるために、好戦的・敵対的なトーンを徐々に抑える作品が多くなった。このような背景のもと、グジャラートにおいては大衆社会党（ＢＳＰ）は育たず、左翼的な政党もほとんど皆無であった。ダリトの、政治的な権力への希求は、インド人民党（ＢＪＰ）と会議派（インド国民会議派）の間で揺れ動いたままである。一方で、政党と距離を置こうとする者たちが、ＮＧＯ活動を始めることによって貧困層のダリトへの暴虐に対する異議を唱え、彼らへの不公平が生じ続け、彼らがさらに弱い立場にさらされていることを訴え続けている。

六　仏教コミュニティの創設

政治上の二極化が進むさなか、一九八〇年代に入ると、五〇〇〇近くの家族がディークシャー（入門儀式）を受け、仏教に帰依した。九〇年代には、アフマダーバードにおいて三〇〇〇名近くのダリトが、さらには、農村部であるサウラシュトラ（Saurashtra）において一二五名以上の者たちが、仏教徒になった。近年では、二〇一三年の一〇月一三日に、「姿なき神（Nirantar）」派の主導者である、聖ジェイデヴァ（Jaydev Baba）が「ブッダへの転向（Chalo Buddh Ki Aur）」を実施し、そこでサウラシュトラ出身の六〇〇〇名近くのダリトが、スリランカからやって来たサンガセーナ比丘（Mahabodhi International Medication Center＝ＭＩＭＣの創設者）とマハーボディ協会（Mahabodhi

Society）の主導者たちの面前で、仏教へと改宗している。この時、インド共和党の党首であり、マハラシュトラ州の出身であったラーマダーサ・アータヴァレー（Ramdas Athawale）も、彼自身はシヴ・セーナー党（ヒンドゥー国家主義を唱える、親マハラシュトラ人政党）の支持者であったにもかかわらず、その大会に招待された。この会は、新たなアイデンティティを探る動きであったと言える。たとえば、その改宗のための大会を組織した主導者の一人は、「今日より、私たちの個としてのアイデンティティは変わるであろう。もし「お前は何者か？」と尋ねられたら、われわれは「仏教徒である」と答えることになろう。マハトマ・ガンディーが造った「ハリジャン」という呼び名と、それに付随する様々な不快な気持ちを捨てつつ」と述べている（*Indian Express*. Oct. 14, 2013）。また別の活動家も、同じような表現を何度も用いながら「これは、自尊心の問題である。ダリトたることは、無限の辱めを受けながら生きることに等しい。こうして「仏教徒」へと変わることは、人々に自尊心と誇りを与えるであろう」と述べている。

私の推定では、こうした近年の改宗によって、グジャラートにおける仏教徒の人数は八万人ほどに達していると思われる。それでも、同州の指定カースト人口の一％以下である。また、仏教徒の家族を、その大きさやタイプといった統計学的上のプロフィールから見ると、彼らは、ヒンドゥー教徒やキリスト教徒の中流指定カーストの家族と変わりはなく、唯一、性別の割合に関しては、ヒンドゥー教徒のダリトだけでなく、中位の上位カーストの者たちと比べ女性の割合に顕著な違いが見られる。これは、仏教徒が合理主義的な思考・実践を意識的に説くからであろう。彼らは、子育ての段階で男児と女児とを差別しない。女児が生まれてもマイナスのものとは見なされず、男児と同等の教育が与えられるのである。グジャラートで——そこでは女性の割合が極端に少ないのだが——私の調査に答えてくれた者たちは、そのことを誇りに思っているようであった。彼らは、迷信の墨守——それは、カーストに関係なく、ヒンドゥー教徒たちにとっては一般的なことであるのだが――などはしないし、自分たちがそうした態度をとることに誇りを持っているようであった。フランコ氏、マクワン氏、ラマナータン氏らは、その点について冷静な分析を下し、「迷信をきれいさっぱり無視することは、この新宗教に依る者たちに、理性の力、理知的な思考、人を萎縮させる恐怖からの解放を強く信じさせている」と述べている。また、ジュナガド出身のある若い女性は、改宗にともなう自身の変化について次のように語っている。

当初、私たちは、寺院に、常に建物の中に入らずとも、定期的に参拝していました。ですが、今では月に一度好きな時に断食をするだけです。ヒンドゥー教の教えに従うことは一切ありません。私たちの家族は皆仏教徒です。私たちは、あらゆる緊張から解き放たれています。マタジ（Mataji 母神）に御飯を捧げなかったら彼女は怒るのではないだろうか、神々を喜ばせているだろうか、といった心配はなくなりました。私たちは神々を捨て去りました。何か新しいことを始めるのに、縁起の良い時期はいつなのか、と誰かに相談することも決してありません。……私の娘は、自転車に乗っている時に、マルチ（Suzuki 社製の車）に轢かれました。彼女を病院に連れて行ったところ、皆「神々を信じなくなったから、こんなことが起こったんだ」と言いました。そこで、私は「この病棟で神々を信じていないのは、私たちだけです。でも、他の患者さんたちはどうなのでしょうか？　彼らは神々を信仰しているのに、どうしてここにいるのでしょうか？」と言い返しました。すると彼らは何も答えられませんでした。

［Franco et al. 2006: p. 40］

彼らには、そうした意識があった。それでも、いくつかの場面では、伝統的な信仰や信心を受け入れざるをえないこともあった。たとえば、彼らは、家庭内の平穏を維持するために、自分たちの合理的な信念と神秘的な慣習を妥協させるよう求められることがあった。ある回答者は、自分の息子の嫁はヒンドゥー教徒の指定カースト出身で、二人が結婚する前はヒンドゥー教の神の写真は家になかった。だが、ある日、嫁がクリシュナ神の像を買ってきた。息子はそれをやめさせなかった。「だから、私の家には、ブッダ像とクリシュナ神の像が両方あります」と語っている。また別の女性は、自身を合理主義者とするも、自分の意思にかかわらず伝統的な慣習に従いたいという気持ちもあることを暗に語った。彼女は「私の義父は、アンベードカル派の人間です。非常に良識のある人です。でも、彼の兄や他の親類は、自分たちの祖先を祀る慰霊碑を礼拝します。その祖先が、家族にとっての神だからです。私たちは、その慰霊碑のそばを通る時、顔を隠して、サンダルをいったん脱ぎ、通り過ぎてから履きなおさねばなりません」と言っているのである［Ibid.: p. 41］。仏教徒の中には、結婚式などの社会的な礼式において、一族の女神(kuldevi)を拝むことを止めずに続けているものもいる。教養があり自らを「合理主義者」とする、ある中年の仏教徒は「私たちは、信じているからそうするのではなく、家族を構成する女／年長者の一人であるから、そうするのです。家族の気持ちも尊重せねばなりません」と語っていた。

彼らの行動には、そうした葛藤があるものの、グジャラートの仏教徒たちは、マハラシュトラなどの他地域の者たちと同様に、新たなアイデンティティの獲得を実現した。彼らの多くが、「新仏教徒」や「ダリト」とみなされることよりも「仏教徒」とみなされることを望むようになったのである。実際、彼らの中には、「ダリト」という呼称を、「不可触民」に代わる軽蔑を含んだアイデンティティとみなす者たちがいることを、私自身も経験的に知っている。彼らは、マハラシュトラの仏教徒と同様に「呼称を変えることによって表象される、新たなアイデンティティ」を獲得しており、「そうした前向きな意識は、自助努力、従来のヒンドゥー教への追従の拒絶、自己実現のための合理的なアプローチといった考えと密接に結びついている」のである［Thimothy Fitzerald 1994: p. 20; Paik 2011］。また、こうした新たなアイデンティティの獲得者たちは、未だ仏教に改宗していない同胞のダリトたちに対する優越感を持っており、未改宗の者たちを迷信深い愚かな人間として見下している。

七　社会的な慣習と儀礼

七〇年代に入ると、それまでとは違って、より多くの人間が家族とともに仏教に帰依するようになった。彼らが集合的に明確なアイデンティティを確立することで、新たなコミュニティが形成され始めた。すると、彼らが様々な社会的な礼式において統一的に従うべき慣習や儀礼を考案する必要が生じた。実際、アンベードカル自身も、そうした必要性を感じていたようであり、儀礼マニュアルを編纂したり（一九九八年）、タターガタ（如来）[2]への礼拝で終わる、仏教の「バイブル」を著したりしている（一九九二年）。そこでグジャラート仏教協会は、彼らが守るべき慣習をまとめた。それは、従来からの地元の慣習に合わせたもので、ヒンドゥーの神々の名称や、そうした神々への賛美が、「ブッダ」に置き換えられている。改宗して仏教徒になった者たちの圧倒的多くが、ヴァンカールというジャーティ（jati 種姓）の者であるため、規定された慣習や儀礼は、ヴァンカール・カースト色の強いものとなっている。グジャラート仏教協会は、それらを成文化して出版し、普及させた。思想研究者たちは、そこで社会的に機能するよう規定されている儀式は、地元の文化・慣習を取り込んだものであること、また、その儀礼が「明確なスピリチャルな意味合いと重要性」を持っていることを指摘している。同時に、元来の意図から離れて「善意で造られたものであっても「単なる儀式や迷信的行為」と解釈されうるものになりかねない」という懸念もあると指摘する。実際、様々な機会にまつわる儀礼において讃歌が歌われるが、それはパーリ語である（表記はグジャラート文字）。そのため、一般人だけでなく在家の仏教徒たちにとっても、仏教徒とヒンドゥー教徒の儀礼の間に、どのような違いがあるのかが明確にはわからない。

仏教徒の儀式の中で、彼らとヒンドゥー教徒の指定カーストの者たちとを、はっきり分けるものがあるとすれば、それは、子供が生まれてから四、五カ月後に行われる「ナーマカラナ（Namakarana）」という子供の命名式であろう。こうした慣習は、比較的近年にバラモン以外のカーストの者たちの間でなされるようになったものなのであるが、以前は上層カーストの者たちの間においてのみなされていた。いわゆるサンスクリットタイゼーション運動の中で再興されたのである。グジャラート仏教協会は、名前の候補一覧を出版している。カーストや一族を明示するような名前をつけることは禁じられており、また、改宗の際には、ヒンドゥー教的なアイデンティティにまつわる接頭辞・接尾辞を、適当な新しいものに改めることが求められている。

命名式に続く第二番目の儀礼は、ヴィッジャーランバ・マンガ（Vijjarambh-Mangal）と呼ばれるもので、五歳から六歳の間の子供に対して行なわれる。それは、再生カースト（就師入門によって再度の誕生をしたことになる上位カースト）のバラモンたちが、子供がバラモン教徒として教育を受けるため学校に入学した時に聖紐（janoti）を身につけるために行っていた儀礼に、いくぶんか似ている。ヴィッジャーランバ・マンガラも、子供の教育が始まることを示しており、また、公的に仏教徒になったことを示すディークシャーでもある。それは、仏教寺院（Vihar）か自分の家において執り行われる。近しい親戚や近隣の者たちの面前で、我が子の手を取り、板か紙の上に三帰依を書かせるという儀礼を、両親が率先して行うのである。また、そこでは花を用いた仏教的な供養（puja）も行われる。それを機に子供は学校に通うようになるため、その儀式は、教育の重要性を補強する役割を担っているようである。このような儀式は、バラモン以外のヒンドゥー教徒の間ではまったく見られない。

結婚式であるヴィヴァ・マンガル（Vivah-Mangal）も、社会的に重要な礼式である。ヒンドゥー教徒の場合は、式を執り行う司祭者が必要とされるが、仏教徒の場合は、結婚式を執行するのに比丘を必要とはしない。この祝儀の間、飾り付けが施されたステージには、ブッダだけでなくアンベードカルの像（あるいは写真）を置くことが規定されている。偈頌が唱えられ、花嫁と花婿が花輪を交換し、参列者が花のシャワーを二人に浴びせるのである。重要なのは、この結婚式が、聖なる誓いの場というよりは、むしろ、契約の場である点である。一人の年配仏教徒が式を執り行い、夫と妻が互いに対して果たすべき義務を定めた五つの誓いを唱えるのである。そこで定められている義務は、家父長制を強化する内容となっている。即ち、男性は糧を得る者、女性は家を守る者、というように、男性と女性の役割をきっちりと分けた内容となっているのである(3)。

彼ら仏教徒たちは、相応の伴侶を見つけるよう説かれる。すなわち、各々が、教養があって正しい振舞いができるかどうかを見定めるよう説かれるのである。伴侶選びにおいては、カーストを考慮することは敬遠されているものの、結婚がもたらす人間関係は、彼らの間で生ずるものであることを踏まえるよう助言される。もっとも仏教徒たちの多くは同じカーストに属するのだが。加えて、仏教徒の数は非常に少ない。そのため、彼らはヒンドゥー教徒の者を伴侶に選ぶより他はないことにもなる。いずれの場合においても、伝統的なカースト内で成立する結婚が好まれるのが普通である。都市部に住む指定カーストの家族は、仏教徒であれ、ヒンドゥー教徒であれ、自分たちの周りで、教育を受けた男女に相応の伴侶を見つけることがますます難しくなっている。そこで、結婚広告を出したり、インターネットを使ったり、また、プロの結婚相談所の助けを借りたりして、伴侶を見つけようとする動きが高まっている。他のカーストと同様に、仏教徒たちもまた、前途有望な若者とその両親を集めて伴侶を選ばせる組織を立ち上げているが、その組織は、多くの場合、高等教育を受けている（あるいは、受け終わった）男女のためのものである。そうした集会（mela）には、仏教徒の家族か、アンベードカル派のヒンドゥー教徒の家族の前途有望な男女が応募して集う。

仏教徒は、おおよそ、あらゆるヒンドゥー教徒の祝祭を祝うが、その意味合いを、ブッダの生涯や彼の事績に基づいて少し変えている。彼らの祝い方も、ヒンドゥー教徒のカーストの者たちの祝い方と大幅には異ならないが、三つの祝祭に関しては、仏教徒独自のものであると言える。そのうち二つは、ブッダの降誕会とアンベードカルの誕生を祝う祝祭である。前者は五月に行なわれ、仏教徒たちは、仏教寺院において、皆で供養を行う。彼らは、ブッダの降誕日を国民の休日にするよう政府に求めているが、その要求は未だかなえられていない。仏教徒ではないダリトたちも、その要求には無関心である。一方、アンベードカルの誕生日は、全ダリトによって祝われる。その日は国民の休日であり、彼の誕生祭も国民的な祝祭となっている。全ての政党と政治的リーダーたちが、公的な行事を行ってアンベードカルへの畏敬の念を示す。仏教徒たちは、供養によって祝い、非仏教徒たちは、街頭行列や講演会などの公的な行事を開催することで祝う。三つ目の祝祭は、アンベードカルが仏教に改宗した日を祝うものであり、ちょうど、ヴァイジャダシャミー（Vaijyadashami）にも相当する。ヒンドゥー教徒は、その日をダシャラ祭として、ラム（Ram）がラヴァン（Ravan）を打ち負かしたことを、すなわち、善神が悪を打ち負かしたことを祝う。アンベードカルも、その日を勝利の日、すなわち、アショーカ王が、悲惨な戦争を経てカリンガを征服し、大虐殺を悔いた結果、暴力の放棄を宣言し、仏教に改宗した日、と解した。そこで、仏教徒は、その日に、これから仏教徒になる者たちのために一斉改宗の集会を開催するのである。

八　仏教組織

現在、いくつもの仏教組織が存在し、それぞれが異なる活動に従事している。その多くは、単独のものである。オフィスの運営は政府や役所の人間が行っているが、運営資金にも時間にも限りがある。そのため、「彼らは、打算的な関心、利己心、個人的な妬み・誹りに埋没してしまっている。結果、仏教の教えやメッセージを広めるという任務を疎かにしてしまっている。自分たちのことを最優先にしてしまっているのだ」という批判も聞かれる[Bodhiparna Nov. 2012]。

一九六五年には、ＢＳＩ（Buddhist Society of India）の歩みを追って、アフマダーバードで、ＢＳＧ（Buddhist Society of Gujarat）が結成され、後に、ＧＢＳ（Gujarat Buddhist Society）と改名した。彼らは、仏教徒のために、公的な仏教儀式・儀礼集、仏教詩やブッダの伝記、日々の暮らしに役立つ仏教説話や教えなどを出版しており、また、アンベードカルの著作もいくつか出版している。ＧＤＳ（Gujarat Dhamma Society）という組織もある。こちらは一九七九年に創設された組織であり、ＧＤＳの仏教寺院は一九八二年に建てられた、寺院の管理を行っている。これまでに、アフマダーバードには五つの仏教寺院が建立されており、それぞれの地域住民の礼拝場所となっている。日々の仏教寺院の訪問者数はまちまちであるが、祝祭日には、だいたい二〇名ほどの信徒が集まる。

ＧＢＡ（Gujarat Buddhist Academy）は一九八五年に創設された。この組織の狙いは、構成メンバーの指針となる、アンベードカル仏教に関する文献を出版することである。発行部数の多い定期的な刊行物は、二〇〇九年より出版されている月刊誌『*Bodhiparna*』である。そこには、ＴＢＭＳＧ（Trailokya Bauddha Mahasangha Sahayak Gana）の発刊する『*Buddhyan*』とは違って、アンベードカルの、仏教に関するスピーチだけではなく、他の講話（たとえば、ダリトたちを、教育や戦いのために結集させることなどを説いた話など）も掲載されている。また、仏教徒の社会的な動き――結婚や死など――についてのニュースも載っており、時には、ダリト社会が直面している直近の問題に関する記事も見られる。彼らが出版する、この二つの雑誌をはじめとする様々な刊行物の中心的課題は、信仰と個人の道徳・振舞いである。そこには、社会的・政治的なモラルの基盤となる平等と正義、それを実現するための個人の役割といった課題はまったく見られない。概して、これらの出版物においては「ダリト」という言葉の使用さえも控えられているようである。

これらの組織の運営者や中心的メンバーは、指定カーストたちの間に蔓延る「不可触民」意識の問題だけでなく、彼らに対する上部カーストの者たちの差別的行為（土地分配、最低賃金、ダリト女性に対するレイプなどの暴虐）にさえも無関心のようである。被害者を責めるような者も少なくない（マハラシュトラ州における同様の見解については [Guru 1991] を参照）。たとえば、六〇代の男性は、私に「アンベードカルは、ダリトたちに、村を去って都会に住むよう説いた。実際、私は、生まれた時からアフマダーバードに住んでいるから、そんな暴力に遭ったことはない。彼らは何で都市部に移住しないのか？」と語った。また、別の中年の仏教徒は、村に住むダリトたちが「不可触民」としての扱いを受けるのは、彼らがヒンドゥー教であるからだと主張し、加えて「どうして、彼らは仏教徒にならないのか？　それはアンベードカルが示してくれた、解放への道であるのに」と語った。また別の者たちは、ブッダは「他者を愛せ。彼らと対立するな。対立は暴力を産む」と仰っている、と語った。また別の者は、ガンディー派のような楽観的な見解を示し、ヒンドゥー教徒たちは「いつか、態度を軟化させ、悪い考え方を捨て、後悔するであろう。最後には変わるであろう。対立ではなく、愛をもって、彼らに説かねばならない」と語っていた。

どのようにカースト制を打ち壊すのか、それはいつ実現するのか、という問いに対しては、ディパンカー師（Bhante Dipankar）は、「人々が、道徳的な価値に従うようになれば、実現するであろう」と答えている［Mevani 2013: p. 5］。理想主義者と同様に、彼らもまた、個人の振舞いを、外的な世界や政治構造・政治力に関与させないのである。

九　別の形の合理主義

一方で、自分たちのコミュニティに影響を与える問題を取り上げ、政治活動に従事するダリトたちは、そうした組織とは一線を画してきた。実際、彼らの多くが仏教に改宗してはいない。アンベードカル派を名乗っていても、改宗という道を選んでいないダリト活動家に対して、『*Bodhiparna*』の編集者の一人は「何があなたたちを仏教徒にさせないのか?」と厳しい問いを投げかけているが、この問いについては、仏教徒たちの間でも、仏教徒と未だ仏教に改宗していない者たちとの間でも、深い議論はなされていないようである。私自身、その問いを、数人のダリト活動家に投げかけてみた。彼らは、差別や正義といった問題を第一線で提起し続け、支配的立場のカーストにいるヒンドゥー教徒や現状に対して奮闘している者たちであり、ヒンドゥー教徒でもなければ、クリスチャンでもない。彼らは、アンベードカル派であるにもかかわらず、現在の社会・経済的状況においては、改宗は答えにあらずと信じており、社会構造の改革や改宗よりも、政治活動に重きを置いていた。彼らが異口同音に言う説明の一つは、ヒンドゥー教は、理論上は四カースト（Chaturvarna）を説くが、その状況は——上位カーストの支配性は失われていないものの——民主主義の中で変化してきた、というものであった。また彼らは、宗教を変えたところでカースト制を打破することはできないとも言う。仏教徒の家庭で育ったものの、公務員を辞めて政治活動に参加することを決めた、ある政治活動家のリーダーは、「政治の力」こそが、アンベードカルの目指した彼らの解放を実現する鍵になるから、政治活動に参加することにした、と語っていた。彼は、当時の政治状況下においては、「ヒンドゥー至上主義」政党であったＢＪＰに入党することはできないように思えたので、議会派に加わったそうなのだが、「私は、国会議員の一人として、国会でも、演壇でも、グジャラートやインド全土におけるダリトたちに影響を与える問題について声を上げてきた。……アンベードカルが、インド憲法に託した信条のために、私は働いている。改宗の必要性は感じていない。それは、ダリト運動の役には立たないであろう」と言っている。

また別の活動家は、ある有力なダリトＮＧＯの創設者として、人権のための数々の戦いを主導し、しばしば、州や上位カーストのエリートたちと対立してきた。彼は、国際的なレベルで、カーストに根ざす差別問題を取り上げてきた。そして、その経験から「カーストが各人の心にもたらす影響と闘うのに、改宗は、さほど役に立たない」という結論に至ったという［Mevani 2013: p. 92］。彼は、例として、マハラシュトラ州における仏教徒たちの中にも、カーストの区分け、階層、差別的行為があることを挙げた。彼にとって「平等」こそが、実行に移されるべき中心的価値に他ならないのである。彼は「改宗に関して言えば、人は、なぜ改宗を求めるのだろうか？　誓いも実践もまったく同等の宗教など誰が挙げられようか？　アメリカでは、黒人もキリスト教徒だという。だが、彼らの教会は、白人のものとは隔離されている。日本では、ほぼ全ての者が仏教徒だという。だが、われわれの国と同様に、被差別部落の状況は変わっていない。……私は、改宗の力を信じることができない。私が信じているのは、われわれの信念が、誤ったものから正しいものへと変わりうるということである」と語っていた［Mevani 2006: pp. 25-26］。彼は、出自に起因する、ダリトの一般的な定義を用いない。彼によると、「平等」の実践を信じてやまない者こそがダリトなのだそうである。ダリトのアイデンティティは、狭義では、指定カーストのメンバーであることであるが、もしその目的が、彼らを「社会の外れに追いやること」によって彼らを「社会にとりこむこと」であるとするならば、それは、なお悲劇的なものになるであろうと、彼は強く主張している［Mevani 2013: p. 215］。

一〇　仏教徒のダリトとヒンドゥー教徒のダリト、および「ヒンドゥー至上主義」と解放運動

アンベードカルは、よく使われる「東西」による文化の二分法、すなわち、「東洋的」「西洋的」という文化区分は用いなかった。彼はユニバーサリストであり、政治上のイデオロギーに関しては近代的だったのである。彼は「宗教」を国家の基盤として説いてはいない。アンベードカルにとって「国家」とは、自由・平等・博愛に基づいた社会の形・社会的関係であった［Aloysius 1998: p. 154］。だが、彼によると、インドは「国家」ではない。「国家」になくてはならない「ワンネスという共同感情」を欠いているからである［Vol. 8. 1990: p. 31］。彼は、「ヒンドゥー大連合（Hindu Mahasabha）」や、彼らが主張する、ヒンドゥー教の「創始者」が誕生した地という発想に基づくヒンドゥー文化観・国家主義観に反対の立場をとった(4)。アンベードカルは、ヒンドゥー大連合の唱える「ヒンドゥー教徒は、彼ら自体で国家をなす」という主張や「ヒンドゥー王（Hindu Raj）」という考え方は「大変危険なもの」であり、インドの安全やセキュリティを脅かす構想とみなしていた（pp. 132–143）。彼は、ヒンドゥー教徒は単一のコミュニティを構成できないし一国家を形成できない、と繰り返し主張している。また「ムスリムは、自己を差別化する基本原理から得られる恩恵を切り離すことができない」とも述べている［Guru 1991］。だが、当時の主流派

メディアや世論は、彼の「愛国心」に疑問を投げかけていた。というのも、彼のスワラージー（Swaraj 独立）についての考えは、会議派の考えともガンディーの考えとも対立するものだったからである。国家主義者たちの過激な政治思想からは、彼の会議派に対する厳しい反対は親英的に見え、時に、彼は「国賊」と呼ばれた。そうした非難は、彼をかなりいらだたせたようである［Keer 1981］。

一九三〇年代から一九四〇年代にかけての政治上の展開が――とりわけ、自由運動が盛んになり、パルチザンが起こる中で、ムスリム系の連合が他とは別に勃興したことが――彼のムスリムに対する考え方に大きな影響を与えたようである。彼は、仏教こそが――キリスト教やイスラム教とは違って――「インドたるもの（Indian-ness）」であるとし、そこに文化的ルーツを求め、仏教の他の宗教に対する優位性を説いたが、それらは、他の多数派を形成するイデオロギーに対抗する上で、有効な手段になっていた。(5) 事実、そうした主張は、ヒンドゥー教の国家主義学者たちにも黙認されており、彼らの説く神話体系や政治的イデオロギーにおいても、ブッダは「ヒンドゥー教徒の中のヒンドゥー教徒」であって、ヴィシュヌの第九番目の化身と解されている。インド全州やヒンドゥー至上主義政党がブッダを取り込んでいる背景には、こうした理解がある。つまり、彼らは、ブッダを、ブラフマニズムに対抗する宗教的イデオロギーの提唱者としてではなく、ヒンドゥー社会の改良者として、自分たちの側に取り込んでいるのである［Lad 1995; Anand 2005］。

グジャラートの仏教史を著しているグジャラート人仏教徒たちも、ムスリムを「他者」（すなわち、異国者）とみなし、彼らの愛国心を疑問視するヒンドゥー至上主義の見解にうまく引っかかってしまっていると言える。彼らは、一二世紀にインドにアラブ人が侵略し仏教大学・仏教寺院を破壊したことによって、インド仏教は衰退し滅亡したとする、アンベードカルの記述を真に受け、イスラムを仏教の敵として記述している。そして、彼らは、インド仏教の衰亡を仏教教団の劣化と関連させて批判するアンベードカルの主張には、一切耳を傾けようとしないのであるが、こうした態度は、もはや常習的なものとなっている。加えて、彼らは、仏教がインド以外の仏教国において形作られ、実践されていることにアンベードカルが批判的だった点も無視している。グジャラートの仏教活動家である作家たちは、仏教が説く道徳上の原則や科学性・合理性よりも愛国精神を重視し、それこそがアンベードカルの求めたものとしているのである。

彼らはアンベードカルの言葉として、次のような一節を――誤って――引用している。

> われわれは、この地のネイティブである。われわれは、われわれから愛国心を奪うような宗教を受け入れることはできない。われわれは、われわれの忠誠心を奪いとり、それを他国に向けさせるような宗教を是認することはできない。イスラムを受け入れたならば、ムスリムの人口は増えよう。その結果、外国勢力（と彼らの利益）という障害がもたらされよう。われわれが、もしクリスチャンになったならば、イギリス人愛好者や彼らの支持者を増加させることになろう。その結果、イギリスの支配はさらに強まろう。
> [Jyotikar 1991: p. 371]

ＲＳＳ（民族奉仕団）は、ダリトたちの間で高まったダリト・パンサーの結成やプロテスト文学の隆盛といった好戦的な気運に対抗するため、また、ヒンドゥー教徒の上層階級の者たちが起こした「反特別枠運動」から注意をそらすために、新たにＳＳＭ（Samajik Sam-Rasata Manch; Social Assimilation Platform）という組織を発足させた。彼らは、自分たちに支持を集中させて、ヒンドゥー教徒全体の連帯を図ろうとしたのである。この新組織は、一九八三年の四月一四日に発足したのだが、ちょうどその日は、アンベードカルとヘードゲーワール（Hedgewar ＲＳＳの創設者）の誕生日であった。ヘードゲーワールは、「われわれは一つである。われわれは皆ヒンドゥー教徒である。「不可触民」など何処にいるというのか？　われわれは皆ヒンドゥー教徒であって、それ以外には何も無い。「四ヴァルナ」

というヴァルナなど、すなわち、カーストなど、どこにも存在しない。今日より、われわれは「ヒンドゥー教徒」という一つのヴァルナであり、一つの生まれである」と力説している。彼は、全ヒンドゥー教徒に同胞愛を吹き込むことを重視していたと言える。ここにはアンベードカルの勢力を削ぐ戦略も垣間見える。

ＳＳＭの支持者によれば、アンベードカルのイデオロギーの中心は「ダルマ（Dharma）」――宗教の意。「ダンマ（Dhamma）」ではないことに留意せよ――であった。アンベードカルは、より低いカーストの者たちを宗教の名のもとに搾取してきたバラモン・カーストを強く批判していたが、ＲＳＳのリーダーであるデガディ・ダトパント（Dhengadi Dattopat）によると、それは、バラモンたちの過失であって、ヒンドゥー教そのものの過失ではないのだそうである。またアンベードカルが、仏教への帰依を決断した契機を考えてみても、彼がイスラム教やキリスト教を選ばなかったのは、両宗教の場合、信徒が反国家的になってしまうことを恐れてのことだったことは間違いないのだという。こうした見解とともに、ＲＳＳは「インドの国家主義者というのは、自分のプンニャ・ブフーミ（聖なる地）をインドとする者である」という立場のイデオロギーを推奨している。そして、その立場をさらに確固たるものにするため、アンベードカルの死後二五年後になって、アンベードカルが「サフラン（ヒンドゥー至上主義のシンボル）を国旗に入れようとする動き」を支持していた、という話をでっち上げた。ムスリムが自身をムスリムであると信じている限り、その者は「ヒンドゥーの地（Hindustan）」の構成メンバーたりえない、というのが、アンベードカルの信条であったことを示すために、彼の著作『*Thoughts on Pakistan*』が重視された。ヒンドゥーのサマージ（社会）の弱みにつけこむムスリムたちは、本質的に、攻撃的な存在であるとされた［Dhengadi 1993］。

ＳＳＭの目的は、ダリトたちを主流派に組み込んで、ヒンドゥー社会と国家の勢力を拡大することであった。ＲＳＳも、マハラシュトラ州のダリトが、自発的にマラーティー語から翻訳した『私とマヌ［＝『マヌ法典』の作者］

とＲＳＳ（*Hau, Manu and Sangh*）』という書物を出版した。その中で、その翻訳者は、自身がＲＳＳの内部で一度も差別を経験したことがないと述懐しており、また、『マヌ法典』が差別的な文章を含んでいることは自明であるため、そのことがＲＳＳ内部で話題にされることもまったくないと語っている。

ダリトたちが、ホワイトカラーの仕事に就いたり教育を受けたりする機会が――限られたものであるとはいえ――増加したおかげで、中流階級のダリトが増加し、それに応じて、六〇年代以降、彼らの中に政治上の欲求が高まり始めた。彼らは、一九五〇年代から六〇年代にかけて、会議派とインド共和党、さらには社会主義政党に分かれたが、七〇年代に入ると状況は一変する。新たにダリト・パンサーが現れ、インド共和党や社会主義者のダリトたちを吸引したのである。また、インディラ・ガンディー（Indira Gandhi 一九一七―八四）の唱えた、貧困層寄り・ダリト寄りの麗句も、政治的な志向を持った若いダリトたちの心を奪った。だが「ダリト・パンサー」をはじめとする過激な組織の影響は、一〇年も経たないうちに影を潜めることになる。インド共和党のグジャラート支部は、単なる書類上の存在へと化してしまった。そうこうしている間に、一九八〇年代初頭には、「サング・パリヴァール（Sangh Parivar）」が、上位カーストの反特別枠運動を拡散するために上位カーストとダリトとの対立を上手く利用し、それをヒンドゥーとムスリムとの対立へと転化させた。ダリトたちは、その対立に上手く搦め捕られてしまい、上位カーストの者たちと手を取り合うことになった［Shani 2007; Shah 1994］。

そうした動きの中で、政治的志向を強く持つグジャラートのダリトたちの多くは、会議派とインド人民党（ＢＪＰ）とに分かれることになった。もっとも、彼らは皆、自分たちはアンベードカル派であると自称するも、従来のヒンドゥー思想の点から言えば大差はない。「議会派」のダリトたちは、一九三〇年代より、ガンディーとアンベードカルの違いを不要としている。彼らは、伝統的に、ダリト寄りの政党と関わりを持ってきたから会議派を支援しているだけであって、中には、政治的な立場を明確に持っている者もいた（今もいる）という程度である。インド人民党やサング・パリヴァールから派生した様々な組織は、前RPIのメンバー等のダリトの政治志向者や仏教徒を、イデオロギー上のプロパガンダとともに、組織内の政治的ポジションを提供することによって吸収した。

私は一九八七年に、そうしてポジションを得たダリトの一人から直接話を聞いたことがあるのだが、彼は「インド人民党は、バラモン的イデオロギーに賛意を示してはいるものの、具体的には議会派とまったく変わらない。もっと言えば、私自身、かつて一〇年間、議会派のために活動していたのだが、彼らは私にポジションをくれなかった。でも、インド人民党は、党内のポジションをくれたんだ」と語っていた。一九九〇年代に入ると、一人のダリトが、民族奉仕団（RSS）の広報誌である『*Sadhana*』の編集員に任命された。RSSと「世界ヒンドゥー協会（VHP）」は、一九八〇年代後半に、アドヴァニ（Advani）によって計画された、ソーマナータ（Somanath）からアヨーディヤ（Ayodhya）までの大行進（Rath Yatra）に、何名かのダリトたちを集結させたが、彼らは、また一九九二年に、アヨーディヤでのデモに志願者（kar sevak）として参加させられている。

二〇〇二年に起こった「コミュナル大暴動」においても、ダリトたちが、ヒンドゥー至上主義の自由兵として、ムスリムとの戦いに徴用された［Shah 2004; Berenschot 2011: pp. 139-160］。その中には、仏教徒もいた。政治的なリーダーシップをとる多くのダリトたちが、政党や政府内で、様々な政治的ポジションを得ていたのである。グジャラート州政府は、指定カースト出身の者たちを大臣に任命した。彼らの役目は、スポークスマンとして、同州において素手でゴミ拾いをして生計を立てる者たちの存在を否定したり、あるいは、グジャラート郊外に散見される「不可触民」の痕跡を、彼ら自身の目撃やダリト人権活動家によって体系的に積み上げられた証拠を無視して、否定することであった。また、彼らは、素手でゴミ拾いをして生計を立てる者たちをヴェーダ祭式を行う司祭にする、政府のトレーニング・プログラムを推奨する役目も担った[6]（[Nanda 2011]も参照）。彼らは――その中には世界ヒンドゥー協会や、他のサング・パリヴァールから派生した組織においてポジションを得ている仏教徒もいたが――総理大臣が公言する、ヴァルミーキ・カーストにより代々と続けられてきた素手によるゴミ拾いは「神々から賦与されたものである。すなわち、清掃業は、内なる魂の活動として、世紀を越えて続けられるべきものであり、実際に、何代にもわたって続いてきた。彼らの祖先が、他の仕事や生業を選ぶことが一切できなかったとは、到底信じられない」という言説に、異議を唱えることはない[7]。

ダリトたちの中には、少数ではあるものの、彼らが直面している常習的な「不可触民」意識、差別的行為、暴虐に対して、州政府が何ら手を打たないことに激しく反発する過激な者たちもいた。彼らは、ダリトたちに対して、ヒンドゥー至上主義のアジェンダは危険であると警告し、その解放を求める戦いを頓挫させようとした。二〇一三年四月一四日、あるダリトNGOは、政府やインド人民党が、アンベードカルの誕生日を「サマラサター（調和）」の日として祝うのに対抗して、その日を「サマター（対等）」の日として祝った。そして、多くのダリトたちを集め、アンベードカルの「自由・平等・博愛」を求める主張――それはインド憲法に組み込まれた精神でもあり、仏教の真髄でもあるのだが――を強調する大行進を行うことに成功した。ただ、そうした行動に驚いた仏教徒のダリトたちもいて、彼らは、そうした行事を自分たちの本分から逸脱した政治的なものとして敬遠した。彼らは、供養（puja）と偈頌（Buddhagan）の唱和で祝ったのである。

まとめ

ブッダは、アンベードカルが主導した「ダリト運動」の流れの中で、インド社会の上層部へ移動するダリトたちの英雄的存在となった。だが、グジャラート州においては、アンベードカル派を自称する者たちの間ですら、マハラシュトラ州やウッタル・プラデーシュ州の指定カーストの者たちが愛好したほどには、ポピュラーな存在ではなかった。中流層のダリトたちの家の客間には、アンベードカル、ガンディー、ヒンドゥー教の神々に並んで、ブッダの像が飾られていることもある。だが、グジャラート州の指定カーストたちの間での仏教の人気は、ごく限定的なものだったのである。仏教に改宗した者たちの――皆が、とは言えないまでも――多くが、都市に住む者たちであり、またヴァンカール・カーストの者たちである。経済状況から見ると彼らは中流層であって、学校教育を受けた世代の次世代にあたる。彼らは、日々の社会・文化的な問題や経済問題に対しては、非仏教徒よりも、より合理的なアプローチをとろうとしている。彼らは、教育を受けており「合理的」にものを考えるため、仏教に改宗していないダリトを、迷信じみた無知な者、ヒンドゥー教団に留まることによって自ら苦境に陥っている者と見下している。彼らは、アンベードカルのアプローチには反して――他の宗教の原理主義者たちのように――被害に遭っている者たちを、自分自身で苦しみの種をまいていると非難するのである。実際、彼らは、仏教を「宗教」として捉え、アンベードカルの定義した「ダンマ」としては捉えていない。彼らの日々の暮らしにおいては、個人の廉直や救済・幸福こそが、仏教徒の生活の一部として重要な関心事となっているのである。そうした信条は、新自由主義的な経済活動とも調和するものである。彼らは、インドにおいて仏教をいかに広めるかという問題に関心はあるものの、それを実現するための具体的な戦略や方策を持っているわけではない。

社会変革は、彼らのアジェンダではない。グジャラート州の仏教徒の多くは政治に関心を持っていない。仏教に改宗していない中流階級のダリトたちのように、ひどい仕打ちを受けている同胞の窮状に対して敏感な者たちも、わずかながらいるものの、大多数はダリトとしての伝統的な被抑圧的環境からすでに脱した者たちである。もちろん、彼らとて、公の場で陰に陽に差別を受けることもある。だが、だからと言って、日々の暮らしの中では「不可触民」としての扱いを物理的にあからさまな形で受けることは、ほとんどない。仏教徒と同様に、社会の上層部へ移動するヒンドゥー教徒のダリトは、自身の姓名を変えているが、仏教徒の場合は、仏教文献の中に見られる名前を採用するのに対して、ヒンドゥー教徒の場合は上位カーストの模倣をする。改名の目的の一つは、彼らから様々な機会を奪ってしまう伝統的なカースト・アイデンティティを隠すためである。

一方で、伝統的なカースト名を隠す必要がなくなるほどに信用を得ている者も、少ないながら存在する。彼らは、能力と資質があればカーストが邪魔することはないと主張する［Makwana 2003a］。彼らの中には、復興が進むインドにおいてはカースト・アイデンティティは重要ではないと、本気で思っている者もいる。つまり、能力さえあれば、どのようなポジションであっても手に入れることができると信じているのである［Jadhav 2003］。彼らは、宗教に関係なく、高等教育・高等職・高収入が、社会的に尊敬される地位をもたらすと確信している。都市部に住む中流クラスのダリトたちが概して望むことは、様々な機会を手にする平等を得ること、そして、上位カーストのヒンドゥー教徒たちと「平等」の地位を得ることである。彼らにとっての「平等」とは、あなた方のように「私たちもできる」という主張に他ならない［Patel 2003］。ヒンドゥー教徒のダリトたちの中には、少数ではあるものの、怒りを表すのに復讐という形をとるものもいる。すなわち「やられたら、やりかえせ」である。もしも上位カーストの者たちが、ダリトたちに対して侮辱したり凌辱したり、酷い仕打ちを加えたりしたならば、同じやり方でやり返せばよい、とする考え方である［Rathod 2000］。だが、仏教徒たちは、この見解は示さない。

グジャラート州では、中流クラスのダリトたちの多くが、自身の支持政党にかかわらず、宗教に基づいた国家主義的な右翼思想に染まっている［Shrimali 1999］。アンベードカルの社会変革を目指すイデオロギーは、教育を受けた次世代の仏教徒ダリト・ヒンドゥー教徒ダリトたちの間では、衰退してしまっている。往々にして、単なるシンボリズムやレトリックに成り下がってしまっているのである。若者たちの中には、成功したいのであれば、支配カーストと階級の主流派イデオロギーに従うより他はないと感じている者もいるようである。中流層を形成するダリトの数は――ヒンドゥー教徒であれ、キリスト教徒であれ、仏教徒であれ――比較的少なく、指定カーストのうちの五分の一ほどである。彼らは、社会生活や公の場において、他の指定カーストの者たちと一線を画しているだけでなく、カースト内・宗教内において競い合ってもいる。各人が、自分は他よりも「優れている」と信じている。

一方で、圧倒的多くのダリトは、貧しいままである。飢餓とすれすれか、それ以下の暮らしを送っているのである。インドの農村部やグジャラート州においては、彼らは、様々なかたちで「不可触民」としての扱いを受け続けている。また、指定カースト内においても「不可触民」の問題は根強く残っている［Navsarjan 2010; Shah 2013］。たとえば、ゴミ拾いを生業とするヴァルミーキたちは、ヒンドゥー教徒のカーストからだけでなく、指定カーストの者たちからも「不可触民」として冷遇されている。彼らは、大変悲惨な境遇の中で暮らし続けているのである［Shinoda 2005］。グジャラートなどの豊かな州においては、素手でゴミ拾いをする者たちの約二〇%が、未だに人間の排泄物をバスケットやバケツに入れて持ち運んでいる［Daroker and Beck 2006］。グジャラートの都心部では、毎年平均して一五人ほどのゴミ拾い人が、汚水溝の障害物を取り除く仕事に従事したために一酸化炭素中毒で死んでいる。ダリト男性・女性に対する暴虐（レイプも含む）も増加の一途をたどっている。州政府は、ダリトを守るため、一九八九年に「暴力対策法」を施行したきりで、それ以降、何ら手を打っていない。

一方で、発言権のある中流階級のダリトたちは、支持政党や宗教に関係なく、取り残されたままの同胞たちの窮状に対して無関心である。ある若い女性仏教徒は、「特別枠などの政策の恩恵を受けている者たちは、恩恵を受けたとたんに何も言わなくなるのです。そのことは認めざるをえません。……彼らが、読み書きができず、搾取されっぱなしの者たちのために、いったい何をしてくれたというのでしょうか？　私たちの一票で当選し特別枠に就いた政治家たちは、平等を促進するような法律を作るために働くことはありません。すでにあるような法律を施行するだけです。同じように、教育を受け、良い地位に就いた者たちも、同胞のために何かを進んでしようとすることはありません」と不満を口にしている。(8)

非仏教徒のヴァジバイ・パテル（Valjibhai Patel）は、かつてダリト・パンサーの主導者の一人として、様々なダリト闘争を導き、ヒンドゥー主義と闘ってきた者であるが、今は見放されたような寂しい気持ちになっているという。彼は、「この新世代の登場によって、全てが変わってしまった気がする。彼らは、不正や暴虐への抵抗を忘れてしまった。……父なるお方（Babasaheb）は、われわれが反論する能力を高められるよう、教育を受けよと説かれた。しかし、今にしてみると、結果は逆だった。教育が受けられるようになると、椅子に座っているだけのインテリがどっと増えただけだった。やり返したり反論したりする能力は低下してしまったのだ。弱みを感じ取る繊細な心は、厚い面の皮にとって代わられてしまった。出世主義、利己心、妥協と調整ばかりを探る精神構造が「ダリト運動」を壊滅させてしまった。いわゆる『ダリト・リーダー』や『ダリト組織』は、政治的な主導権争いの虜になっている」と、その悲痛な胸中を語った（一九九九年）。仏教は、同胞の窮状を生んでいる構造的な力を変えることに寄与できていない。それは、仏教徒が政治に関わりを持たないことを好しとするからである。

（訳責　嵩　満也）

註

（1）現代のインドにおいては、法的には「不可触民」は存在しないことになっている。

（2）「タターガタ（Tathāgata）」という言葉（「そのように来る者」の意）は、一般に、サンスクリットやパーリ語のテキストにおいて、ブッダを指す称号の一つとして用いられている［Beltz 2005: p.80 n. 48］。

（3）夫に課せられた五つの義務とは次の通りである。⑴妻に対し敬意を示すこと、⑵妻を侮辱せぬこと、⑶不倫をせぬこと、⑷妻を財物で満足させること、⑸妻を食物と衣服で満足させ、装飾品を惜しみなく与えること。妻に課せられた五つの義務とは次の通りである。⑴家事という務めをしっかりすること、⑵家族を構成する全員を――両親、お爺さん、お婆さん、召使いも含めて――幸せにし続け、うまくコントロールし続けること、⑶決して不倫をせず、常に信頼を得ようとすること、⑷夫の得た財物を守り、一切の家事という務めを、念入りかつ充分に全うすること。これらの誓いを口にしてから、夫と妻は花輪を交換するのである。

（4）Savarkar によれば、インドのクリスチャンやムスリムにとって、ヒンドゥーの地は「父祖の地ではあるが――他のヒンドゥー教徒にとってはそうだとしても――聖地ではない。彼らにとっての聖地は、遥か彼方、アラビアやパレスティナにある。彼らの神話や神格、思想やヒーローは、この地において誕生したものではなく、ゆえに、その名称や容貌は外国風なのである。彼らが抱く親愛の情は、峻別されている」のだそうである。

（5）一九三六年にアンベードカルは、「イスラム教とキリスト教への改宗は、被抑圧階級から国民性を奪ってしまうことになろう」と述べている（［Keer: p. 279］からの引用）。

（6）The times of India（Ahmedabad）February 13, 2013.

（7）http://blogs.timesofindia.indiatimes.com/true-lies/entry/modi-s-spiritual-potion-to-woo-karmayogis

（8） Dr. Kusum Maghawal, “Baba Saheb no Ssndesh: Sikshit bano...sangathit bano...sangarsh bano...”, *Bodhiparna*, Vo. VI no.30. April 1, 2009.

参考文献

Aloysius G.（1997）*Religion as Emancipatory identity. Buddhist Movement among the Tamils under Colonialism.* Delhi: New Age International Publishers.

Ambedkar（1992）*The Buddha and His Dhamma.* Bombay: Education Department, Government of Maharashtra.

Anand Shakya Dhammachari（Ed.）（2009）*Bauddha Vandana Suttasanghrah*, Adipur: triratna Granthmala.

Beltz Johannes（2005）*Mahar, Buddhist and Dalit, Religious Conversion and Socio-political Emancipation.* Delhi: Manohar.

Berenschot Ward（2011）*Riot Politics: Hindu-Muslim Violence and the Indian State.* London: Hust & Company.

Darokar Shaileshkumar and H. Beck（2006）*Study on Practice of Manual Scavenging in the State of Gujarat.* Mumbai: Tata Institute of Social Sciences.

Dhangadi Dattopat（1993）*Samajik Samrasta. Karnavati: Samajik Samarast Manch*（Gujarati）Ahmedabad.

Fiske Adele（1972）“Scheduled caste Buddhist Organizations” in Mahar Michaer（Ed.）*The Untouchables in Contemporary India.* Arizona: The University of Arizona Press, PP. 113–161.

Fitzerald Thimothy（1994）“Buddhism in Maharashtra: A Tripartite Analysis” in A.K. Narain and D.C. Ahir（Eds）*Dr. Ambedkar, Buddhism and Social Change.* Delhi: B.R. Publishing.

Franco Frrando, Macwan Jyotsna amd Ramanathan（2004）*Journeys To Freedom: Dalit Narratives.* Kolkata. Samya.

Guru Gopal（1991）“Hinduisation of Ambedkar in Maharashtra”, *Economic and Political Weekly*, February 16, pp. 339–341

Guru Gopal（1991）“Appropriating Ambedkar”, *Economic and Political Weekly*, July 6–13, PP. 1697–99.

Guru Gopal, *Dalit Cultural Movement and Dialectics of Dalit Politics in Maharashtra.* Mumbai:Vikas Adhyayan Kendra.

Harsha Jayvardhan（2003）“Amdavad na Dalitoman Buddha Dharmani Chalval”, *Dalitshakti*（Gujarati）Vol.1 July 2003.

Ilaiah Kancha（2004）*God as political Philosopher: Buddha's Challenge to Brahminism.* Kolkata. Samya.

Jadhav Narendra（2003）*Outcaste: A memoir*. Delhi: Viking.

Jondhale Surendra and Beltz Johannes（Ed.）（2004）*Reconstructing the World: Dr. Ambedkar and Buddhism in India.* Delhi: Oxford University Press.

Jyotikar P. G.（1991）*Gujarat ni Ambekari Chalval no Itihas 1920-1970.* Gandhinagar: Dr. Babasaheb Ambedkar Janamashatbdi ujavani samiti Gandhinagar: Dr. Babasaheb Ambedkar Janamashatbdi ujavani samiti.

Keer D.（1981）*Dr. Ambedkar: Life and Mission.* Bombay Popular Prakshan.

Kothari Rita（2013）*Memories and Movements: Borders and Communities in Banni, Kutch, Gujarat.* Delhi: orient BlackSwan.

Makwana Manubhai H.（2004）*Gujarat na Vankaro: Ek Adhyayan*. Vadodara: Surbhi Prakashan.

Makwana Manubhai（2003）‘Dalitoni Aavadatne Lagatu Dalit Ataknu Grahan’. *Dalitshakti*.（Gujarati）1（4）.

Mehta Makarand（1995）*Hinduvarna Vyavastha ane samaj Parivartan: Gujaratna Dalito*. Ahmedabad: ami Publications.

Nanda Meera（2011）*The God Market:　How Globalization is Making India More Hindu*. New York: NYU Press.

Nanda Meera（2002）*Breaking the Spell of Dharma and other essays*. Delhi: Three Essays.

Narain A. K. And Ahir D.C.（1990）*Dr. Ambedkar (Ed.) Buddhism and Social Change.* Delhi: Buddhist World press.

Navsarjan（2009）*Understanding Untouchability: A comprehensive study of practices and conditions in 1589 villages*. Ahmedabad: Navsarjan.

Parmar Y. A.（2006）*Mahyavanshi Samajik Sudharan: Ek Anveshanatmak Abhays*. Surat: The Popular Book Centre.

Patange, Ramesh（Undated）*Hau, Manu Ane Sangh.*（Gujarati）Karnavati: Sadhana Pustask Prakashan.

Patel Valjibhai（1999）*Karmashil ni kalame.*（Gujarati）Vallabha Vidhyanagar: Valjibhai Patel Sanman Samiti.

Perez Rosa Maria（2004）*Kings and Untouchables: A Study of the Caste System in Western India*. New Delhi: Chronicle Books.

Queen Christopher S. And King Sallie B.（Ed.）（1996）*Engaged Buddhism: Buddhist Liberation Movements in Asia*. New York: State

University of New York press.

Rodrigues Valerian（1993）“Buddhism, Marxism and the conception of Emancipation in Ambedkar”, in Robb Peter（Ed.） *Dalit Movements and the Meanings of Labour in India*. Delhi: Oxford University Press.

Savarkar V. D.（1999）*Hindutva: Who is a Hindu*. Mumbai: Swatantryaveer Savarkar Rashtriya Smarak.（1923）.

Shah Ghanshyam. *Politics of Scheduled Castes and Tribes*. Bombay: Vora & Co. Publishers.

Shah Ghanshyam（2004）*Under-Privileged and Communal Carnage: A Case of Gujarat*. The Wertheim lecture. Amsterdam: centre for Asian Studies.

Shah Ghanshyam. *Understanding or Ignoring Untouchability*.（https: //www. academia. edu/5280139/Understanding_or_ignoring_Untouchability 2013）

Shani Ornit（2007）*Communalism, Caste and Hindu Nationalism: The Violence in Gujarat*. Cambridge: Cambridge University Press.

Shinoda Takshi（2005）*Marginalization in the midst of Modernization. Sweepers in Western India*. Delhi: Manohar.

Shrimali Dalpat（1999）“Thangantu Yoyan”, *Sadhana*（Gujarati）vol.44 No. 9 December 11.

Thimothy Fitzerald, 1994: 20.

Wilkinson T. S. and Thomas M. M.（1972）*Ambedkar and The Neo-Buddhist Movement*. Bangalore: The Christian Institute for the Study of Religion and Society.

Zelliot Eleanor（1992）*From Untouchable to Dalit: Essays on the Ambedkar Movement*. Delhi: Manohar.

COLUMN

一九八〇年代におけるダリト・パンサー運動との出会いと交流

佐藤智水
SATO CHISUI

筆者がインドを訪問して現地調査を行なったのは、一九八二年、八六年、九二年、九八年、そして二一世紀になって五～六回を数える。いずれも、秋～冬にかけて一〇日～一四日間の短期の訪問であった。本稿では、最も印象に残る一九八〇年代の調査を軸に、当時のダリト青年の解放運動の一端に触れたいと思う。地名や都市名については、当時通用していた地名を使用する。

筆者は、東アジアの古代中世仏教史を研究テーマとしてきており、インド訪問の目的は、一つはカースト社会の実情の調査、二つに日本の部落差別とインドのカースト差別の比較、三つにインドにおける仏教の現状と東アジア仏教との比較、以上の三点であった。

一九八二年一月、私は岡山県の同和教育を立ち上げる教員グループ（小・中・高・大）一〇人と共に、初めて南アジアを訪問した。全員インド初訪問で、訪問の目的は、インドのカースト制の実情と教育環境の調査観察であった。訪問地はカルカッタ→カトマンズ→デリー→アグラ→オーランガバード→ボンベイ→コロンボなど。私は自身の研究テーマと関連するインド仏教の現状観察も、密かに視野に入れていた。

一九八〇年代のインドは、現在とは違って、当時のインド訪問者のルポに描かれる通りで、惨憺たる貧困とエネルギーに溢れていた。どこを訪れても、幼い乞食にまとわりつかれ、不衛生で、腐臭に悩まされながら歩道の路上生活者を避けて歩いた。団体行動ではあるが、街中で見るものすべてが刺激的だった。ただ、どこにカースト差別があるか、見当も付かなかった。

旅も半ばを過ぎて焦燥感が漂ったころ、帯同したインド人通訳に依頼して、アウト・カーストの青少年が通うボンベイの学校を紹介してもらった。アンベードカル・カレッジ（Ambedkar College of Commerce and Economics）である。ティラク通りにある小さなカレッジで、キャンパスの塀の外は、ぐるりと路上生活者がヤシの葉やボロ布で囲いをしつらえ、三十数世帯が暮らしていた（住民はカレッジとは無関係だが、この大学は貧乏人を追い払ったりしないと信頼されているらしい）。

突然の訪問にもかかわらず、我々は学長室に通され、そこでナース学長とガイクワード副学長以下二十数人ほどのスタッフとミーティングをすることになった。学長室の奥には質素な祭壇が設けられていて、ブッダの胸像ともう一つ眼鏡をかけた太めの人物の胸像が並んでいた。最初に花飾りを、学長がブッダ像に、我が方の団長が眼鏡の人物像に掛け、それぞれ祈りをささげるセレモニーが行なわれた。学長の祈りは「ブッダ～ン、サラナ～ン、ガッチャミー」で始まる「三帰依文」だった。我が方は私が「三帰依文」と「心経」を唱導した。いま思うと恥ずかしい限りだが、このミーティングで初めて、眼鏡の人物がDr.アンベードカルであると教えられた。と同時に、カースト差別に抵抗するダリト民衆が「仏教を信仰している」という事実に、身震いした(1)。

人民教育協会（創設者アンベードカル）設立のアンベードカル・カレッジの教職員は、その多くがアウト・カースト出身者とのこと(2)、また、約二千人の学生の約半数がアウト・カースト出身者で、卒業生の就職率は残念ながらさほど良くないという説明を受けた。

ミーティング終了後、列席して発言していた最も若い青年が私を手招きして、自分たちの部屋に招待したいと言ってきた。彼はマヌハール・アンクッシュ[3]と名のり、二〇代後半、その顔は髭もじゃで身長一八〇センチメートル弱、がっちりした体軀の好漢で、英語によく通じ、いかつい顔ながら笑うと愛嬌があって、私とはとても気が合った。

アンクッシュに連れられ、私はカレッジ教室棟の隣にある四階建て学生寮に案内された。暗い階段を上って二階に上がり中ほどの部屋に入ると、薄汚れた部屋には五〜六人の青年たちが待っていた。その顔つきはみな黒豹に似て精悍だった。部屋は六坪（三・三×六メートル）ほどで、壁には隙間なくビラが貼ってあり、古くなったそのどれにも、集会を知らせる太いマラティー語のスローガンとジャンプする豹、そしてブッダとアンベードカルの顔がスタンプされていた。この部屋は運動のアジトだと直感した。調度品は、さびた鉄枠のベッド二つと汚れたシーツ、窓際の古い木机。その机には、ひときわ眼光鋭い長身の髭男が坐していて、低音で「我々の組織はダリト・パンサー（DALIT PANTHER of INDIA）だ」と言った。この男の名は「ラムダス・アタワレ（Ramdas Athawale）」、三〇歳前後、四人のリーダーの一人で、マハラーシュトラ州書記長だという。背中に戦慄がはしった[4]。

次の日の朝、アタワレとその部下のナムデオ・カンダーレが、我々が宿泊しているホテルを訪れ、約二時間余りの意見交換を行なった。このとき、Dr.アンベードカルと彼らの運動について、かなり詳しい説明を受けた。またアタワレから、日本の被差別部落問題について、多くの質問があった。それらの質問から、アタワレが日本の部落解放運動について、その内情と運動の方法や成果を強く知りたがっていると感じた[5]。

その日の午後、私たちはアンクッシュの案内で、ボンベイ市内の仏教に改宗した支部集落五カ所を訪問した。集落の多くは低湿地や町はずれに位置していたが、生活は充分とは言えないながら、悲惨な貧しさではなかった。集落のあちこちに、アンベードカルの写真やブッダの絵が描かれ、パンサーのビラが貼ってあった。驚いたことに、子供たちが小ざっぱりとして、ものすごく元気で、我々にいっさい物乞いをせず、好奇心にみちた眼でまとわりついて握手を求めてきた。それまで抱いていた不可触民のイメージが崩壊した瞬間だった。あいさつは、ナマステは使わず、朝昼晩ともすべて「ジャイ・ビーム」である（ビームはアンベードカルの名前ビームラーオの略）。子供たちの元気の原因を尋ねると、アンクッシュは「自分たちはアンベードカルの教訓として、まず三つ教えている。①教育せよ、②目覚めよ、③団結せよ、の三つだ。子供に物乞いをさせない、というのは①と②にかかわる。物乞いをすると、努力して働くことをしなくなり、また周囲から軽蔑差別されるから、被差別の状況から抜け出せない。自らの解放のためには、絶対に物乞いをさせてはならない。但し多くの親が自分の食を減らして子供たちを通学させている。それが実情だ」と、答えてくれた（その結果は、三〇年後の現在が証明している）。ある支部集落で、いま一番困っていることは何かと尋ねると、中年の女性から「炊飯時の水道水を何とかして……」と依頼された。ダリト地域は公共水道配管の終点となっていて、朝夕に水が止まるという。井戸を掘ることで支援できないかと提案したら、アンクッシュがここは埋立て地なので井戸を掘っても塩水しか出ない、運動の課題だと顔を引きしめた。

夕方、人口二万人余のスラムにある支部のビッグ・ミーティングに案内された。夜九時からテンプル（寺）のオープニング・セレモニーを開くという。楽隊を先頭に小一時間かけてスラムの中を練り歩いた。ボンベイのスラムは、多種多様のコミュニティの集合体で、あちこちに色の違う旗が立っている。気がついたら、パンサー青年たちが我々を囲みながらガードして歩を進めていた。

支部に着いたら大樹を囲むように中庭があり、その一角にブロックを積み上げて造った間口一・五メートル、高さ二メートル、奥行二メートルほどの小さなほこら（祠）があって、中にブッダとアンベードカルの胸像が安置されていた。これが新たに建立したテンプル（寺）ということだ。小さくても狭くても、日々の祈りにはこれで充分と納得した。中庭にはまた急ごしらえの小舞台があって、集会が始まった。遠い日本から同志の訪問というので聴衆は一〇〇〇人を超え、闇の中の路地奥までぎっしり……。先に支部所属のパンサー青年が次々に壇上に立ち、マイクを使ってたどたどしくスピーチ。私も英語で簡単な連帯の挨拶（アンクッシュが通訳）。最後にリーダーのアタワレが夜空を指さしながら堂々たる演説を始めると、聴衆の集中度が一気に昂った。マラティー語は解らないながら、ブッダとアンベードカルの名がしきりに発せられた。集会終了後、支部リーダーの家に招かれ家族から食事を頂いたが、そのあまりの質素さに胸を突かれ、思わず落涙を呑みこんだ。

こうして初回のダリト民衆との交流を終えたが、インド大衆運動の現場に浸ったボンベイの三日間だった。

この後インドのダリト・パンサー運動は、九〇年代後半にはＢＡＭＣＥＦの台頭もあり、四分五裂となって衰退の一途をたどるが、ラムダス・アタワレのグループは、共和党という地域政党として生き延びていく。共和党も数派に分かれていたが、特に、アタワレ自身は一九九〇年の州選挙を経て、会議派に接近し、州の雇用福祉大臣となり、支持者たちの雇用と生活環境改善に一定の成果をもたらす。その後も時の政権中枢と関係を保ちながら、現在ではＢＪＰ中央政府の福祉副大臣に就任し、命脈を保っている。ただ、ＢＪＰのモディ政権と結んだため、ダリト民衆のアタワレ評価は、支持と非難に激しく分かれているように思われる。

註

（1）当時の日本では、インド仏教研究者を除けば、アンベードカルと仏教について知る人は限られていて、またその評価もきわめて低かった。

（2）ナース学長は非ダリトだが、アンベードカルの理解者。ガイクワード副学長はダリト（マハール出身）で、パンサー運動の支援者。（一九八六年の訪問時には学長）このカレッジは、パンサーという青年組織を包み込み、且つ支援するという性格の大学であった。

（3）マヌハール・アンクッシュは、ダリト・パンサーのディフェンス・リーダー（防衛隊長）。告白によると、彼はインド海軍に職をえたが、差別し侮辱した相手をぶん殴っては懲罰房に入れられること五〜六回、嫌気がさして辞職し、アタワレに拾われて運動に参加するようになった。当時頻発したダリト集落襲撃事件などが発生すると、仲間を組織して敵対する地主等と対抗し対峙するなど、アタワレの片腕として東奔西走していた。優れた英語力をもって外国人訪問者の世話も担っていた。仲間うちでは珍しく仏教に強い関心を示し、暇があると瞑想していた。ただお金にはとても不自由していて、プーナに残している妻と男児に仕送りができないことを気に病んでいた。彼は一九九〇年ころ交通事故で亡くなった。運動にとって、極めて有能な人物を失った。

（4）ダリト・パンサー（Dalit Panther）は、一九七二年五月に詩人のナムデオ・ダサレ、銀行員出身のジャヴィ・パワルが提唱して始まった元不可触民による反カースト運動に始まる。この呼びかけは、アンベードカルのカースト絶滅闘争を継承するものとして全インドに波及したが、特に反応したのがアンベードカルと同じマハール出身青年だった。運動の高揚とともに、上位カーストによる暴力的圧力が高まり、七〇年代からインド各地で不可触民虐殺虐待事件が頻発した。訪問当時の新聞には、「ハリジャンが襲われ焼き殺された」という見出しの記事が、頻繁に掲載されていた（ハリジャンとは、ガンジーが不可触民を呼ぶときの呼称に始まる）。

かくして発足時のダリト・パンサーは草の根の解放運動として急速に広がるが、一九七五年ころから分裂が始まり、八〇年代には一〇以上の分派に分かれたという。その中で、ボンベイではアタワレをリーダーとするグループが主導権を握り、私たちが訪問した時には、インド全域のパンサーと連携して二都一〇州に支部を持つ全国組織を標榜していた（ボンベイ、デリー、そしてマハラーシュトラ、グジャラート、バルチスタン、ハリアナ、パンジャブ、マディア・プラデシュ、カルナタカ、タミルナド、アンドラ・プラデシュ、ヒマーチャル・プラデシュの一〇州）。このうち筆者が確認したのは、中央本部のボンベイとデリー、マハラーシュトラだけである。いま思うに、ボンベイとデリー以外の組織は未成熟だったようだ。アタワレのグループには、四人のリーダーがいて複数指導体制をとっていると説明された。マハラーシュトラのラムダス・アタワレ、ボンベイのアルン・カンブレ、デリーのバプラオ・パキデ、そしてタミルナド州の一人（筆者未確認）という。アタワレは運動専従、カンブレはカレッジの講師と聞いた。パキデはデリーの弁護士で、国の庁舎内に事務所を構えていて、国や市の施政に助言をする傍ら、ダリト出身季節労働者の組織化や生活支援にも従事していた。靴の製造で連携する日本の会社を探している、と言っていた。

（5）　アタワレたちが発した質問は、以下のようなものである。

・日本の部落では、今、何が問題なのか？
・日本の部落の人たちは、どんな仕事をしているか？
・他のカーストによる部落大衆への襲撃や虐殺はあるか？
・みな一緒に住んでいるのか？
・部落の人たちは、部落以外の人と結婚できるか？
・部落の人たちは、働いてお金をもらえるか？
・部落の女性達の就学率は、どの程度か？
・部落の人たちは、仏教徒なのか？
・差別解放運動は、どのように行なわれているか？
・運動の結果、どういう成果を得てきたか？

これらに対しては、できる限り誠意をもって答えたが、ここでは割愛する。ただ、これらの質問の背景に、当時のダリト民衆がかかえる課題がみごとに透けて見える。

この時のやりとりを契機として、一九八七年以降、岡山部落解放研究所が主体となって、書記長アタワレとガイクワード学長、弁護士パキデなどを次々に日本に招待して交流が深まった。その交流で、ボンベイのダリト・パンサー運動の状況も徐々に判明していくが、この時の日本経験に学んだアタワレは、運動の方向を少しずつ変えていった、と思われる。

アタワレは、他のパンサーグループの闘争方針とは一線を画すヴィジョンを意識していた。その要点は、スローガンを掲げてデモや集会を開くだけでなく、ダリト民衆の雇用や生活環境改善を一つ一つ実現して、選挙につなげていく、という方向であった。リザーブ制度の完全実施による教育と職業の確保という大テーマに加え、住宅の問題、水の問題、道路の問題、衛生と健康・医療の問題、女子教育の拡大など、特に子育て家庭の大衆を惹きつける課題である。

アタワレが、ボンベイ市、マハラーシュトラ州、そして中央の政権与党に要求するポストが、常に雇用福祉関係の大臣であることは象徴的である。

仏教とともに生きて[1]
——現代ウッタル・プラデーシュ州における仏教運動と仏教実践

舟橋健太
FUNAHASHI KENTA

はじめに——現代インドの「改宗仏教徒」

一九五六年一〇月一四日、B・R・アンベードカル（一八九一—一九五六）[2]は、仏教へと改宗を行った。しかし、この大改宗のおよそ二カ月後、アンベードカルはこの世を去った。アンベードカルは、かれに従う仏教徒たちの指針となる「経典」——『ブッダとそのダンマ（*The Buddha and His Dhamma*）』——を書き残したが、しかし、イデオロギー的なレベルではなく、実践的なレベルにおいては、数十万人といわれるフォロワーの人びとに、いかに生を送っていくべきか、その身をもって示すことはできなかった。現代インドに生きる仏教徒たち（「改宗仏教徒」たち[3]）は、アンベードカルが残した「経典」を基に、苦心し、試行錯誤しながら、自分たちの仏教を打ち立てている。

本論では、現代北インドのウッタル・プラデーシュ州（以下、UP州）において、いかに仏教が広まり、仏教運動が推進されているか、また、仏教徒たちは、アンベードカルの理念を受け継ぎながら、いかに宗教儀礼実践を遂行しているか、検討を進めていく。現代インドにおける仏教徒たちは、理念的に、かれらの偉大な指導者・アンベードカルのイデオロギーに従おうと努めながらも、現実には、かれらは、その多くがヒンドゥー教徒である親族・姻族や地縁関係者との関係性を考量しながら、仏教実践を行っている。すなわち仏教徒たちは、文脈や状況に応じて、ヒンドゥー的宗教実践との関係において、選択的に、あるいは混淆的に、儀礼実践を遂行しているのである。こうしたUP州における仏教徒の実践様式の分析は、とりわけ、親族・姻族・地縁関係において必ずしもマイノリティでもなく、また地域によっては仏教徒が多数を占めることもある、マハーラーシュトラ州における仏教徒の状況との比較検討を考えた場合、よりいっそうその重要性を指摘することができよう。

一　背景と理論的問題点

ここで、本論で登場するいくつかの用語について説明しておきたい。まず、「仏教徒ダリト（Buddhist-Dalit）」である。かれらは、いわゆる元「不可触民」であり、ヒンドゥー教から改宗した人びとということになる。本論の事例の舞台であるUP州西部においては、かれらのほとんどは、ジャータヴ（Jatav）、あるいは、チャマール（Chamar）・カーストに出自を有している。チャマールは、北インドで非常に大きな「不可触民」カーストであり、伝統的に、皮革業・製靴業・村落の奉仕業・小作農などに従事してきた［Briggs 1999; Cohn 2004; Khare 1984; Singh 2002］。本論の調査地であるV村（第二節において詳述する）においては、仏教徒（チャマール）のほとんどが、工場労働者、農業労働者、そして日雇い労働者として働いていた。またジャータヴであるが、たとえば国勢調査などにおいてはチャマールのサブカーストの一つとして考えられ、捉えられているが、かれら自身は、チャマールとは別の独自の出自（クシャトリヤの系譜）とカースト的属性を主張している。

ダリトの政治・経済的権利、社会的保障、そして文化・宗教的自律を求める運動は、アンベードカルによる闘争を端緒に、長年にわたり多く行われてきた。その結果、ダリトの政治・経済・社会的状況は、漸進的にではあるが改良されてきた。たとえばそうした成果は、不可触制が廃止され、また、留保制度が設立されたことなどにみてとることができる。本論においては、こうした闘争――むしろ運動と捉えられるが――の一つである、仏教改宗に焦点をあてて論じていく。アンベードカルの大改宗以来、「不平等なヒンドゥー社会」を脱して、より「平等な仏教社会」に包含されることを目的に、数多くのダリトが仏教への改宗を行っている。こうした動きは、特に一九九〇年代以降、増加傾向にある。

アンベードカルは、当時もまた現代においても、ダリトの傑出した指導者と考えられ、強い崇敬の的となっている。かれは、一九三五年にヒンドゥー教棄教宣言をしたのち、一九五六年一〇月一四日に仏教へと改宗した。その後、アンベードカル自身は、およそ二カ月後の一九五六年一二月六日に逝去したがゆえに、インド社会に仏教の確たる礎を築くことはできず、また、ダリトたちの間においても仏教を十分に普及させることはできなかった。したがってダリトたちは、アンベードカルの死後、仏教に関する彼の理念を実践に移すべく、模索しながら努めてきたと考えられる。

ところで、ＵＰ州西部において活発に仏教改宗運動を主導している組織の一つが、インド仏教徒協会（The Buddhist Society of India）である。この協会は、一九五五年にアンベードカル自身の手によって創設されたもので、強い「正統性」の主張をなしうる組織としてある。協会の目的は、仏教の普及と仏教儀礼の遂行とされている。すなわち協会は、「宗教的」活動のみに従事するということになる。協会の主導者たちは、当該地域の町や村落におい

写真1　ウッタル・プラデーシュ州V村にあるアンベードカル像

て活発な仏教布教活動を行っている。

仏教運動におけるアンベードカルの後継者として、大きく二つのタイプが考えられるだろう。すなわち、エリートたる運動のリーダーと、その他のフォロワーである。リーダーたちは、観念的かつ理念的にアンベードカルの「真の」後継者とも捉えられ、UP州においては、その多くがジャータヴに出自をもっている。一方フォロワーたちは、時に、観念的・理念的には「非真正的な」宗教実践を行うこともあると考えられ、その多くが「カースト」でいえばチャマールとなる[4]。かれらは、選択的・混淆的に宗教儀礼実践を行っているものと捉えられる。

*

ここで、本論の理論的位置づけについて、先行研究の検討を踏まえて記していきたい。本論に関わる主要な研究テーマとして、ダリト研究と仏教徒ダリト研究の二つを挙げることができる。まずダリト研究に関してであるが、近年の多くの研究において、ダリトのアイデンティティに焦点があてられていることが指摘できる。そこでは、ダリトたちのアイデンティティをめぐる自省、再解釈、主張が論じられている［Khare 1984; Deliège 1993; Dube 2001; Lamb 2002; Ciotti 2006; Arun 2007; Narayan 2008］。

たとえばアルンは、タミルナードゥ州のパライヤルが、歴史的に負わされてきた負のイメージやシンボルについて、それらを流用し、再解釈し、また転換することによって、自分たちのアイデンティティを（新たに）主張しているさまを分析している。アルンによれば、パライヤルは、太鼓叩きの意味を隷属から芸術に替え、牛肉食を穢れではなく社会慣習であると主張し、また土地の重要性を周縁化のシンボルからエンパワーメントのシンボルへと転換しているとされる。これらの行為によって、パライヤルは、新たなアイデンティティを形成し、主張しているとされている［Arun 2007］。

もう一つの研究領域である仏教徒ダリト研究に関して、多くの先行研究において焦点化されているのは、ヒンドゥー教との「断絶」の側面である［Beltz 2004, 2005; Burra 1996; Fitzgerald 1997］。これらの先行研究においては、改宗後に、いかにして、またどの程度、人びとがヒンドゥー教から仏教へと儀礼様式と日常的実践を変えることができているかを検討するものとなっている。しかしながら、筆者は、改宗を断絶ではなく「連続」の観点で捉える必要があり、改宗の理念的なレベルではなく、実践のレベルにこそ焦点をあてるべきであると考える。ヴィシュワナータンは、「改宗を、終着点ではなく出発点として、また知と伝達の手段であると捉える」ことが重要であると論じている［Viswanathan 2001: p. xix］。またヘレディアは、改宗を出来事ではなく過程として捉えるべく、議論を展開している［Heredia 2007: pp. 296–303］。これらの議論にみられるような「連続」の観点に立つことにより、また、改宗者の実践に着目することにより、仏教徒ダリトが、他者と——すなわち他のマイノリティやマジョリティと——いかに生を送っているか、より明白に捉えられるものとなろう。

本論では、アイデンティティの形成や主張において、仏教徒ダリトたちがいかに過去の再解釈を行っているかに焦点をあてて検討していく。仏教徒ダリトは、ともに平等主義者とみるブッダとラヴィダースの系譜を継ぐものとの主張をなしている。以降において、仏教徒ダリトたちが行う、仏教徒としての、またチャマールとしての実践、さらには、本来的にヒンドゥー教と関わる実践のうち、選択的、あるいは混淆的に行われる実践について検討していく。ロビンソンとクラークがいうように、「宗教の儀礼的・実践的側面は、多くの場合、改宗推進の原動力、また主たる持続力となる」[Robinson and Clarke 2003: p. 4]のである。

仏教徒ダリトたちは、自身が仏教徒であるとの強い主張を行う一方、そのほとんどがヒンドゥー教徒である親族との関係性を維持するために、ヒンドゥー教と関係した宗教的儀礼を選択的・混淆的に実践していると考えられる。同時にまた、仏教徒ダリトたちは、ヒンドゥー教と関わる「カースト」という観念を否定し、仏教の基礎にあるとする「平等」を強く主張するのである。

二　事例より

調査について

本論のもとになる現地調査は、次の通りに実施された。まず、二〇〇三年二月〜五月と二〇〇四年六月〜一〇月（計九カ月）に、UP州西部のメーラト市にて、ダリト運動、特にインド仏教徒協会による仏教運動に焦点をあてて、運動の組織や主導者を対象に行われた。次いで第二期の現地調査として、二〇〇五年四月から二〇〇六年二月まで、また加えて二〇〇九年三月の短期の追加調査を合わせて、UP州西部ムザッファルナガル地区のV村に滞在して、仏教徒ダリトの日常的実践と儀礼実践についての調査が行われた。

地図3は、V村の概念図になる。チャマールの居住地域はChで示されているエリアで、村落の境界部に位置している。二〇〇一年のセンサス（国勢調査）によれば、V村の総人口は三九八二人であり、うち指定カーストは八

地図 2　ウッタル・プラデーシュ州

地図 1　インド全図

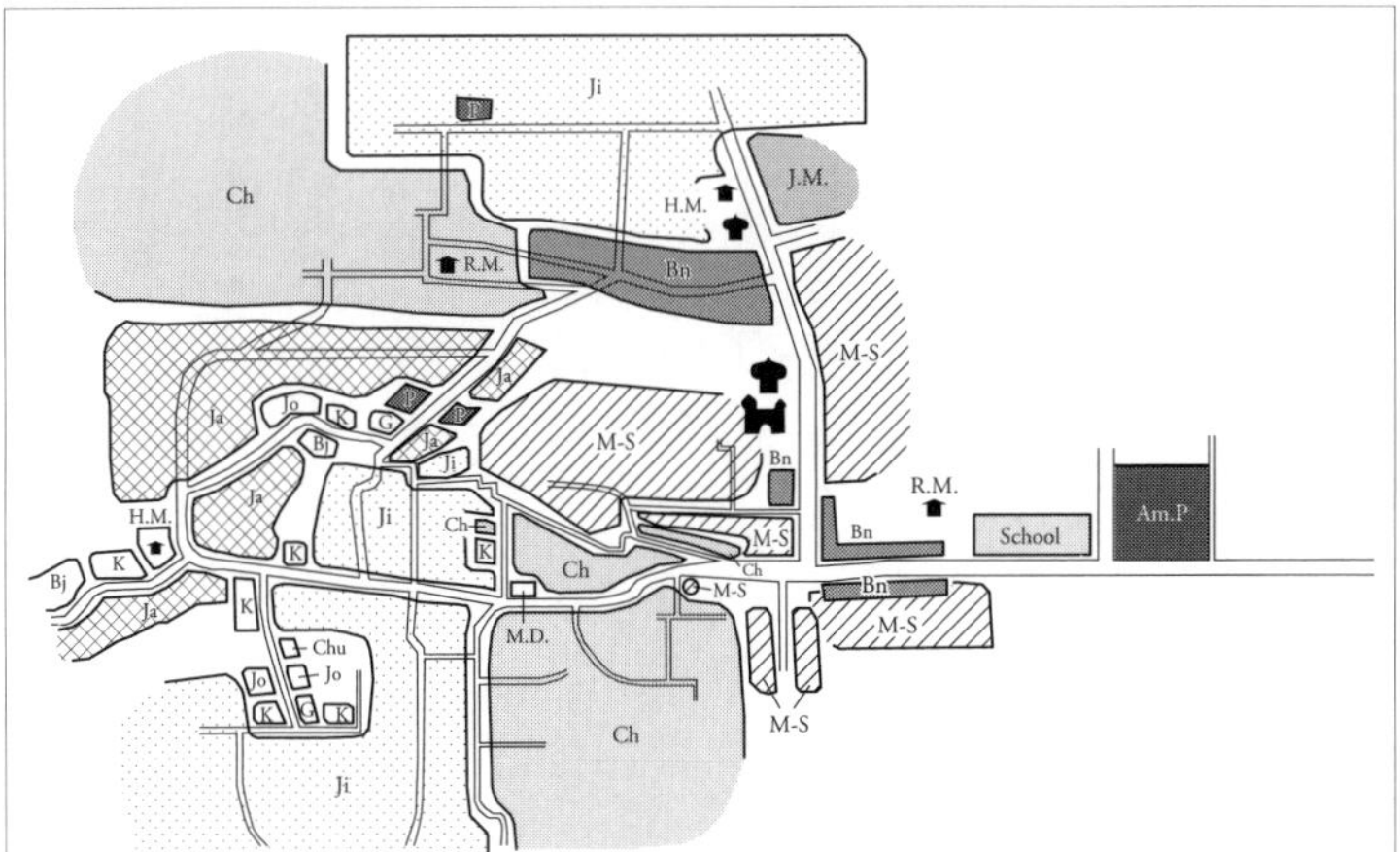

[Bn：バニヤー，Ch：チャマール，Chu：チューラー（バンギー），Ja：ジャート，Ji：ジンワル，Jo：ジョッギー，K：クマール，M-S：ムスリム（シーア派），P：バラモン（パンディット），Am.P.：アンベードカル・パーク，H. M.：ヒンドゥー寺院，M. D.：村落女神寺院，R. M.：ラヴィダース寺院]

地図 3　V 村概念図

四七人を数えている。指定カーストのほぼすべてがチャマールであり、村落人口のおよそ二一％を占めている［Registrar General and Census Commissioner, India, 2001］。また二〇〇九年三月時点で、仏教徒は二三七人（男性一二〇人、女性一一七人）、三七世帯であった。

図1は、V村の「カースト」別の人口構成図である。もっとも人口が多いのは、その他の後進諸階級（OBCs）とされるジンワルであり、次いでチャマールとなっている。

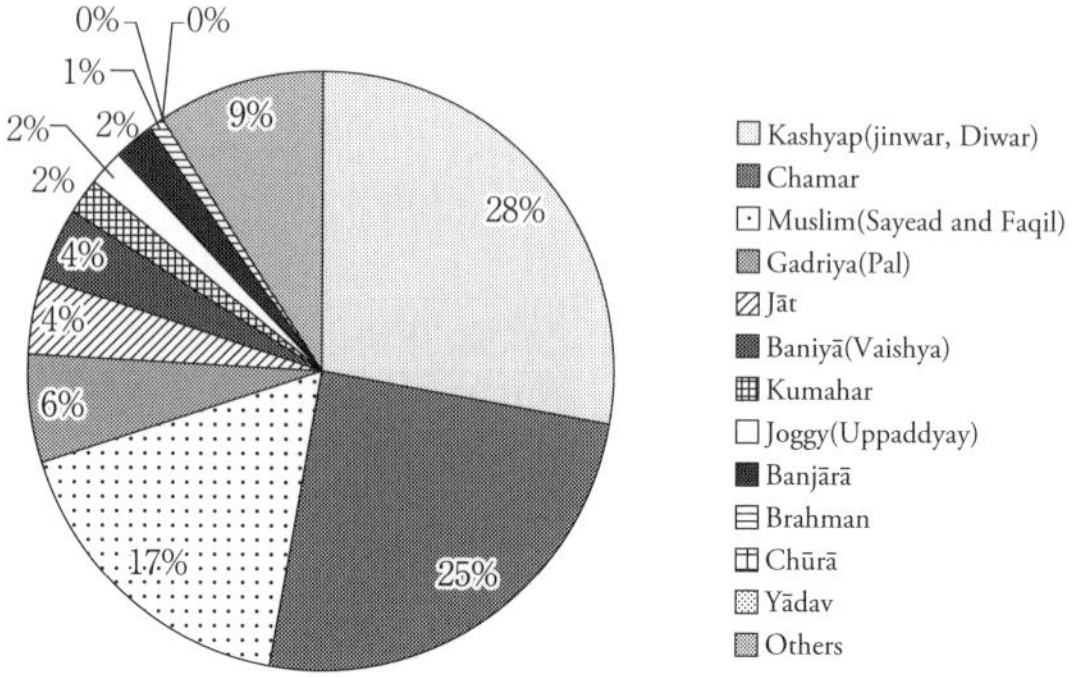

図1　「カースト」別のV村人口構成図

V村に住む仏教徒ダリトのほとんどが、一九九六年に、インド仏教徒協会メーラト支部の指導者たちに先導されて、ディークシャー（*Dīkṣā* 改宗）儀礼を行った。仏教徒ダリトたちは、平等主義に強く惹かれており、また、仏教がかれらの祖先のもともとの宗教であったと認識している。加えて、アンベードカルに対する絶大なる敬意もまたみることができる。

仏教徒としての実践

ここでは、仏教徒ダリトたちによって行われる仏教的実践について記していきたい。まず取りあげるのは、「命名儀礼」である。この儀礼は、新生児に、仏教に関連した名前を授けるというものであり、新生児の家族がこの儀礼の会を催す。家族は、村落の人びと（基本的に、同カーストの人びとである）を家に招き、祭壇をこしらえ、ブッダの肖像画・花・ロウソク・香などを設置する。家族は、命名儀礼の執行を、インド仏教徒協会の主導者と、村落における仏教徒のリーダー格の人物に依頼する。かれら主導者たちは、三帰依五戒を先唱し、名前のリストが挙がっている冊子から、名前を一つ選択する（具体的には、名前の候補を記した紙片を五つ用意し、そのうちの一つを、新生児に「選ばせる」）。家族は、来集した人びとに果物と甘味を提供し、儀礼は終了となる。

二つ目の事例は、ダンマ・ヴィジャヤー（*Dhamma Vijayā*）である。この儀礼は、ヒンドゥー教のダサーラー祭（*Daśahrā*）と同日に行われる。この日は、仏教徒たちにとって、きわめて重要な意味を持っている。それはひとつに、紀元前三世紀に、アショーカ王が同日、仏教に改宗したからであり、また一九五六年に、アンベードカルが同じく同日、仏教に改宗したからである［Ahir 2000: p. 30］。この日、多くのヒンドゥー教徒と幾人かの仏教徒が、爆竹を鳴らしながらダサーラー祭を祝うなか、仏教徒の幾人かはブッダに対して祈りを捧げているのである。この儀礼の執行は、特に強い「仏教徒として」のアイデンティティの表明であると捉えられよう。

写真2　V村コロニーAにあるラヴィダース寺院内のラヴィダース像

チャマールとしての実践

次に、仏教徒ダリトたちの実践のうち、「チャマールとして」の実践、すなわち、二〇〇六年二月一三日に観察された、ラヴィダース生誕祭（Ravidas *Jayanti*）について取りあげたい。ここにおいて、ラヴィダースが、ヒンドゥー教徒のチャマールと仏教徒のチャマールとをつなぐ重要な存在としてあることをみてとることができる。ラヴィダースは、一五世紀頃にヴァーラーナーシーに生きた、バクティ運動の流れをくむ「サント

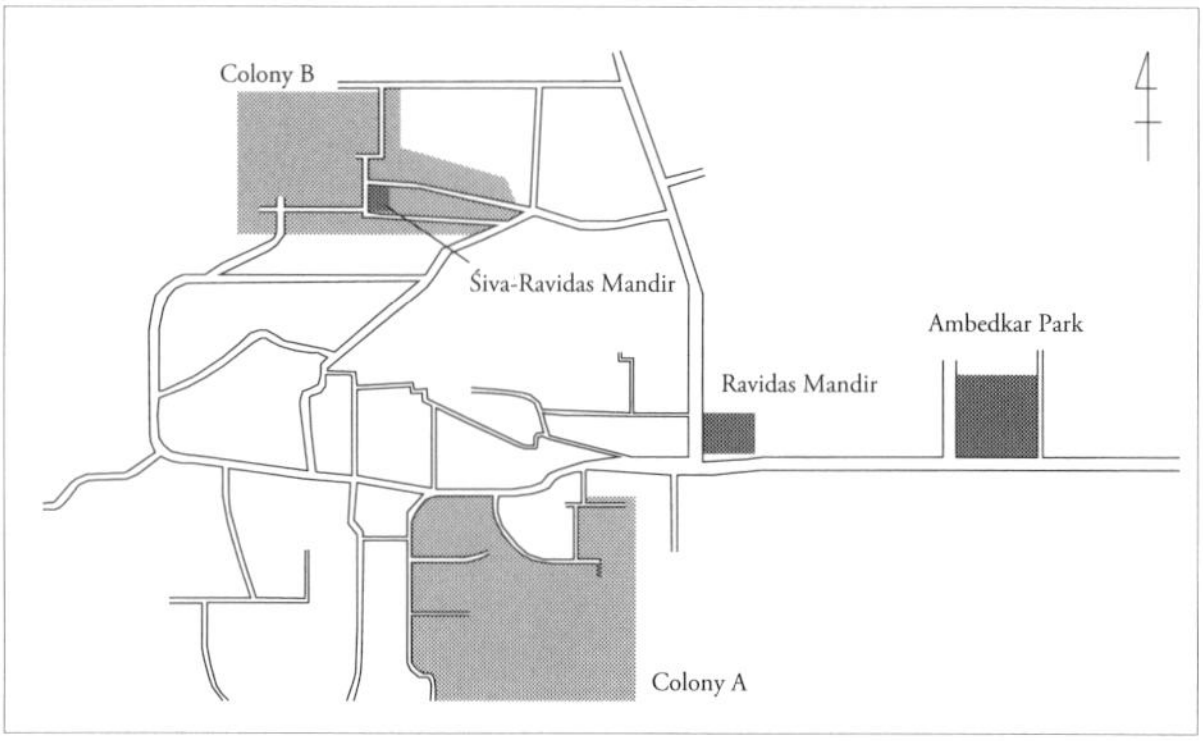

地図4　V村概略図

（詩聖人）」である。チャマールに出自をもつとされるラヴィダースは、平等主義者であり、カースト制度とそれに基づく差別に反対したといわれている。

地図4は、V村の概略図である。V村には二つのラヴィダース寺院がある。一つはコロニーAの近くに、もう一つはコロニーBのなかに位置している。コロニーAのラヴィダース寺院はラヴィダース像のみを祀っており、一方、コロニーBのシヴァ・ラヴィダース寺院にはシヴァ像とラヴィダース像が保持されている。

ラヴィダース生誕祭に向けて、チャマールの人びとは、それぞれのコロニーで実行委員会を組織した。コロニーAでは委員はほとんど仏教徒で構成されており、コロニーBでは委員はヒンドゥー教徒であった。またそれぞれの実行委員会は、別個に生誕祭当日の企画運営を行っていた。生誕祭当日の午前中、コロニーAでは、ムザッファルナガル市から特別来賓を招いていた。ラヴィダースとブッダの間には直接的なつながりはないが、特別来賓は、ロード・ブッダ・クラブの会員二名であった。一方コロニーBでは、正午頃、ラヴィダース、ガネーシャ、そしてシヴァに対する礼拝儀礼（*pūjā*）が行われていた。これらのことが、二つの委員会の企画のうち、もっとも大きな相違であった。しかしながら、午後に入り、コロニーBが依頼した音楽隊による村落の周回が開始されると、コロニーAの人びとも次第に行進の列に加わりはじめ、最終的には、両コロニーから多くの人びとが入り交じって、熱狂的に踊りに興じることになった。

チャマールにとって、ラヴィダースがきわめて特別で重要な存在であることは、すでに明白であろう。仏教徒は、ラヴィダースが平等主義者であり、また、チャマールに出自をもつことから、強い信奉の対象としていると考えられる。仏教徒ダリトは、「過去」、すなわちカースト的属性である「チャマール性」から、決して自身を断ち切ることはできない。仏教徒にとっても、ヒンドゥー教徒にとっても、ラヴィダースとは、両者を結び付ける役割を有する結節点として、非常に重要な存在としてあるのである。

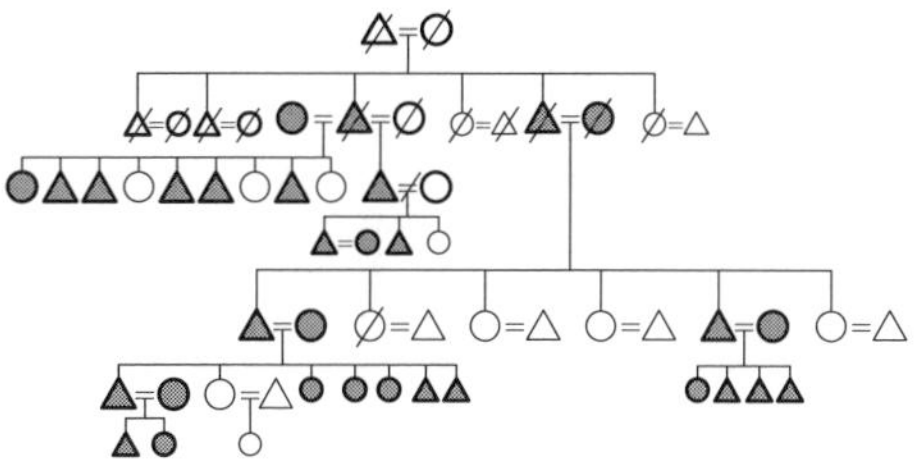

（太線：V村在住，▒▒：仏教徒）

図2　アマンの家系図

宗教儀礼的実践の選択的・混淆的遂行

ここでは、まず、選択的な実践遂行がみられた宗教的実践について取りあげたい。はじめに、アマン[5]の家系図について確認しておきたい。アマンは仏教徒ダリトであるが、図2から、親族すべてが仏教徒というわけではないことを明らかにみてとることができる。V村在住の幾人かは仏教徒であるが、他村在住の親族など非仏教徒も少なくない。

写真3・4は、アマンの次女の婚姻儀礼の様子である。これらから分かるように、この婚姻儀礼はヒンドゥー教式で行われた。この点に関して、新婦の家族は次のように説明した。

この儀礼は、仏教式ではなくヒンドゥー教式だ。姉さん（長女）の結婚式の時には、仏教式に則った婚姻儀礼を行ったんだ。でも、今回はできなかった。

（二〇〇七年三月八日、新婦の妹たち）

ヒンドゥー教徒と結婚することに、何の問題もない。新郎の父親は、迷信（*andhvishvās*）を信じていない。彼はヒンドゥー教徒だが、アンベードカルについても、ブッダについても、またラヴィダースについても、よく知っている。

（二〇〇九年三月六日、新婦の父親のアマン）

新郎の家族が、ヒンドゥー教式の儀礼をやると言った。そうでなければ、婚約自体なかったものにすると言われて、われわれは渋々了解したんだ。

（二〇〇九年三月九日、新婦の母親）

これらの説明のうち、新婦の父親と母親の相違は、それぞれ、二つの家族の共同性を強調するか相違点を強調するかの違いでもあり、大変興味深い。しかしいずれにしても、婚姻儀礼の様式について、両家の間で何らかの交渉が行われたことが分かる。

次に、カルワー・チョウトならびにディーワーリー祭について記していきたい。写真5～7は、カルワー・チョ

写真3

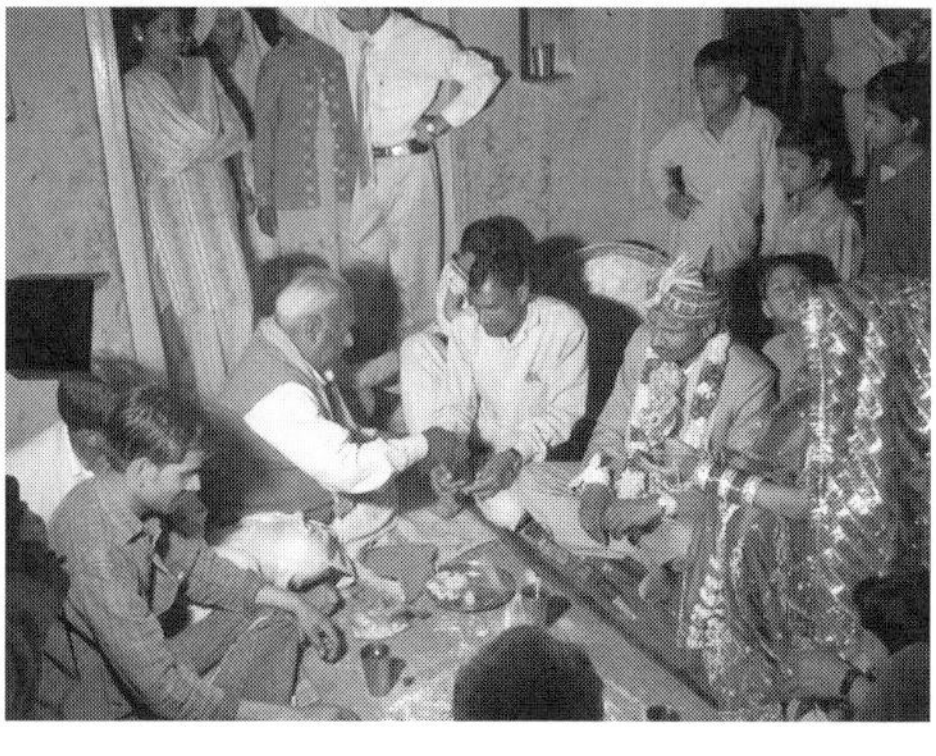

写真4

写真3・4　アマンの次女の婚姻儀礼の様子

ウト当日に、仏教徒ダリト（アマン一家）によって祝祭の儀礼が行われている様子を示したものである。カルワー・チョウトは、ヒンドゥー教に基づいた慣習とされるが、仏教徒ダリトも同様に行っていることが分かる。その所以として、カルワー・チョウトが、夫婦間の関係性を祝う意味と機能をもっているからだと考えられる。アマン曰く、「神に捧げる礼拝儀礼もあるが、われわれはそれはしない。われわれがするのは、夫と妻の絆に関する儀礼だけだ」となる。

写真5

写真6

写真7

写真5・6・7　カルワー・チョウト当日の様子

次いで、バーイー・ドゥージの事例へと移りたい。ディーワーリー祭のうち、三日目がディーワーリー本祭であり、四日目がゴーヴァルダン・プージャー、そして五日目がバーイー・ドゥージとなる。アマン一家の場合、ディーワーリー祭の一連の祝祭儀礼のうち、遂行したのはバーイー・ドゥージのみであった。先のカルワー・チョウト同様、バーイー・ドゥー

写真 9

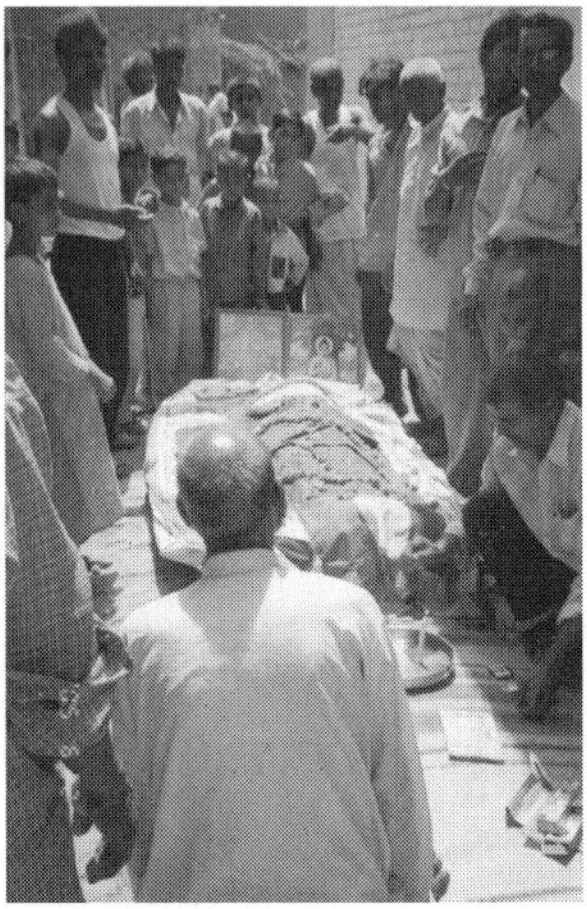

写真 8

写真 8 ・ 9　V村における仏教徒ダリトの葬送儀礼

ジには、家族・親族間の関係、特に兄弟姉妹の関係をつなぐ機能があり、そこにおいては、もちろん、ヒンドゥー教徒であるか仏教徒であるかは問われない。アマンの家族曰く、「これ（バーイー・ドゥージ）は、兄弟と姉妹に関するお祭りだ」となる。

＊

さて、以下では、葬送儀礼の事例を取りあげたい。葬送儀礼の分析は、仏教徒ダリトによる混淆的な儀礼実践をみる好例となるだろう。写真8ならびに9は、V村における仏教徒ダリトの葬送儀礼の様子である。写真8では、故人の遺体が、ヒンドゥー教による葬送儀礼と同様、幾重もの布で包まれているが、最後には仏旗をもって包まれていることが分かる。故人の枕元には、ブッダとアンベードカルの肖像画が置かれていることもみてとることができる。まず、会葬者たちは、故人の家の前で三帰依五戒を唱和する。その後、三帰依五戒を唱えつつ河岸まで遺体を担いで赴いたのち、写真9にみられるように火葬へと至る。点火の前にも、三帰依五戒が唱和される。

ここで、以上取りあげてきた儀礼実践について、まとめの考察を行っておきたい。まず婚姻儀礼に関してであるが、儀礼の様式は、個々人それぞれの交渉によって決定されていることが分かった。それゆえ、アマン一家の場合、長女の婚姻の際には仏教式で儀礼を執行し得たものの、次女についてはそれが叶わなかったことが分かる。こうした交渉は、姻族関係において、より良い関係を築いて保持していくために必要な所作となる。またディーワーリー祭の事例からは、儀礼を行うか否かの判断は、当該儀礼の有する意味と機能——ここでは、家族・親族間関係の保持と強化——に依っていることが分かった。最後に、葬送儀礼からは、ヒンドゥー教の儀礼要素と仏教の要素とが混淆的に使われているところに、「仏教徒として」のアイデンティティの強調の一様相をみることができた。

以上取りあげてきた、種々の儀礼におけるヒンドゥー教と仏教との交差の様相から、改宗を考えるにあたって、断絶ではなく連続の観点でもって考察することの重要性が判然としたものと考える。多くの先行研究で考察されているように、断絶という観点からは、仏教徒ダリトが、いかほどにヒンドゥー教の信仰や実践から距離を取り得ているかという点が問われることになる。しかしながら、連続の視角からすれば、仏教徒ダリトにとって必要な交渉の状況がより明確な姿をもって浮かび上がってくるものとなる。すなわち、とりわけ親族や姻族からの「社会的承認」を得るための交渉の様相である。ゆえに、「連続」の観点は、仏教徒ダリトの生きる生活世界の状況を、より良く、またより的確に理解するために、考慮すべき重要な視角であるということができるだろう。

おわりに——仏教とともに生きて

本論においては、現代ウッタル・プラデーシュ州に生きる仏教徒ダリトたちが、いかに仏教を広げ、また、アンベードカルの理念を継いで、いかに宗教儀礼実践を遂行しているか、宗教実践と語りの分析から検討を行ってきた。

そこからは、仏教徒ダリトが、状況やコンテクストに応じて、選択的、また混淆的なやり方で、宗教実践を遂行しているさまをみてとることができた。

仏教徒ダリトは、仏教徒として、またチャマールとして、それぞれ生活実践・宗教実践を遂行し、そして時には選択的に、ヒンドゥー教に基づく慣習的儀礼を行い続けている。仏教徒ダリトは、アンベードカルが主張したように「真正なる（*aslī*）」仏教徒たらんとしながらも、しかし、生を送る現実的な状況から、他の様式の実践もまた行っている。仏教徒として、「カースト」概念とヒンドゥー教を否定しつつも、反面、ヒンドゥー教徒である他者との関係性保持のため、ヒンドゥー教的実践も行わざるを得ないのが現状である。

ラヴィダース生誕祭の事例においてみたように、仏教徒ダリトは、ブッダとラヴィダースを、ともに平等主義者であるという所以から強い信奉の対象として掲げている。仏教徒ダリトが、ヒンドゥー教徒チャマールと交渉し得ているのは、かれらが、ブッダのみならず、ラヴィダースの信条をもまた奉じるという認識と主張をなしているからであろう。ここにおいて、仏教徒チャマールとヒンドゥー教徒チャマールとを結び付ける重要な結節点として、ラヴィダースという存在を捉えることができる。ブッダならびにラヴィダースからの、仏教徒ダリトにとっての中心的なメッセージは、平等主義あるいは「サマーン *samān*」、すなわち「敬意をともなう平等的関係性」である。

仏教徒ダリトは、平等性を強く欲しており、この希求がまた、仏教改宗の主要な理由の一つでもある。ここで、仏教の「平等主義」に関する仏教徒ダリトの語りを、いくつか取りあげたい(6)。

われわれは、仏教から尊敬（*sammān*）を得た。仏教はわれわれの祖先の宗教である。われわれは敬意（*sammān*）と平等（*samān*）を欲しており、仏教からそれらを得た。仏教はわれわれの儀礼（*saṃskār*）である。

（六〇代男性、リキシャー・ワーラー）

ヒンドゥー教には、劣等（*hīntā*）がある。仏教には、平等（*barābarī*）がある。（三〇代男性、トラック運転手）

わたしが仏教が良いと思うのは、仏教では、名前や宗教が何らの意味を持たず、また、地位もないからである。われわれは、地位に関係なく一緒に座っていることができる。わたしや、首相や、大統領や、誰でも、仏教徒として、みなが一緒に座ることができる。（四〇代男性、肉体労働者）

平等の概念は、仏教徒ダリトにとってきわめて誘引的である。これはまた、かれらにとって、他者から社会的承認を受けることを強く欲するということでもある。

ここにおいて、断絶と連続という観点を、社会関係との関連において考えることができる。断絶の観点からは、一連の多様な（あるいは「雑多な」）宗教的実践の遂行は、改宗の不完全な結果であると解釈されよう。こうした観点は、宗教を排他的なものとみる見解であり、西洋近代的な「宗教」概念であると捉えられる。この断絶的な視角からすれば、仏教に改宗したダリトは、自分たちを主流のヒンドゥー社会から隔絶させる姿勢をとるものとして認識される。

しかしながら、改宗を断絶ではなく「連続」の見地から考察した場合、仏教徒ダリトたちが置かれている状況をより良く理解することができよう。インドのような「多―宗教」社会（'poly-religious' society）においては、人びとが同時に二つ以上の宗教的実践を行うことは、普通に見出し得る状況であるだろう。

ここで、ロビンソンとクラークが、特にキリスト教とイスラームに関連させながら、「改宗」と「排他性」について論じた一文を引用したい。

われわれは、ある宗教的伝統において、改宗の理論と実践とを区別して考えられるだろう。改宗に関する理論は、神学的エリートか、あるいは、特定の宗教共同体の専門家から発せられるものであり、一般の、おそらく

> そうしたエリートや専門家とはまったく異なる「改宗」理解を有する人びとから出てくるものではない。イスラームやキリスト教への改宗といった特殊な弁別性（hyper-distinctiveness）――もしそう言えるのであれば――は、「排他性」という観念を主要テーマとしているようである。（中略）キリスト教は、イスラームのように、新改宗者たちに、新たな宗教への献身と同時に、以前の宗教のあらゆる要素の完全なる禁止と放棄を求める。
> 　しかしながら、歴史的資料を注意深く読めば、実践においては、「排他性」がどの程度主張されており、また達成されていたかは、異なる条件下において、相当程度大きな違いがあったことは疑いようもなく明白なことである。
> ［Robinson and Clarke 2003: p. 6（傍点強調は舟橋による）］

本論で扱ってきた事例においても、一方では、仏教徒ダリトたちは、理念的・理論的に「純粋で真正な」仏教実践を行おうと努めながらも、もう一方では、選択的あるいは混淆的に、あるヒンドゥー教的実践については遂行し続けていた。

インド仏教徒協会の主導者であり、ジャータヴ・カーストに出自をもつゴータムは、筆者に次のように主張していた。

> インドの仏教については、『ブッダとそのダンマ』を読めば知ることができる。インドの仏教は社会制度だから、インドのどこであろうと、同じ様式の仏教実践をみることができる。
> （二〇〇九年三月二日、傍点強調は舟橋による）

しかしながら、実際には、先にみたように、仏教徒ダリトたちは多様な様式の実践を遂行している。そうした実践のなかにはヒンドゥー教と関係するものもあるが、それは、仏教徒ダリトが、社会における自分たちの立場と地位を保持するため、その多くがヒンドゥー教徒である親族や姻族と交渉し、関わる必要があるがゆえである。

ゴータムはまた、ラヴィダースについて、「われわれはラヴィダース生誕祭は祝わない。なぜなら、ラヴィダースはヒンドゥー教徒だからだ」と述べていた（二〇一二年二月三日）。この言明は、V村における仏教徒チャマールたちの実践と完全に異なるものである。V村の仏教徒たちは、三人の人物を信奉していると強調していた。すなわち、ブッダ、アンベードカル、そしてラヴィダースである。ジャータヴとチャマールの間の、あるいは仏教改宗運動のリーダーとフォロワーの間のこの相違は、インドにおける仏教の状況を検討するにあたって、十分に考慮されるべき点であろう。そうした観点から、現代インドにおける仏教徒ダリトたちの実践を精査することによって、われわれは、かれらによって行われている新たな実践様式をもつ仏教、すなわち「新仏教（*Nav-Buddhism*）」を、より的確にみることができるだろう。

註

（1）本論は、拙著『現代インドに生きる〈改宗仏教徒〉――新たなアイデンティティを求める「不可触民」』（昭和堂、二〇一四年）の主要点を短縮して取りまとめ、議論を展開したものとなる。

（2）アンベードカルは、一八九一年、マハーラーシュトラ州における大きな「不可触民」カーストの一つであるマハールの家に生まれた。アンベードカルは、苦学してアメリカのコロンビア大学とイギリスのロンドン経済研究所において博士号を取得した。インド帰国後は不可触民解放運動に専心し、政治的・社会的・宗教的な活動に従事した。

（3）本論で対象とする「仏教徒」は、ダリト（「不可触民」）に出自をもついわゆる「仏教徒ダリト」である。従来「新仏教徒」という呼称が多く使われており、また筆者も他の論考においては、かれらの「改宗」という決意・行為を重視する立場から、「改宗仏教徒」という表現を用いている。ただし、本論では呼称の煩雑化を避けるため、基本的にかれらを指して「仏教徒」あるいは「仏教徒ダリト」との呼称を用いていく。

（4）「カースト」を否定して仏教へと改宗している人びとに、カーストの属性を関係づけて述べることは、不適当に思えるかもしれない。しかし本論では、改宗後の宗教的属性とカースト的属性、そしてアイデンティティとの関係を考察の中心に置くことから、あえて該当者たちの「カースト性」について言及していく。

（5）敬称略、仮名である。

（6）二〇〇九年三月二日～九日に収集された語りである。

参考文献

Ahir, D. C.（2000）*Buddhist Customs and Manners*, New Delhi: Blumoon Books.

Arun, C. Joe（2007）*Constructing Dalit Identity*, Jaipur: Rawat Publications.

Beltz, Johannes（2004）'Contesting Caste, Hierarchy, and Hinduism: Buddhist Discursive Practices in Maharashtra', In Surendra Jondhale and Johannes Beltz（eds.）, *Reconstructing the World: B. R. Ambedkar and Buddhism in India*, New Delhi: Oxford University Press, pp. 245–266.

Beltz, Johannes（2005）*Mahar, Buddhist and Dalit: Religious Conversion and Socio-Political Emancipation*, New Delhi: Manohar Publishers & Distributors.

Briggs, G. W.（1999［1920］）*The Chamars*, Delhi: Low Price Publications.

Burra, Neera（1996）'Buddhism, Conversion and Identity: A Case Study of Village Mahars', In M. N. Srinivas（ed.）, *Caste: Its Twentieth Century Avatar*, New Delhi: Penguin Books India（P）Ltd., pp. 152–173.

Ciotti, Manuela（2006）'In the Past We Were a Bit "Chamar": Education as a Self- and Community Engineering Process in Northern India', *Journal of the Royal Anthropological Institute*（*N.S.*）, 12(4), pp. 899–916.

Cohn, Bernard（2004）'The Changing Status of a Depressed Caste'［1955］, 'Changing Traditions of a Low Caste'［1958］,

'Madhopur Revisited' [1959], 'Chamar Family in a North Indian Village: A Structural Contingent' [1960], In *The Bernard Cohn Omnibus*, New Delhi: Oxford University Press, pp. 255–319.

Deliège, Robert (1993) 'The Myths of Origin of the Indian Untouchables', *Man* (*N.S.*), 28(3), pp. 533–549.

Dube, Saurabh (2001 [1998]) *Untouchable Pasts: Religion, Identity, and Power among a Central Indian Community, 1780-1950,* New Delhi: Vistaar Publications.

Fitzgerald, Timothy (1997) 'Ambedkar Buddhism in Maharashtra', *Contributions to Indian Sociology* (*n. s.*), 31(2), pp. 225–251.

Heredia, Rudolf C. (2004) 'No Entry, No Exit: Savarna Aversion towards Dalit Conversion', *Economic and Political Weekly*, October 9, 2004, 39(41), pp. 4543–4555.

Heredia, Rudolf C. (2007) *Changing Gods: Rethinking Conversion in India*, New Delhi: Penguin Books India Pvt. Ltd.

Khare, R. S. (1984) *The Untouchable as Himself: Ideology, Identity, and Pragmatism among the Lucknow Chamars,* New York: Cambridge University Press.

Lamb, Ramdas (2002) *Rapt in the Name: The Ramnamis, Ramnam, and Untouchable Religion in Central India*, Albany: State University of New York Press.

Narayan, Badri (2008) 'Demarginalisation and History: Dalit Re-invention of the Past', *South Asia Research*, 28(2), pp. 169–184.

Omvedt, Gail (2003) *Buddhism in India: Challenging Brahmanism and Caste*, New Delhi: Sage Pubications India Pvt Ltd.

Registrar General and Census Commissioner, India (2001) *Census of India*. (http://www.censusindia.gov.in/)

Robinson, Rowena (1998) *Conversion, Continuity and Change: Lived Christianity in Southern Goa,* New Delhi: Sage Publications.

Robinson, Rowena and Sathianathan Clarke (eds.) (2003) *Religious Conversion in India: Modes, Motivations, and Meanings,* New Delhi: Oxford University Press.

Shah, Ghanshyam (ed.) (2001) *Dalit Identity and Politics (Cultural subordination and the Dalit challenge, v. 2)*, New Delhi: Sage Publications.

Shah, Ghanshyam (et al.) (2006) *Untouchability in Rural India*, New Delhi: Sage Publications.

Singh, K. S. (2002 [1993]) *The Scheduled Castes*, New Delhi: Oxford University Press.

Tartakov, Gary (2003) 'B. R. Ambedkar and the Navayana Diksha', In R. Robinson and S. Clarke (eds.), *Religious Conversion in India: Modes, Motivations, and Meanings*, New Delhi: Oxford University Press, pp. 192–215.

Viswanathan, Gauri (2001 [1998]) *Outside the Fold: Conversion, Modernity, and Belief*, New Delhi: Oxford University Press.

COLUMN

スリランカ仏教とカースト制
——民族抗争の結果

中村尚司
NAKAMURA HISASHI

スリランカには、小さな国土と少ない人口にもかかわらず、多種多様な宗教団体の活動がある。ヒンドゥー教徒、イスラーム教徒、キリスト教徒の人口比率は、日本よりもはるかに高い。そのなかで仏教だけが、憲法では特別な地位を与えられている。仏教国とまでは言えないが、仏教の社会的な地位は高い。地域住民や国民の間で、それがさまざまな政治上の対立抗争を生む恐れもある。

多数民族のシンハラ仏教徒は、不殺生・不窃盗・不邪淫・不妄語・不飲酒の五戒を守り、仏法に帰依して、食事や日用品を寄進する布施（ダーナ）を通して功徳（ピン）を積む。その功徳積み（ピンカマ）によって、来世でより良い地位に生まれ変わると信じている。家族から出家者が出ると、いっそう功徳が高くなる、と言われている。しかしそのような慣行の継承が困難になっていることも、いつわりのない現状である。比丘を養成する仏教大学でも、成績優秀な学生は、経営学を学び僧職を捨てる傾向が見られる。

七歳を過ぎれば誰でも出家できる。多くの者は一〇歳前後に得度式を受けて剃髪し十戒を授かって、サーマネラという見習僧になる。指導僧について修行して一〇年ほど経つと、ウパサンパダー（具足戒）を受けて正式な比丘になり、二二七戒の遵守が義務付けられる。島内で最大の規模を誇るシャム派への入門は、最高位のゴイガマ・

カーストに限定されている。仏教がカースト制を肯定しているかどうかは公然とした議論にならず、暗黙のうちに承認されている。カーストの低い者が僧職に就くと、国王や首相のような権力者に対して頭を下げる心配がある、という。よく注意して見ると、僧侶が頭を下げる場面に出会うことは少ない。それが良いことかどうか、日本と比べると、違和感が残る。全国にある仏教寺院の約八割が、最後の王都キャンディに本拠を置くシャム派に属している。

欧米の仏教学者のあいだでは「スリランカ仏教は、原始仏教の伝統を最も忠実に伝えている」とされ、スリランカの僧侶もそれを認めている。ロンドンの Pali Text Society に所蔵されている文献の大半は、植民地時代にスリランカから英国にもたらされたものである。しかしながら、現代スリランカ仏教の教団組織は、いずれも原始仏教からの継承ではなく、一八世紀以降に由来する。

最も古いシャム派でも、一七五三年にオランダ東インド会社の援助で、タイから来島したウパーリ長老が始めたものであり、これは、日本の江戸時代後期に、スリランカ国内では仏教が廃れていたことを示している。一五世紀以降、中国、ポルトガル、オランダの順で異教徒による植民地支配が続いていた時代である。タイ国から招請されたシャム派は、シンハラ社会の最高位であるゴイガマ・カーストのみに入門僧を限定した。その結果、当然とはいえ、ゴイガマ以外の下位カースト仏教者の不満が強くなった。一九世紀に入って、ゴイガマ以外の五名の下位カースト出身者が、ビルマの王都アマラプラから具戒足を受けアマラプラ派を始めた。この五名の開祖は、それぞれ自己の出身カースト単位の支派を形成し、カースト単位の組織を維持した。一九世紀中葉に、ビルマのラーマンニャでウパサンパダーを受けたナーナサーミー長老が、当時ビルマに展開していたタイ仏教の森林派の支援を受けて、ラーマンニャ派を開いた。この教団では、建前とはいえカースト制にこだわらず、誰でも入門を認めている。シャム派に比べると、アマラプラ派とラーマンニャ派とは、共に社会問題、わけても貧困問題に対する関心が強い。スリランカ仏教のカースト問題については、橘堂正弘の研究が画期的な成果である(1)。

スリランカに教団組織が形成される前に、インドの原始仏教においてカースト制を是認するテキストが存在したことを示唆する能仁正顕の研究も存在するが、おおむね否定的である。カースト制は、ポルトガル語に由来し、古代のヴァルナ制とは全く異なる。カースト制の肯定は、ブッダゴーサ以降の上座仏教と見るのが妥当であろう。

一八一五年に始まるイギリス植民地支配の下で、シンハラ人を主体とするナショナリズムの興隆にともなって、スリランカではシンハラ仏教ナショナリズムが生み出された。シンハラ人のみをアーリヤ系民族とみなし、その結果、ドラヴィダ系民族のタミル人との対立を深める要因となった。その中心となった人物こそ、アナガーリカ・ダルマパーラである。ダルマパーラは、植民地支配の同伴者であるキリスト教会に対抗してシンハラ民族主義を対置する、仏教復興運動のリーダーである。コルコタをはじめ、インドの主要都市にマハーボディ会を設立し、インドにおける仏教復興に努めた。インドでは多くの支持者を得たダルマパーラであったが、スリランカ国内では支持者が少ない。ダルマパーラ自身もスリランカ仏教に批判的で、晩年になってウパサンパダーを授与されたのもインドのサーンチであった。シンハラ仏教徒がアーリヤ民族であるという主張は、インドで広範に拡大するダリト仏教とも対立する。ダリト仏教の創立者であるアンベードカルは、マハーボディ会の仏教復興運動に対して嫌悪感を表明していた(2)。

ダルマパーラの影響下でスリランカの独立運動を担ったバンダーラナヤカは、仏教こそが英国支配から覚醒する契機だとみなし、植民地時代のキリスト教から改宗した。独立後、シンハラ民族政党が交互に政権交代する時代が続き、仏教の社会的な地位が高まった。それにともない、二つの大きな潮流が生まれてきた。一つは、サルヴォーダヤ運動やセーワランカ運動のように、仏教思想を基礎に民衆による社会改革を組織する試みである。社会的な影響力がきわめて大きく、国際的な高い評価を受けたが、スリランカの仏教界では大きな力を持たなかった。運動の創始者がゴイガマ・カーストに属していなかったからである。

もう一つは、革命運動をはじめとする政治活動への参加である。一九七一年、カラーワ・カースト出自の仏教僧がJVP（人民解放戦線）の武装蜂起に参加したことは、上座仏教の教義を揺るがす事件でもあった。

二〇〇四年の総選挙で、仏教僧が組織するJHU（民族遺産党）が九名の議席を獲得した。少数民族タミル人の分離独立運動に対して非妥協的な軍事制圧を主張する党派として、政府与党の民族主義を鼓吹してきた。サフラン色の僧衣が国会で活躍するとともに、旧来の戒律を維持することも困難になった。JHUの国会議員団長を務めるアートレーヤ・ラタナ師は、二〇〇九年の来日時に、「JVPの武装蜂起に参加し刑務所に収監されていた期間、釈放後大学院でパーリ語のテキスト解読に専念していた期間、私の頭を離れなかったのは、仏教を窮屈な戒律の世界に閉じ込めようとするブッダゴーサとの闘いであった」と述懐していた。ナリン・スワーリス師のブッダゴーサ批判は、上座仏教の改革運動の反映でもある(3)。ラタナ師は、また、浄土真宗本願寺派の西本願寺を訪ねたとき「スリランカの僧侶も、青年期に結婚した方が、教団組織がもっと健康になり、社会に開かれた活動をできるのではないか」とも話していた。

ラージャパクサ政権下で多くの仏教教団は、ヒンドゥー教徒のタミル人を殲滅しようとの主張を行なった。和平交渉を斡旋したノルウェー大使館に棺桶を投げ込むなど、過激なデモも行なった。スリランカの内戦は、シンハラ仏教ナショナリズムに火をつける役割も果たした。約三〇年に及ぶ民族抗争期に、タミル人仏教徒が生まれる可能性はほとんどなくなった。仏教思想そのものは、狭隘な民族意識を乗り越え全世界に広がる可能性を持つにもかかわらず、その芽が断たれたと言えよう。コロンボの人口は、タミル人とシンハラ人およびムスリム人がほぼ同数である。シンハラ人とタミル人ばかりでなく、ムスリム人との通婚も珍しくない。しかし、ヒンドゥー教徒が仏教徒やイスラーム教徒に改宗する例は少ない。

今回の大統領選挙を機会に、ＪＨＵはシリセーナ候補を支持し、ヒンドゥー教・イスラーム教・キリスト教などを信じる少数民族との対話と交流に向かおうとしている。今後の動向に注目したい。ＪＨＵのアートレーヤ・ラタナ師は、スリランカ国内のタミル人だけでなく、インドのダリト仏教徒とシンハラ仏教徒との長期的な交流に力を入れてきた。スリランカ在住生活の長い浄土宗の師弟山下千朝氏は、アートレーヤ・ラタナ師の運動を支える仏教の国際交流の担い手になっている。

内戦終結後、ＪＨＵが本来の仏教活動に復帰しつつあるのに対して、新たな民族抗争も生まれつつある。戦闘的な僧侶や仏教徒は、ＬＴＴＥとの闘いを主たる課題にしていた。それまで内戦終結までＪＨＵのメンバーであったが、内戦終結後は公然とたもとを分かつことになった。このＢＢＳ（仏教戦士団）のリーダーは、バラゴダ・アッタ・ニャーナッサラ師である。もともと西アジアに出稼ぎに行ったスリランカ人仏教徒が、信仰の自由を許されない事態に不満を募らせていた。ＪＨＵから分裂したのちはコロンボの仏教文化センターに本拠を置き、反ムスリム運動を展開している。この仏教文化センターは前政権が設立したもので、ここがＢＢＳの資金源であったことは前政権も認めていた。

内戦終結後、ＢＢＳはイスラーム教徒の商店に放火してハラール食品証明に反対し、衣料品を略奪するなど排外主義運動を進めた。この運動はダルマパーラのマハーボディ会が本拠を置くマーリガワッタ地区にも波及し、巨大なラウドスピーカを用いる仏教寺院とイスラームのモスクが対峙し、新たな民族抗争の火種となっている。ここで詳しく論ずる紙幅はないが、スリランカにおける宗教間の対立は、民族抗争の原因ではなく結果である。

註

（1）橘堂正弘『現代スリランカの上座仏教教団――アマラプラ派とラーマンニャ派の存在形態の研究』（山喜房佛書林、二〇〇二年）。
（2）ナーガローカのローカミットラ氏の証言による。
（3）Swaris, Nalin（2008）*The Buddha's Way to Human Liberation: A Socio-historical Approach*. Nugegoda, Sri Lanka, Sarasavi Publishers.

インドにおける子どもの権利・貧困・エンパワーメント

中根智子
NAKANE SATOKO

はじめに

インドは、約一三億人の人口のうち〇～一四歳の子どもがおよそ三分の一を占める、若年層の多い社会である。近年の急速な発展によってGDPの増加や中間層の拡大も進んでおり、インドは若い活力に溢れた社会であると言える。しかし、著しい改善を見せているとはいえ依然として二〇%を超える貧困率に直面するインドでは、その未来を背負う子どものすべてに、心身の発達に必要な医療や教育、安心できる生活環境や社会参加の機会を十分に提供できているとは言えない。発展と激動の谷間に置き去りにされる貧困層の子どもは、まさにマージナル(1)な境地に立たされている。

インドに限らず世界的な潮流として、こうした子どもへの支援は、これまで子どもを「保護と庇護の客体」として見る子ども観に基づいていた。もしくは、子どもの利益は常に家庭の中に埋め込まれて考えられ、親(特に母親）の利益と同一視されてきた。それが、開発における「人権の主流化」という潮流と並行して、子ども観や子ども分野の施策も大きく転換してきた。

特に一九八九年に「子どもの権利条約」が制定されて以降、一九九〇年代には世界各地で子ども観が「保護の対象」から「権利の主体」へと転換し、その結果、「子どもの基本ニーズを満たすニーズアプローチ（needs-based approach）」という発想から「子どもの権利を実現する人権アプローチ（rights-based approach）」へと、取り組みのコンセプトが転換された。こうして、二〇〇〇年代に入ると、子ども支援の分野でも人権アプローチの重要性が提唱されるようになった。そしてインドも、一九九二年一二月に「子どもの権利条約」を批准して以降、児童労働やストリート・チルドレン、児童買春や障害のある子どもなど、政府が進める児童福祉分野の政策を、ニーズアプローチから人権アプローチへとシフトさせてきた［Bajpai 2006］。

しかしながら、子ども支援の分野でも人権アプローチが有効であると言っても、どのような場面で、どのような具体的支援を採用すれば、どのように有益な効果があるのか、などの実証研究は、まだ十分とは言えない。また、子どもが権利の主体であるとしても、子ども固有の身体的・精神的・知的未熟さが権利行使に制限や制約を生むことも容易に考えられる。

加えて、人権アプローチによって子どもに関連するすべての問題を解決できるわけではなく、その有効性と限界を見極めることも必要である。子どもの人権侵害は、迅速かつ効果的な対応が求められる世界的課題であるだけに、子どもの権利の保障・実現に向けた実証的研究のさらなる蓄積が必要とされている。

そこで本論では、インドのコルカタ市において貧困層の子どものエンパワーメント（empowerment）に取り組む二団体を事例として、人権アプローチの有効性と具体的な活用方策を現場での支援実践に照らして考察する。

一　人権アプローチによる子どものエンパワーメント

人権アプローチの三ステップ

開発における人権アプローチとは、簡潔に言えば、人権の原則と基準に沿って開発に臨むことを指す。甲斐田[2007]はこれを三段階に分けて次のように述べている。人権アプローチとは、第一に、問題の解決、介入、開発や国際協力の際に権利の原則に基づいてはたらきかけること、第二に、権利保有者（Rights-holders）をエンパワーすること、第三に、義務や責任を負っている責務履行者（Duty-bearers）の能力を強化することである。

そして権利の原則とは、世界人権宣言、女性差別撤廃条約など、国際人権基準に沿うことであり、特に、説明責任、普遍性、不可分性、参加の四つの原則を重視することである。開発に適用すべき人権の原則については、もう少し詳細な指摘もある。国連諸機関の共通認識が示す人権の原則は「1普遍性・不可譲性、2不可分性、3相互依存性・相互関係性、4平等・非差別、5参加・包摂、6説明責任と法の支配」の六点で、川村は前三項を「国連世界人権会議（一九九三年）からの国際的共通認識」、後三項を「人権の前提となる社会のあり方」と分けている［川村 2006］。

子ども分野における人権アプローチの場合、権利保有者はもちろん子どもであり、責務履行者は子どもにとって身近な親や地域住民だけでなく、地方自治体、国家、ＮＧＯ／ＮＰＯ、国際社会などすべてを指す。第二の「権利保有者をエンパワーすること」とは、すなわち、権利を行使する能力を育み権利侵害から自分を守ることができるように子ども自身が知識や意識を身につけてエンパワーされること、および、実際に権利侵害にあった子どもが回復できるようにエンパワーすることである。

子どもがエンパワーするための最初のステップは、子ども自身が自らの権利を学び、権利意識をもつことであり、次のステップは、権利を学んだ子どもが実際に権利を行使できるように、国や行政、地域社会、民間団体に参加の機会をもつことである。子どもは、自らの権利を知りそれを実際に行使する、参加して自分の意見を表明しまたそれが尊重される、自分が社会に貢献できることを実感し自信を身につける、というサイクルの中で、さらにエンパワーされていく。このようなプロセスにおいて、子どもは、自分自身の権利を守るだけでなく、自分の周りにいる他の子どもの権利を守っていく自分の力と責任を自覚できるようになる。さらに自分たちに本来保障されているべき権利を学んだ子ども自身が、その権利が現実にはなぜ保障されていないのかを調査・分析することも重要である。そして、自分たちの権利が実現するためには、今何が障害になっており、ゆえにどのような解決策を望んでいるかを、子ども自身が地域社会や自治体、政府へ向けて発信できるようになる必要がある。

第三の「責務履行者の能力強化」とは、子どもの親や地域住民、自治体や国家、NGO／NPOや国際社会など、子どもに関わるすべての人と子ども自身が、「子どもの権利を実現する力」を身につけることである。その際、責務履行者には「子どもに害を与えないように自らが子どもを尊重すること、他人やモノが子どもに害を与えないよう防止すること、子どもに関わる人が子どもの権利を実現できるようファシリテートすること、権利が実現されるように社会に対してアクションを起こすこと」という四つの義務が生じる。子どもがどんなにエンパワーされても、周りのおとなや自治体、国家がその責任を自覚し、自ら問題解決の当事者になろうとする子ども達を温かい目で見守ったり、励ましたりする姿勢がなければ、子どもの権利保障は実現しない。よって、人権アプローチは責務履行者の能力強化を重要視している［甲斐田 2007］。

そして、人権アプローチによる子どものエンパワーメントが最大の法的拠り所としているのは、「子どもの権利条約」である。子どもの権利を包括的かつ明確に提起した「子どもの権利条約」は前文と本文五四条からなる条約で、国連で一九八九年に採択、一九九〇年に発行された。正式名称を「国連・子どもの権利に関する条約（the Convention on the Rights of the Child）」と言い、日本政府訳は「児童の権利に関する条約」であるが、学会・マスコミ・一般社会では「子どもの権利条約」が慣用されている。世界で最も多くの国が締約している国際条約としても知られている。

「子どもの権利条約」は、一八歳未満を「児童（子ども）」と定義し、「国際人権規約（第二一回国連総会で採択、一九七六年発効）」が定める基本的人権を、その生存・成長・発達の過程で特別な保護と援助を必要とする子どもの視点から詳説している。また、子どもの生存・発達・保護・参加という四つの領域において、その包括的な権利を実現・確保するために必要となる具体的な事項を規定している。四つの柱である「生存の権利」「発達の権利」「保護される権利」「参加する権利」とは、それぞれ、「健康に生まれ、安全な水や十分な栄養を得て、健やかに成長する権利」「あらゆる種類の差別や虐待、搾取から守られる権利」「教育を受ける権利、および休んだり遊んだりすること、さまざまな情報を得て、自分の考えや信じることが守られながら自分らしく成長する権利」「自分に関係のある事柄について自由に意見を表したり、集まってグループを作ったり、活動したりする権利」を指す。さらに、批准した各国政府には報告義務があり、子どもを含む市民社会は、政府に対して権利の実現を要求することができる。

「子どもの権利条約」は、それまで子ども支援の現場で培われた倫理的原則に法的根拠を与えたという点で影響力が大きかった。さらに、各国政府に報告を義務づけたことで「責務履行者」としての責任を明確化し、行政や国際機関、NGO／NPOや地域組織などが、子ども支援に関わる共通の指針をもつことも可能にした。危機に直面している子どもを保護し、その緊急なニーズに応える一方、国家や市民社会が連帯してマクロレベルにおいて社会的・経済的・政治的・文化的改革を推し進め、子どもの権利の実現を可能にする社会作りを提起している。ゆえに「子どもの権利条約」は人権史上画期的な条約であると言われている。

子どもの権利の固有性と制限

子どもの権利は、人権概念の延長線上に位置づけられる一方、それは人権の応用として単純に子どもに当てはめられるものではない。人権という考え方そのものは、「人間がただ人間であるということだけによって、無条件かつ不可変的に、等しく保持するのが当然とされている権利」として、おとなと子どもを区別しない概念である。

それでもなお、おとなの権利保障と子どもの権利保障の違いは、次のように指摘できる。第一に、子どもの権利は、おとなの権利と異なり、基本的に自己単独での「行使」が認められていない。子どもの権利条約では、子どもが発達する権利の第一義的保障責任を親に認め[2]、子どもがあらゆる権利を行使する際に親が指示や助言を与える義務と権利を尊重するよう締約国に求めている（五条）。第二に、国際人権規約および各国の憲法にも「子ども（未成年）」を除外した人権規定が存在する。たとえば、国際人権規約（B規約）では、婚姻して家族を形成する権利や参政権の領域が年齢によって限定されている。さらに、移動・居住の自由、参政権、公正な裁判を受ける権利、労働の権利などは、国際人権規約に「すべての人の権利」と規定されているが、子どもの権利条約には規定されていない［林 1996］。

こうした不一致は、子どもが身体的・精神的に未熟であるがゆえに特別な保護とケアを必要としながらも、ひとりの人間としてあくまでも主体的・自律的に自らの生を選び創る存在であるために生じる。事実、子どもの権利条約は、これら二つの子ども観を併せもっている。端的に言えば、子どもは弱く力のない存在なので、おとなからのある種の保護を必要としているという見方と、搾取や束縛に遭う可能性があるので、もっと自己決定の権利をもつ必要があるという見方である。

この「保護の対象」と「権利の主体」という一見相反する子ども観を、ハートは「ふたつの補足し合う見方」と表現している［ハート 2000］。そして、クシアノヴィッチは、「保護の対象」と「権利の主体」の関係について、子どもの権利を推進している多くの人々は、子ども達が子ども期を享受できるようにするための最大の保護と保障は自分を守ることだという考えを共有していると指摘し、ハートと同様に、これら二つの子ども観の補完的関係を示唆している［Cussianovich 1994］。

また、人権アプローチによって子どものエンパワーメントを図る際に、権利の実用性をその権利保有者の自己決定力と解釈した場合、はたして子どもは自ら意思決定できるのかという疑問も残る。こうした問いに対しては、センが主張する「自由に備わる機会の側面と過程の側面」を用いて応えることができるだろう。

たとえば、飛行機に搭乗している人には安全な飛行を求める自由があるが、だからといって、自ら飛行ルートを検討したり操縦桿を握ったりして、自身の安全を完全に制御できるとは限らない。また、マラリアから身を守る自由を行使しようとしても、感染予防は、実質的には、その地域での流行病に関する公共政策に依るところが大きい。このように、自由の拡大はしばしば他者の手に委ねられる。「自ら決断し選び取ることが重要な自由」がある一方で、「他者の行動や支援、社会制度の特徴に依拠する自由」も多く存在する。

よって、子どもが完全にすべての選択を自己決定することができないという「過程の側面」をもって、子どもの権利の有用性を否定するのは誤りである。もちろん、子どもには意思決定したり意見を表明したりする権利があり、そういう意味で「過程の側面」を重視する必要はあるが、より重要なのは、子どもが、現在そして未来にどのような機会をもっているのか、もつことができるのかという「機会の側面」であり、そのような機会の創出・保障に関わる公共政策や社会計画なのである［Sen 2007］。

自由の拡大が他者の手に委ねられるケースは、子どもに限られたことではない。成人であっても、また本人が自ら選択し行動することが適当と考えられる領域においても、そこに関わる事柄や変数のすべてを制御する手段を本人がもち合わせていないことも多い。このような状況下でも、つまり手段所有の所在にかかわらず、その手段を機能させて本人の自由を促進することが、実質的な自由の拡大としてのエンパワーメントであると言えよう。

人権アプローチにおける子ども参加の重要性

「子どもの権利条約」の採択以降、子ども観は「保護の客体」から脱皮して「権利行使の主体」を主とする観念へと画期的な転換を遂げた。それにより、子どもの権利を保障・実現していく際の重要なキーワードとして、「子ども参加（children's participation）」が注目されるようになった。[3] そこで「子ども参加」という視点から、人権アプローチの三ステップ（1人権の原則・基準に従うこと、2権利保有者のエンパワーメント、3責務履行者の能力強化）を見直すと、その親和性を確認できる。

第一に、子ども参加の権利は、子どもが自分自身の生活条件（暮らしと人生）を他者から支配されずに自分で選択し決定するという、人間の尊厳性に基づいている。また、子どももおとなと同様に社会を構成する一員であるとの見方から、集団に関わる事柄は、子どもも含むすべての構成員から公平に意見を聞き、その利益を考慮して決定するという民主主義の原則が反映されている。

言うまでもなく、子ども参加とは、子どもの中から何人かの代表を選んでイベントや活動に参加させることではない。人権の普遍性、非差別性、不可譲性などの原則が示す通り、すべての子どもが地域社会、国内、国際レベルにおいて、家庭や学校、児童養護施設やメディアに参加する権利を平等に保有している。

第二に、参加は、参加以外の権利を獲得するための手段でもある。情報へのアクセス、表現の自由、意思決定や結社の権利は、子どもが権利保有者であることを確約し、子どもが生存・発達・保護・参加の権利を要求し、実現するための手段となり得る。子ども参加が否定されているところでは、たいていの場合、子どもの生存や健康、教育や保護の権利も否定されている。同様に、出生証明書を持たず、空腹で、搾取され、虐待されているような子どもは、参加の権利を行使しようとする際に非常に大きな困難に直面する。

人権アプローチでは、権利を実現するためには、その権利がなぜまだ実現していないのか、その阻害要因をまず分析する必要がある。次に、権利の実現を要求して政策決定者など履行義務を負う者に対して政策提言を行う。その時、状況の把握や原因の分析、そして課題解決のための計画策定と発信など、すべてのプロセスに権利主体である子どもが参加することが望まれる。

また、子どものエンパワーメントは、まず子ども自身が自らの権利に気づき、参加を通して権利を行使することで、さらに他の権利を獲得して自分自身を助けるだけでなく、他者や社会に貢献できる自信と能力を身につけていくプロセスである。要するに、参加を含む権利の実現は、エンパワーメントの結果として捉えられると同時に、エンパワーメントの過程そのものに参加が組み込まれ、そのことによってさらにエンパワーメントが促進されると言える。

第三に、子どもは、「社会の形成に参加する権利（社会形成的参加権）」の行使を通じて、自らが所属する集団のより良い形成に参加する。このためには、子どもを単なるサービスの受益者ではなく、おとなや他の子どもと共に社会を築いていくパートナーと見なす視点が重要である。

子どもの権利条約は、子どもの生存・発達・保護・参加の権利が網羅され、先進国および開発途上国のすべての子どもを対象とした包括的な権利章典であるため、細かい諸権利を含む権利群を盛り込んだ法的整備や制度上の改善を行って子どもが権利を行使できる環境を作ることは、各締約国の責任であると捉えられる。よって国家は、子どもの権利を実現し、そのために必要な社会変革を推進する第一義的責任を負っているが、それは国家が単独で実現してその成果を子どもに付与するのではない。そうした社会形成・変革そのものを、子どもと共に実行していくのである。責務履行者の能力強化過程における子ども参加の重要性は、この点にあると言える。

二　インドにおける貧困層の子どものエンパワーメント

インドにおける貧困者率は、一九四七年の独立から現在にかけておおむね減少傾向にあり、二一世紀に入ってからの減少は特に著しい。しかし、貧困の中身を見ると、指定カースト・部族やジェンダー、都市と農村や州などによって偏りがある。そして、こうした貧困の偏在は、子どもの権利条約の四本柱（生存・発達・保護・参加）すべての側面において子どもにも同様に作用している。また、経済的貧困以上に、子どもの栄養失調が深刻であったり、未就学や「有害な労働」などの、指標では表出しない「見えない子ども」が多数存在していたりして、子どもは貧困における当事者性が高いことが分かる。(4)

インドにおける対貧困政策や子ども支援政策は、国家戦略としての五カ年計画に沿って策定され、開発に関わる国際機関との連携も強いために世界的トレンドも反映されやすい。よって、ナショナルレベルでの子ども支援計画には人権アプローチが取り入れられて、子どものエンパワーメントだけでなく、政府のエンパワーメントも強調されてきている。

インドの子ども支援を担う政府機関は、女性・子ども発達省が中心で、その他の省庁もそれぞれの管轄する分野で子ども支援の施策を打ち出している。しかし、地方分権化が進んでもなお、地方においては、中央政府の各種政策を実行するには能力に隔たりがある。そして、各省庁が打ち出す子ども支援施策を総合した包括的支援が計画上は可能でも、実行力に差があれば、結局のところ現場の支援は細切れになって効果が減じられてしまう。貧困に直面しているマスとしての子ども集団に貧困の多様性があるだけではなく、子ども一人の中に貧困の多面性が出現していることを考えると、単発もしくは一側面にのみ焦点を当てた細切れの支援がもつ効力は弱いと言わざるを得ない。

中央政府スキーム－IPSCの課題

ストリート・チルドレンに対する包括的支援を目的としたIntegrated Program for Street Children（以下、ＩＰＳＣ）は、前述の女性・子ども発達省が主管となって中央政府主導で実施された児童福祉政策である。一九九三年に開始された前身のスキーム（Welfare for Street Children）をより子どもの権利の実現に重点を置いて改訂、一九九九年に開始された。中央政府（女性・子ども発達省）が定めた方針に従って、各地域でローカルレベルのＮＧＯが支援を実践し、それを州政府が監督する仕組みになっている。その後さらに政策の見直しが行われ、二〇一七年現在では

表　IPSCの助成対象事業一覧（筆者作成）

1	ストリート・チルドレンに関する都市レベル調査（人数と場所の把握）
2	ストリート・チルドレン支援に関わる既存の政府・非政府機関の把握と文書化
3	ストリート・チルドレンの照会サービス、カウンセリングの提供
4	宿泊場所、安全な飲み水、入浴、応急手当、余暇のための24時間シェルターの設置
5	識字、計算、生活スキルを習得するためのノンフォーマル教育
6	家族の再統合や、里親家庭や寄宿設備のある学校入学の斡旋
7	フォーマルスクールへの入学支援
8	職業訓練
9	就労支援（就労先の斡旋）
10	予防医療と健康管理
11	薬物依存、エイズ、性感染症その他の慢性疾患の治療
12	余暇活動支援
13	乳幼児支援事業の対象から外れる6歳以上の子どもの就学支援と健康管理
14	州政府、NGOなどのキャパシティ強化
15	子どもの権利実現のためのアドボカシー活動
16	その他、子どもの権利条約に一致する事業

Integrated Child Protection Scheme（ICPS）に統合されている。

NGOに対する助成金の財源は中央政府だが、対象NGOの選定や指導は州政府が行う。本論調査時の二〇〇七〜〇八年度IPSCに割り当てられた予算は一億ルピーで、これは女性・子ども発達省主管の子ども支援事業予算の約六%にあたる。全体では二一の州と直轄領で活動する八三団体が助成を受けている。一団体当たりの助成金上限額は一五〇万ルピーで、事業予算の九〇%を中央政府が、残り一〇%を各団体が独自資金で賄うよう定められている。

女性・子ども発達省によると、IPSCの目的は、「貧しく、見捨てられたストリート・チルドレンに、シェルター・食事・医療・衛生・安全な飲み水・教育・余暇活動・虐待と搾取からの保護を提供する」ことで、またそのために、「子どもの権利条約に記されている子どもの諸権利を実現するために、中央／地方政府、非政府組織とコミュニティのキャパシティ強化を支援する」としている。

表は、IPSCの助成対象となる事業の一覧である。一六項目のうちいずれか、もしくは複数の項目に跨る事業を展開している団体が、助成金を申請できる。「ストリート・チルドレン総合支援計画」というＩＰＳＣの名称の通り、一六項目はストリート・チルドレンの生存・発達・保護・参加の権利を実現する活動が包括的に並べられている。しかしながら、助成を受ける団体がそれぞれの地域でいずれかの活動を展開しているのが実情で、実際の各活動現場で一六項目すべてを包括的に実施しているわけではない。

たとえば、西ベンガル州ではコルカタ市内の二四団体が助成金を受けて、合計約一万一〇〇〇人のストリート・チルドレンを支援したが、そのうち団体Ａの支援を受ける子どもは識字教室に通い、団体Ｂの支援を受ける子どもは職業訓練、団体Ｃの支援を受ける子どもは健康診断を受けるなど、支援が分断されていた。

つまり、子どもの権利の四つの柱（生存・発達・保護・参加）で言えば、生存が守られても教育による発達の機会がなかったり、保護されても参加は保障されなかったりして、現場では方針に謳われている包括性がそれほど実践されなかった。人権アプローチの第一ステップである権利の原則・基準（特に不可分性や相互依存性）との整合性も図りづらい。結果的に、支援内容は地域や団体ごとに限定的であるため、ストリート・チルドレンが実際に路上生活や貧困から脱却して自らの権利を十全に行使できるようになるまでには至りにくかったのである。

ＩＰＳＣによるローカルＮＧＯの実践

ＩＰＳＣ事業に参加したＮＧＯのひとつにHumanity Associationがある。コルカタ市に本部をもつローカルＮＧＯのHumanity Association（以下、ＨＡ）は、マハトマ・ガンディーの弟子で医師でもあったオジット・ムリックによって一九二四年に設立された。ガンディーの教えに沿って、カーストや信条、肌の色の違いを超えて、困難な状況にある人々を救済するとともに、公正と平等を実現するための社会変革を推進することを活動目的として掲げている。ブラーミン階級出身ではないものの、市内の比較的広い敷地に大家族で暮らす、いわゆる地元の名士が独立運動やその後の国民会議派運動に加わって設立した、ポストコロニアルな歴史的文脈を伴うローカルNGOである。

HAはIPSC助成金を受けて、コルカタ市内のスラム地区に隣接した五つの識字教室を運営した。HAに通う計三五〇名のストリート・チルドレンのほとんどは、指定カースト／部族出身者や農村からの移住者である。五つの教室はそれぞれ、ムスリム住民が多く暮らす地区、性産業地区、（州外からの移民のため）ベンガル語以外の言語を話す住民が多い地区、不可触民が多く暮らす地区など、異なる性質をもつ地域に設置されている。ベンガル語を母語としない住民が多い地区では、ヒンディー語などで授業を行う。識字教室は、月曜日から土曜日までの午前九時〜一二時まで、もしくは午後四時〜七時までの三時間など、施設が利用可能な時間帯に一日数時間のみ行われる。教室では、ベンガル語や英語（もしくはヒンディー語）の読み書き、簡単な算数の授業が行われ、授業が終了すると、配布された軽食をもって子ども達は家に帰る。

識字教室などのいわゆるインフォーマル教育は、フォーマル学校（学校法人として公的に認められた公立・私立学校）への入学（メインストリーム化）を最終的なゴールとして行われる。しかし、実際にフォーマル学校へ入学して識字教室を卒業していく子どもは非常に少ない。HAの識字教室からメインストリーム化に成功する子どもは、毎年三五〇人中五人程度にとどまっている。メインストリーム化によって識字教室から「転校」する学生が少ないため、ほとんどの子どもが複数年をかけて通う。「卒業」するのはIPSCの支援対象年齢（一四歳）を過ぎた時で、空席ができにくいため新たなストリート・チルドレンの「入学」ができず、支援が行き届かない子どもが大勢待たされる状態が続いていた。よって、就学という一つの指標に注目すると、人権アプローチの第二ステップである「権利保有者のエンパワーメント」が十分な成果を挙げているとは言いがたい。

その一方でHAは、五つの識字教室に通う子どもを対象としたリクリエーション活動を独自に開催するなどして、子ども参加を重視したエンパワーメントに取り組んでいた。年一回のスポーツ大会や子ども達による演劇会がその例である。これらのイベントには、識字教室の子どもだけでなく保護者も参加する。かかる経費は、慢性的な資金難のIPSC予算ではなく、すべてHA支援者からの寄付金で賄われた。

演劇会は、コルカタ市内で活動するプロの劇団の無償協力を得て、二〇〇七年に初めて開催された。五つの識字教室に通う子ども達自身が、自分たちの身近な生活課題を題材として脚本家と共に台本を作り、演技指導も受けながら劇を完成させる。例えば二〇〇七年には計四つの劇が公演された。ある劇中では、就学を望む子どもに労働を強いる母親や、無職でアルコール依存症の父親が、子どもやNGOスタッフの説得を受けて考えを変え、子どもの権利の実現に取り組み始める姿などが、すべて子ども達自身によって演じられた。

子どもが台本作りから演技までを担う演劇会の利点は、子どもが自身をエンパワーするのに役立つだけでなく、責務履行者としての親や地域社会のエンパワーメントにつながる点であり、加えて、それを子ども参加によって達成している点である。劇中で演じられたおとな達の態度の変化は、子どもの権利を実現する社会へ向けて望まれる社会変革を投影したものである。子どもが、その劇を見る側だけでなく、演じる側にもいることが、何より重要な点なのである。

私立ロレート学校による先駆的実践

ロレート学校シアルダ校（以下、ロレート学校）は、アイルランド系カトリック伝道師たちのロレート運動によって一八五七年に、コルカタ市シアルダ地区に開校された。幼稚園から高校までの一貫教育体制をもつ女子校である。富裕層から貧困層まで幅広い階層から女子児童を受け入れており、入学者数の二〇～五〇%以上が貧困層出身の児童用に確保されている。

ロレート学校で貧困層出身の児童への無償教育がより強化されたのは、シスター・シリル（Sr. Cyril）元校長が一九七九年に着任して以降である。シスター・シリル赴任当時の生徒数は七九〇人だったが、そのうち授業料を免除されている生徒は九〇人で、全体の一〇%程度だった。国内には教育を受けられない子どもが大勢いる一方で、富裕層の子どもだけに質の高い教育を提供する現状を変えようと、校舎周辺のスラムや路上で暮らす貧困層の子どもを広く受け入れるようになった。シスター・シリル校長着任から三〇年近くを経た今日では、およそ一四〇〇人の生徒のうち半分の七〇〇人が授業料を全額または一部免除されている。こうした貧困者支援には、国内外からの寄付金および西ベンガル州政府からの助成金が充てられている。

ロレート学校が行っている貧困層の子どもの支援は、授業料の免除だけではない。最もユニークかつ特徴的な活動は、ストリート・チルドレンを対象としたレインボープロジェクトである。これは校内にストリート・チルドレンのための生活・就学支援教室を開設した「学校内学校（school-within-a-school）」と呼ばれる。以下、レインボープロジェクトに参加する（元）ストリート・チルドレンを「レインボーキッズ」、ロレート学校に通う正規学生を「生徒」と呼ぶ。

レインボープロジェクトは、一九八五年に「コミュニティリーダーシップ活動」に参加していた九年生と一〇年生の生徒が、学校周辺の路上で暮らす子どもの貧困を問題提起したことがきっかけで始まった。州内で二番目に大きいシアルダ駅と隣接する校舎周辺には、一九八五年当時から現在でも、数多くの人が、路上や駅、スラムで暮らしている。生徒からの問題提起を受けて、シスター・シリルはじめ教職員も参加して「私たちに何ができるか」が話し合われ、まずはストリート・チルドレンのニーズを探るための調査を生徒が実施することが決まった。生徒たちは、調査結果を検討し、自分たちの学校の中にストリート・チルドレンのための学校を作ろうと提案した。

さらなる話し合いの末、校舎の屋上部分に屋根と塀を設置して改築し、そこをストリート・チルドレンのための教室として、昼間に識字教育を行う場所として利用することになった。次に生徒たちは、このプロジェクトに参加するストリート・チルドレンを勧誘しに、再び路上へと出た。こうしてストリート・チルドレンが、路上で暮らしながらレインボーキッズとしてロレート学校へ読み書きを習いに来るようになる。その後、一九九四年に、レインボーキッズの一人であった四歳の少女が夜間に路上で性的暴行の被害に遭う事件が起こった。これをきっかけに、夜間の避難場所の必要性が議論され、校舎の屋上は、レインボーキッズがいつでも好きな時に立ち寄れる自由な空間として開放される一方、路上での生活を続けない子どもには寝泊まりする生活の場として、授業を希望する子どもには教室として、その他カウンセリングや遊びの場として、活用され始めた。

レインボープロジェクトで授業を行う場合は、ロレート学校の教師ではなく、生徒が教師役を務める。授業と言っても、数十人の子どもの前で教師が講義するレクチャー形式ではなく、レインボーキッズ一人につき一人の生徒が教師役としてついて、一対一で教えるチューター形式をとっている。五年生から一〇年生までの生徒が、学級ごとに週九〇分（二時限）ずつ授業を受け持ち、ベンガル語や英語の読み書き、算数などを、レベル別に教えている。よって、五年生から一〇年生までの生徒の授業時間割には、自分たちが受ける通常授業のほかに教師役として関わるレインボープロジェクトの時間が組み込まれている。

レインボーキッズの多くは、学力をつけた後、ロレート学校や公立学校へ正規の学生として編入する。英語で授業を行うロレート学校か、もしくは現地語のベンガル語で授業を行う公立学校へ編入するかは、レインボーキッズの学力などを考慮して共に決定する。ロレート学校以外の学校へ編入した後も、レインボーキッズは居住スペースとしてロレート学校を利用し続けることができる。二〇〇八年時点では、約一六〇人がロレート学校で暮らし、約一〇〇人が路上から通学していた。そのうち約一二〇人はロレート学校から近隣の公立学校に通学し、三〇人はロレート学校の生徒として在籍している。そして一一〇人ほどがレインボーキッズとして、ロレート学校の生徒による授業を受けながら、フォーマル学校への編入を目指していた。レインボープロジェクトに参加した後フォーマル学校へ編入するレインボーキッズの数は、毎年五〇人ほどにのぼる。

シアルダ校のレインボーキッズは、一〇人一組で、一日三食すべての食事を、給食係りの職員と一緒に自分たちで準備する。さらに、二〇〇二年からは、学校周辺の路上やシアルダ駅構内で一人で暮らす高齢者への無料配食にも取り組んでいる。レインボーキッズと生徒が一緒に四〜五人のグループを作り、毎日約二〇人の高齢者に昼食を配り、彼らの話を傾聴し、身の回りの世話をしている。路上で暮らし、無力で搾取される存在であるかに見えたストリート・チルドレンが、レインボープロジェクトに参加することで保護・救済されるだけでなく、自らの潜在能力を発揮するとともに、さらには他者を助けることもできる。このように、他者を支援する行為そのものを子ども支援に取り入れているエンパワーメント手法は、インド国内でも珍しいと言える。

支援—被支援の対を超えるエンパワーメント

ここで改めて人権アプローチをもとにレインボープロジェクトを振り返ると、次のように分析できる。一九八〇年代初頭からロレート学校で人権教育を開発・実践してきた経緯があり、人権の原則に従って支援にあたるという人権アプローチの第一ステップは、レインボープロジェクトの土台になっている。普遍性、不可分性、相互依存性、非差別、参加、説明責任などの人権の原則は、レインボープロジェクトがレインボーキッズの生存・発達・保護・参加の権利を包括的に支援している点や、彼らが教師と共に意思決定のプロセスに関与している点などと合致する。

先述のとおり、ロレート学校はカトリック系の女子校として設立された。インドに限らず、子どものエンパワーメントを担う民間セクターには、多くのキリスト教系のNGOや市民団体、地域組織があり、人権アプローチによる活動も散見されるため、キリスト教の精神と人権アプローチとの親和性の高さも指摘されている。例えば、彼らは神学や倫理原則の立場から、貧困の削減や正義、社会的責任などについて論じる。そして、伝統的な教義に組み込まれている理念の多くは、人権ステイトメントとして置き換えることができる。

しかしながら、ロレート学校では、教員も生徒もヒンドゥー教徒が多数を占め、必ずしもキリスト教の精神が学校全体を覆っているわけではない。実際のところ、学校運営の中心的役割を果たすシスター・シリルは、「すべての子どもは権利の主体である」という立場に立って活動を推進しているが、その信念の源泉がキリスト教の精神であるか否かは、ほとんど重要ではない。注目すべきは、シスター・シリルを発露とした人権アプローチの本質が、教員や職員、生徒やレインボーキッズに共有されている点である。これは、「どのような子どもにも権利があり、かつその権利を行使する能力を有している」ということを証明してきたこれまでの実践に裏打ちされている。そして、こうした共通認識が、就学支援におけるメインストリーム化の高い成功率、および将来の貧困からの脱却の可能性へとつながっていると言える。

さらにレインボープロジェクトの独創的な点は、発案から実行に至るまで、すべての過程を子ども中心に進めていること、そしてストリート・チルドレン支援が目的でありながら、その受益者がストリート・チルドレンに限られていないことである。プロジェクトを主体的に運営することは生徒の成長に貢献し、人に教えることで自らの学びも深まる。支援される側のレインボーキッズが、コミュニティ内の路上や駅で暮らす高齢者を支援することを通してライフスキルや自己肯定感を養い、自らをエンパワーすることができる。つまり、ロレート学校を舞台に、生徒・レインボーキッズ・近隣の路上生活者それぞれが、互いの存在によって生かされ、学び、成長する仕組みがある。このような経験を通して、レインボーキッズは自尊心や居場所を獲得し、それがさらにエンパワーメントを促進する。

また、比較的高いカースト出身で裕福な家庭で育つ生徒と、出身カーストが低く経済的にも貧しいレインボーキッズが、直接交流することの意義は、階級差の激しいインド社会において非常に大きい。そして、人権アプローチの第三ステップとしての社会変革への萌芽となり得る。事実、シスター・シリルは、筆者とのインタヴュー調査において「レインボーキッズが権利保有者として能力を発揮できるように育てることそのものが、社会を変革・形成することだ」と語っている。

支援—被支援の関係が固定されていない点は、レインボープロジェクトが成功する重要な鍵となっている。つまり、レインボープロジェクトの効果は、生徒や教師を発端に周辺地域で暮らすストリート・チルドレンや路上生活者、そしてコミュニティ全体へと波及している。「子どものエンパワーメントは、まず子ども自身が自らの権利に気づき、参加を通して権利を行使することで、さらに他の権利を獲得して自分自身を助けるだけでなく、他者や社会に貢献できる自信と能力を身につけていくプロセスである」という理想的なモデルを、レインボープロジェクトは実現していると言っても過言ではないだろう。

おわりに

世界中で貧富の差が広がり、インド国内においても、経済発展の恩恵を受けられる一部の人々と、そこから取り残される人々、とりわけ貧困層の子どもとの隔たりが依然として大きい現状において、私たちはいかにして子どもの幸福な未来を築けるのか。本論では、そうした社会形成に寄与できる方策のひとつとして、人権アプローチによる子どものエンパワーメントをとりあげている。

子どものエンパワーメントにおいては、アプローチがニーズ・ベースからライツ・ベースへと移行してきたことで、より積極的に社会変革が進められるようになってきた。ニーズアプローチでは、貧困の状況悪化を防ぐことはできても、貧困が世代間で継承されるような慢性的貧困から脱却するまでには至らないことが多い。その点、人権アプローチでは、子どものエンパワーメントと、子どもの権利が受容されるような社会変革という、二重の動きによって、貧困からの出口につながる可能性が高いと考えられる。

コルカタ市内には、広義のストリート・チルドレンがおよそ五万人いると推定されている。そのうち、政府やNGOなどから何らかの支援を受けている子どもは約二万六〇〇〇人で、およそ半分はヴァルネラブルなまま放置されていることになる。中央政府スキームのIPSCは、国家が子どもの権利を実現するための重要な取り組みであり、苦境にあるストリート・チルドレンのケアに役立っている。ただし、人権を重視して設計されてはいるものの、実際の支援現場では人権アプローチの効果が十分には発揮されておらず、乗り越えるべき課題も多い。とはいえ、理念的人権アプローチをコルカタのフィールドにおいて実践することが不可能であるというわけではない。

国際的ネットワークを生かして独立した支援を行っているロレート学校は、レインボープロジェクトという独創的な取り組みによって、ストリート・チルドレンのエンパワーメントに成功している。レインボープロジェクトをロレート学校だけの特例と見るのではなく、普遍性のある取り組み事例として他の実践に生かすことができるほか、人権アプローチ理論へと還元できる示唆は多い。二〇〇九年には、一部の私立学校に対して入学者の二五%を近隣の貧困家庭出身者に割り当てるよう義務づけた「教育を受ける権利に関する法案」が成立した。レインボープロジェクトの経験は、インドの初等教育において歴史的決断となったこの新しい取り組みへの応用も期待できるだろう。

註

（1）「マージナル化」という用語には、⑴異なる文化をもつ複数の集団や社会に属し、いずれの伝統や生活様式にも帰属できず境界化する、⑵開発途上国の経済成長の過程で多くの人々がその過程から排除され、絶対的貧困の中で置き去りにされる、という二つの用法があるが、本論では後者の意味で用いている。

（2）父母もしくは場合により地方の慣習により定められている大家族もしくは共同体の構成員、法定保護者または児童について法的に責任を有する他の者。

（3）「子ども参加」は、子どもに関わる事柄を決定・実行・評価するプロセスに、子ども自身が主体的に関与することを指す。日本では近年「子ども参加」を論じる際、参加の度合いが低い場合は「参加」、高い場合は「参画」と区別して、「参加」に否定的なニュアンスを付与するケースが散見される。しかしながら、こうした傾向は、子どもも参加の多様なあり方を軽視する議論と受け取られかねない。また、それぞれの地域社会や文化における子どもの受け止められ方を無視して、一律に「参加」よりも「参画」が「良い」とする序列主義には批判もある。そして、世界的に流通している英語表記では、children's participationを用いるのが一般的で、「参加」の度合いによって異なる単語を使い分けてはいない。よって、本論では「参加」と「参画」を区別せずに、「子ども参加」という統一した表現を用いる。

（4）インド政府は、「一日一・二五ドル以下」など国連諸機関が一般に採用する貧困ラインとは別に、Planning Commissionを通じて州ごとに独自の貧困ラインを設定して統計に用いている。この算出方法によると、インドにおいて貧困ライン以下で暮らす人々の割合はおよそ二五％程度となるが、農村に暮らす子どもの五〇％近くが栄養失調の状態にあるとも言われており、貧困ラインだけで子どもの貧困を明らかにすることはできない。また、児童労働についても、インド政府は、子どもの就業を「有害な労働」と「有害でない労働」とに分けて「有害な労働」のみを法的に規制しており、児童労働全般の廃絶には至っていない。

参考文献

甲斐田万智子（2001）「子どもと人間の安全保障――子ども参加に焦点をあてて」（勝俣誠編著『グローバル化と人間の安全保障――行動する市民社会』日本経済評論社、pp. 161-187）。

甲斐田万智子（2007）「子ども参加とライツ・ベース・アプローチ――アジアのNGOの実践から学ぶ」（『人間福祉学会誌』七―一、pp. 7-11）。

川村暁雄（2005）「開発協力における人権に基づく開発アプローチ（RBA）の可能性――対カンボジア援助政策の検討より」（『論集』五二―一、神戸女学院大学、pp. 83-102）。

秦　辰也（2005）『タイ都市スラムの参加型まちづくり研究――こどもと住民による持続可能な居住環境改善策』（明石書店）。

ハート・ロジャー（木下勇・田中治彦・南博文監修）（2000）『子どもの参画――コミュニティづくりと身近な環境ケアへの参画のための理論と実際』（萌文社）。

林　量俶（1996）「第1章　学校における生徒参加」（喜多明人ほか編集『子どもの参加の権利――「市民としての子ども」と権利条約』三省堂、pp. 12-34）。

Bajpai Asha（2006）*Child Rights in India, Law Policy and Practice,* Oxford University Press.

Cussianovich, Alejandro（1994）'Working Children and Adolescents: Culture, Image and Theory', *NATS Introductory Volume*, publisher: unknown.

Government of India（2011）Census of India 2011. Provisional Population Totals, S. Narayan & Sons.

Sen, Amartya（2007）'Children and Human Rights', *Indian Journal of Human Development*, Vol.1 No.1, pp. 235-245.

COLUMN

成長するインドＩＣＴサービス産業の担い手たち

鍬塚賢太郎
KUWATSUKA KENTARO

ＩＣＴサービスの拡大と高等教育

現代インドの大きな変貌ぶりを語る際に必ず引き合いに出されるのが、ＩＣＴサービス産業の成長であろう。よく知られているように、当該産業は、アメリカ合衆国などの先進国大企業をサービスの提供先として成長を遂げてきた。二〇一五年度におけるインドの当該産業の収益（売上高）は約一三二〇億ドルで、同年のＧＤＰ（名目）と単純に比較すると、これはその約一割にあたる。また、インドからのモノの輸出額が約二六四四億ドル（二〇一五年）であるのに対して、当該サービスの「輸出額」は約九八〇億ドル（二〇一五年度）と極めて大きい。ＩＣＴサービスは、インドにとって重要な外貨獲得手段として成長を遂げてきた[1]。

こうしたＩＣＴサービス産業の成長は、「絶えざる人力投入モデル」［石上 2010］と呼ばれるように、当該部門における就業者の一貫した増大によっても支えられてきた。NASSCOM によると、当該産業の二〇一一年度の就業者は約二五四万人[2]であった。それが二〇一六年度には約三七〇万人に達し[3]、たった五年間で約一一六万人も増えている。一年間に生み出されるＩＣＴサービス産業の雇用者数は自動車産業よりも多く、縫製産業を含む繊維産業にも引けを取らない規模を持つという指摘もある[4]。二〇一六年度の就業者に占める女性の割合も三四％に達するという。

また企業レベルで見れば、例えばインド最大手ＩＴ企業のタタ・コンサルタンシー・サービシス（ＴＣＳ）の二〇一五年度末の従業員は全世界で約三二万人であり、うち九割がインド国籍を持つ。従業員の平均年齢は約三〇歳で、女性比率は三割弱となっている。同様の傾向は、同じく二〇一五年度末において全世界で約一九万人の従業員を抱えるインド大手ＩＴ企業インフォシスでも見られる。

もちろん、インド全体からすればＩＣＴサービス産業の生み出す雇用は、量的にごくわずかなものでしかない。事実、数字を比較可能な二〇一一年について国勢調査に基づいて見てみるとよく分かる。インドの総就業者は、短期雇用者（Marginal Worker）を除くと約三億六二五七万人おり、上述したＩＣＴサービス産業の就業者数は、その一％を占めるにすぎない。インド全体のＧＤＰや輸出額の大きさに対して、その規模は極めて小さい。

ただし、ＩＣＴサービス産業は、コンピューターやインターネットといった情報通信機器を用いてサービスを提供するという点において、これまでの農業や製造業とは大きく異なり、また次々と新たな「ビジネス・モデル」が持ち込まれる産業でもある。しかも、インド政府による高等教育の自由化の波を受け、二〇〇〇年代より爆発的に増加する大学などの高等教育修了者の雇用の受け皿として、当該産業は大きな役割を担うようになってきた。

重要なのは、こうしたＩＣＴサービス産業での就業者の増大が、インド工科大学（ＩＩＴ）といった極めて学力の高い「エリート」人材のみで成り立っているわけではない点である。前述したように、当該産業の就業者数は、二〇一一年から二〇一六年の間に約一一六万人も増え、単純計算で一年あたり二〇万人以上増加している。その一方で、ＩＩＴといった「トップ大学」の在学者数は、大学院生も含めて二〇一五年度において約一八万人足らずであり、この数で当該産業の必要とする人材を充足させることは不可能である。(5)

加えて、人材への需要という点においても、当該産業は「エリート」を必ずしも必要とするわけではない。というのも、インドのＩＣＴサービス産業は情報通信機器を用いる点は共通しているとしても、ＩＴサービス分野とＢＰＯ（Business Process Outsourcing）分野の二つに大きく区分でき、必要とされる人材は、それぞれ大きく異なっているからである。NASSCOMによると、二〇一六年度のＩＴサービス分野の就業者数は約一八五万人、ＢＰＯ分野は約一〇九万人となっており、いずれもサービスの「輸出」に携わる。このほかに、インド国内市場向けの業務には約七六万人が就業する。[6]

ＩＴサービス分野は、例えば銀行で預金や融資などの業務を処理するコンピューター・システムを開発したり、システム開発後も運用管理を行ったりするサービスであり、専門的な知識が必要なため、主に工学の学位を持つ技術者が仕事を担っている。これに対してＢＰＯ分野は、ソフトウェアなどに関する専門的な知識は必要とされず、会計処理といった定形化された業務やコールセンターでの顧客対応業務などを、事前に準備されたマニュアルに基づいて情報通信技術を用い、インド国内で行うものである。インド国外に居る顧客に電話などで対応する国際コールセンターの場合は、通話先で一般的に用いられる英語を発音なども含めて流暢に話せる人材を必要とする。一方で、インド国内向けのコールセンターの場合はその必要はなく、またコンピューターのキーボード操作ができれば就業可能なデータ入力などの単純な業務もある。

インドでのＩＣＴサービス企業に対する筆者の聞き取り調査によると、ＢＰＯ分野は商学や経営学といった学位を有する卒業生の就職先となることが多く、場合によっては「コミュニケーション能力」のみを就業の条件とする採用担当者もいた。いずれにしても、ＩＴサービス分野と比較してＢＰＯ分野の給与水準は大きく見劣りするものの、その多くは二〇〇〇年代から急増する若い高等教育修了者を吸収するかたちで成長を遂げてきた。こうした点において、当該産業はインドの高等教育修了者によって担われており、彼／彼女らがどこに居るのかといった地理的な分布や労働力プールの形成は、就業先となる当該産業の地理的な分布と密接に関連している。こうした点について、次に確認してみよう。

高等教育修了者の増加と若者の進学行動

インドの高等教育には一八歳以上が在籍する。学士課程について、一般的に文系（非職業系）は三年、理工系（職業系）は四年で学位を取得する。インドの高等教育機関は、国立や州立などの大学と、これらの大学が認証したカリキュラムに基づき独立した機関として運営されるカレッジとに大きく分けることができ、後者の多くは私立学校として設立されている。二〇一四年度末において、インド全国に大学は七一一機関、カレッジは四万七六〇機関あり、その在学者数は総計約二六五九万人にものぼる。二〇〇一年度末の在学者数は総計約八九六万人でしかなく、その数は二〇〇一年度から二〇一四年度間におよそ三倍、年平均だと約一三〇万人も増加してきた(7)。

このような動きは、インド全体での高等教育修了者数を爆発的に増大させてきた。国勢調査に基づくならば、表1に示したように、二〇〇一年における高等教育修了者は三七六七万人であった。それが二〇一一年には六八二九万人へと、一〇年間で三〇六二万人も増加した。またインド全体の一五歳以上人口に占める高等教育修了者の割合を見てみると、二〇〇一年では五・七％でしかなかったものが、二〇一一年では八・一％へと二・四％ポイント増加する。人口に対する高等教育修了者の割合は、若い年齢層ほど高い。特に二五歳～二九歳の年齢層で高く、二〇〇一年に九・五％であったものが、二〇一一年には一三・九％へと約四％ポイントも拡大した。

加えて国勢調査の地域区分に基づいて二〇〇一年および二〇一一年を都市部と農村部とに分けて比較してみると(8)、

表 1　学位別の高等教育修了者

	2001 年		2011 年		2001 年～2011 年	
	人口	構成比	人口	構成比	人口	増加率
大卒・大学院修了者	37,670,147	100.0%	68,288,971	100.0%	30,618,824	81.3%
非職業系	32,615,751	86.6%	56,149,363	82.2%	23,533,612	72.2%
職業系	5,054,396	13.4%	12,139,608	17.8%	7,085,212	140.2%
工学(Engineering and technology)	2,588,405	6.9%	7,312,459	10.7%	4,724,054	182.5%
医学(Medicine)	768,964	2.0%	1,529,942	2.2%	760,978	99.0%
農学(Agriculture and dairying)	100,126	0.3%	163,461	0.2%	63,335	63.3%
獣医学(Veterinary)	26,642	0.1%	44,866	0.1%	18,224	68.4%
教育学(Teaching)	1,547,671	4.1%	3,065,605	4.5%	1,517,934	98.1%
その他(Other)	22,588	0.1%	23,275	0.0%	687	3.0%
15 歳以上人口	664,999,516		838,410,861		173,411,345	26.1%
総人口	1,028,737,436		1,210,193,422		181,455,986	17.6%

資料：Census of India 2011 and 2001, C-8 Appendix: Education Level Graduate and Above by Sex for Population Age 15 and Above より作成。

特に都市部において二〇歳代の高等教育修了者の割合が約一七％から約二三％へと大きく増大する。もちろん農村部でも約五％から八％へと増加しているものの、やはり増加数でも増加率でも都市部が上回る。高等教育への若者の進学率が高まる中で、高等教育修了者の人材プールが都市部を中心に量的に拡大してきていることがわかる。

高等教育修了者の量的増大の背景には、高等教育段階の就学率を高めるインド政府の政策目標とともに、それまで中央政府や州政府といった公的部門が担ってきた高等教育を「民営化 Privatization」する動きがある。特に専門分野と就職とが強く結び付く工学 Engineering、薬学 Pharmacy、ホテルマネージメント Hotel Management といった分野での民間教育機関の設立が活発に行われ、それらが高等教育の量的拡大を大きく担ってきた［Agarwal 2009: pp. 86-91］。

こうした動きは、国勢調査からも捉えることができる（表1）。取得学位の分野別に高等教育修了者数を見ると、絶対数では非職業系の高等教育修了者は大きく増加しているものの、就職と強く結び付く分野を選好するインドの若者の進学行動を見て取れる。というのも、非職業系が高等教育修了者全体に占める割合について見てみると、二〇〇一年では八六・六％であった。それが、二〇一一年では八二・二％

と四・四%ポイントも低下する。この傾向は特に二〇歳代で顕著であり、非職業系の割合は一〇年間で、二〇～二四歳においてマイナス一一・五%ポイント、二五～二九歳においてマイナス八・〇%ポイントも、それぞれ低下している。

これに対して、職業系の占める割合は拡大している。当該分野は主に工学・医学・農学・獣医学・教育学分野の学位保持者で構成され、なかでも工学分野が最も多い。二〇〇一年における工学分野の高等教育修了者数は二六〇万人弱であり、非職業系を含めた高等教育修了者に占める割合は六・九%でしかなかった。それが二〇一一年には七三〇万人強となり、同じく高等教育修了者に占める割合も一〇・七%と、一〇年間で三・八%ポイント拡大している。年齢階級別に見ると、特に二〇～二四歳で八・三%ポイント、二五～二九歳で六・八%ポイントも拡大しており、工学系を指向するインドの若者の進学行動を見て取れる。

このように、インドでは高等教育への進学率が高まりを見せ、高等教育修了者の数だけでなく、人口に占める割合も拡大している。高等教育修了者の増大という点で重要なのは、彼/彼女らの受けた高等教育が、就業とどのように結び付くのかということである。かつて高等教育修了者の雇用の受け皿は、資格を活かした専門職、政府機関等の公務員、もしくは国営企業といった組織部門の管理職など限られた分野であり、その数も限定的であった。現時点において、こうした旧来の受け皿のみで、高等教育修了者の増大に十分に対応することは難しい。新たな雇用の受け皿としてICTサービス産業が立ち現れたことは、彼/彼女らの就業に少なからぬ影響を及ぼしている。インドにおける若者の進学行動と社会との関係を捉える上で、高等教育とICTサービス産業との関係は極めて密接なものとなっている。

詳しく検討する余裕はないものの、ここで把握すべきはインドのどこで、こうした高等教育修了者の人材プール

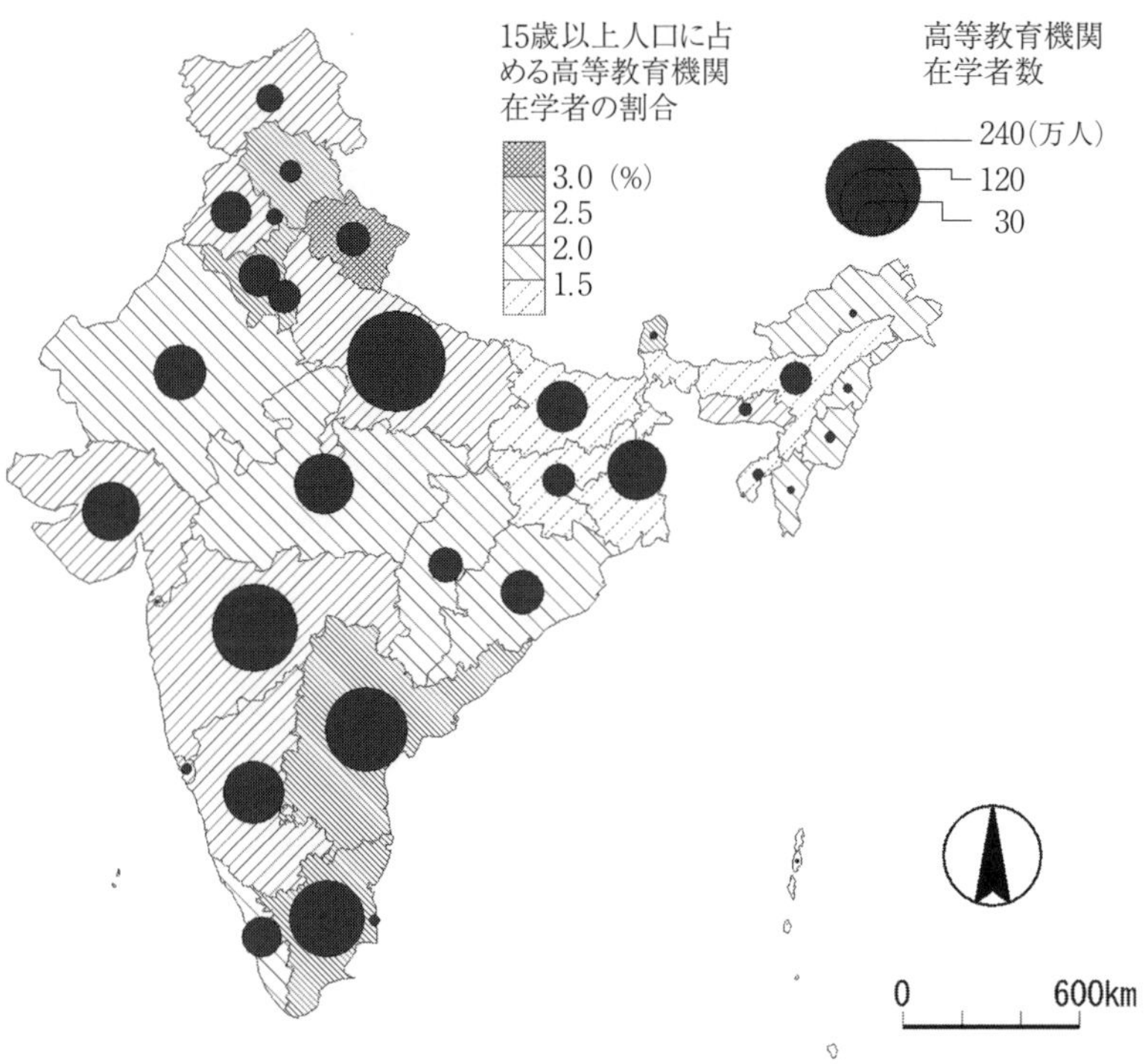

図 1　州・連邦直轄地別に見た高等教育機関の在学者
資料：Census of India 2011, Table C-8 Appendix および UGC（University Grants Commission）の Annual Report 2010-2011 より作成。

が形成されているのか、という点である。ＩＣＴサービス産業は労働集約的な性格を持つため、当該産業の立地は高等教育を受けた人材確保と深く関係しているからである。最後に、ＩＣＴサービス産業との関連から高等教育修了者の分布を確認しておく。

ＩＣＴサービス産業と高等教育修了者の分布

インドからのＩＣＴサービスの「輸出額」から、当該産業の分布を確認してみよう。インドのＩＣＴサービス産業は、輸出指向型産業としての性格を強く持つからである。

「輸出額」を州別に見ると、インド南部諸州からのものが大きい。特にバンガロールを州都とするカルナータカ州が飛び抜けて大きく、二〇一四年度においてインド全体の四割弱を占める。次いで、マハーラーシュトラ州、タミル・ナードゥ州が続き、ここにハイデラバードを州都とするアーンドラ・プラデーシュ州とテランガーナ州とを加えると、これら合計五州からの「輸出額」は、インド全体の八割強を占める。一方インド北部では、デリー州と隣接するハリヤーナ州とウッタル・プラデーシュ州からの「輸出」が活発である。これら三州からのものはデリー首都圏地域からの「輸出」と見なしてよく、それらを合計した「輸出額」はインド第五位の規模となる［鍬塚 2017: pp. 128-129］。

いずれの州にも大都市があり、そこには大手ＩＣＴサービス企業が複数の開発拠点を置く。こうしたＩＣＴサービス産業の地理的な分布は、高等教育修了者の分布と重なる部分が多い。図1は、国勢調査の利用可能な二〇一一年について、州・連邦直轄地別に見た高等教育機関（大学およびカレッジ）の在学者数と、それが一五歳以上人口に占める割合を示したものである。最も在学者数の多いのは、一五歳以上人口が一・二八億人に達するウッタル・プラデーシュ州の二五六万人であり、次いでマハーラーシュトラ州（一九六万人）、タミル・ナードゥ州（一四八万人）と、もともと人口規模の大きな州が続く。

ただし一五歳以上人口に対する在学者の割合を見ると、チャンディーガル（八・二％）やプドゥシェリー（三・七％）といった人口規模の小さな連邦直轄地を除き、インドの空間構造を反映した特徴を見て取れる。すなわち、ハリヤーナ州（二・五％）、ヒマーチャル・プラデーシュ州（二・六％）、デリー州（二・三％）といったインド北部と、アーンドラ・プラデーシュ州（二・九％）、タミル・ナードゥ州（二・七％）などのインド南部での割合の高さであり、ウェスト・ベンガル州（一・四％）、ジャールカンド州（一・三％）、ビハール州（一・一％）、などのインド東部諸州の割合の低さである。

在学者の伸び率をインド全体から見た場合、特にインド南部は大きな存在感を示す。インド大学認定委員会（UGC、University Grants Commission）の資料によると、二〇〇五年度から二〇一〇年度までの高等教育機関の在学者数の年平均増加率は、アーンドラ・プラデーシュ州で一五・二%、タミル・ナードゥ州で一二・〇%であり、全国平均九・〇%を上回る。また、二〇一一年の一五歳以上人口に占める高等教育修了者の割合も、各々八・九%、九・九%であり、両州ともに全国平均の八・一%を上回っている。

こうした地域的な動向は、工学の学位保持者の分布を見ると、より鮮明となる。図2のAは、二〇一一年の高等

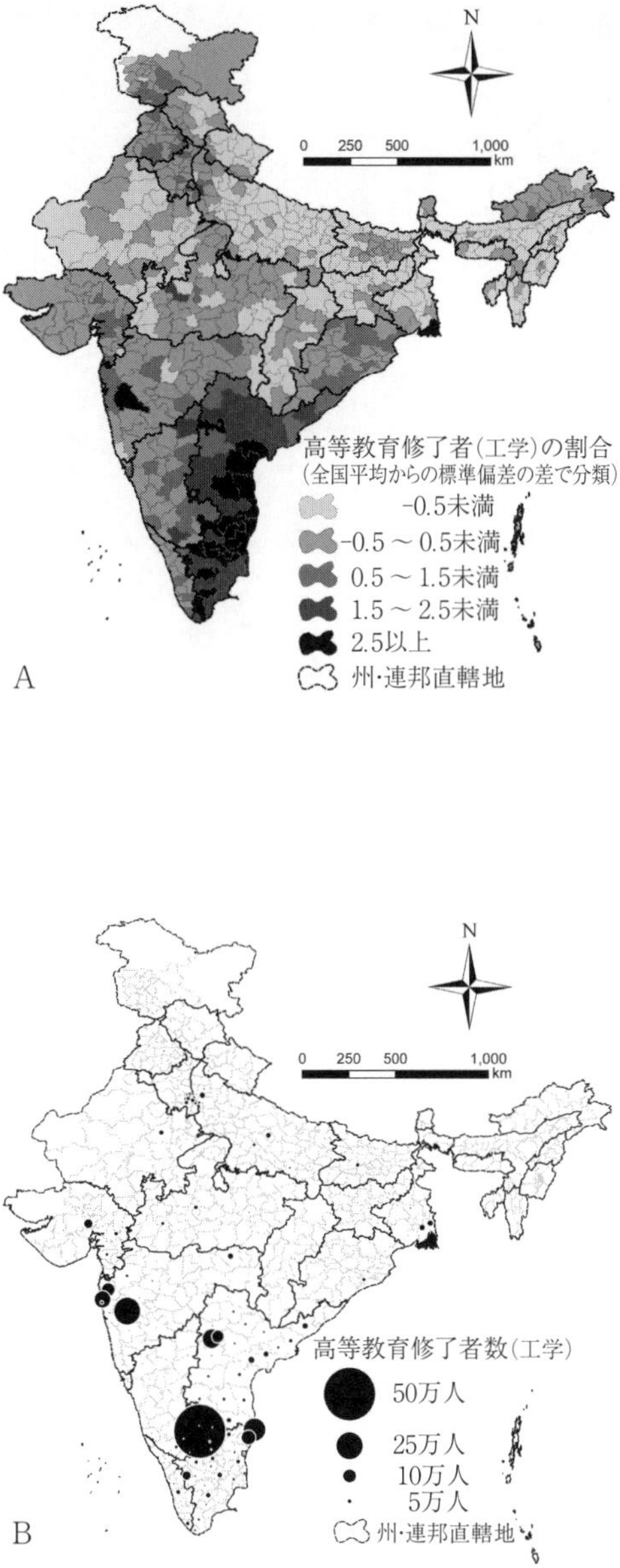

図2　県別にみた工学系の高等教育修了者の分布
資料：Census of India 2011, C-8 Appendix より作成。

教育修了者に占める工学の学位保持者の割合について、全国平均からの標準編差の差で分類し、県別に示したものである。タミル・ナードゥ州とアーンドラ・プラデーシュ州の値が高く、インド全体を見渡しても、インド南部で高等教育修了者に占める工学の学位保持者の割合が高いことがわかる。これに対して、インド東北部はアナーチャル・プラデーシュ州を除いて低い。またインド最大規模の人口を抱え、高等教育修了者数の最も多いウッタル・プラデーシュ州を見ると、その値は低く、当該州の高等教育修了者の多くが非職業系の学位保持者であることがわかる。北部インドで工学系の学位保持者が多いのは、デリーとその周辺、そして工業立地の進むハリヤーナ州やパンジャーブ州である。これらの地域を除き、インド北部では技術者等の工学系の人材を確保することが容易でないことがわかる。

こうした人材の偏りは、県別に工学の学位保持者の数を示した図2のBを見るとよくわかる。ICTサービス産業の集積するカルナータカ州のバンガロール（約四七万人）が最も多く、次いでマハーラーシュトラ州のプーネ（約二四万人）が続く。複数の行政区に分かれているデリーをまとめると、当該都市は全国第三位（約二四万人）の工学系学位保持者となり、北部インドの一大拠点であると言える。とはいえ、総じて見れば工学の学位保持者は、インド南部に偏って分布していることを理解できる。

このように、ICTサービス産業の立地と高等教育修了者の分布とには密接な関係がある。ただし現代インドにおける個人と社会との関係に、ICTサービス産業が少なからぬ影響を持ち始めたことについて評価を加える際には、当該産業の持つ特徴について思い起こす必要がある。というのも、ITサービス分野は、工学などの職業系の高等教育修了者によってもっぱら担われている。これに対して、BPO分野は専門知識を必要とする仕事は相対的に少なく、非職業系の高等教育修了者の就業が容易だからである。それぞれ生産性や付加価値は異なり、それらを反映した賃金水準は、圧倒的にITサービス分野の方が高い。当該産業は情報通信技術を共通して用いているとはいえ、ITサービス分野とBPO分野とでは仕事の内容も就業する人材の特徴も異なっている。情報通信技術によって、どこでも立地することが可能なように思われるICTサービス産業といっても、必要な人材を確保できる場所でなければ事業を展開することは難しい。だからこそ、ICTサービス産業の立地は人材育成の地域性と切り離して考えることはできない。当該産業の成長と高等教育の拡大との密接な関係について考えることの重要性を、改めて指摘することができる。

最後に、ICTサービス産業は、英語圏の先進国へとサービスを「輸出」することで成長を遂げてきた。それはインド国外でのサービス需要の拡大が、サービスの担い手をインド国内において生み出すことで促されてきた。またこうした仕事は、ITサービス分野でもBPO分野でも大手企業であれば、セキュリティが厳重で空調の整ったオフィスビルのフロアで、情報通信技術を用いて業務にあたる。一見しただけでは一括りにされがちなインドのICTサービス産業であるが、その担い手を「エリート」と言ってしまうには、その地理的な分布を含め「産業」の内部に多様性がありすぎるようにも思われる。当該産業の成長とともに増加する、その担い手たちについて、より注意深く見つめていく必要があるだろう。

註

（1）インドのICTサービス産業の収益および「輸出額」は、NASSCOM（2016）: *The IT-BPM Sector in India: Strategic Review 2016*, NASSCOM による。インドの二〇一五年のGDP（名目）は二兆七三五億USドルで、世界銀行の DataBank（http://data.worldbank.org/indicator/NY.GDP.MKTP.CD?locations=IN-GA）、商品輸出額は世界銀行の WITS （http://wits.worldbank.org/CountryProfile/en/Country/IND/Year/2015/TradeFlow/Export）による。

（２）NASSCOM（2011）: *The IT-BPO Sector in India: Strategic Review 2011*, NASSCOM による。

（３）NASSCOM（2017）: *The IT-BPM Sector in India: Strategic Review 2017*, NASSCOM による。

（４）Ministry of Finance, Gov. of India（2015）: *Economic Survey of India 2014-15*, p. 136 による。

（５）Ministry of Human Resource Development（2016）: *All India Survey on Higher Education (2015-16)*, T-179（Table 50 Enrolment by University Type at Various Levels During Last 5 Years）による。

（６）NASSCOM（2017）: *The IT-BPM Sector in India: Strategic Review 2017*, NASSCOM による。

（７）ＵＧＣ（University Grants Commission）の Annual Report 二〇〇五―二〇〇六年版および二〇一四―二〇一五年版による（http://www.ugc.ac.in/page/annual-report.aspx）。

（８）国勢調査の地域区分 Urban および Rural に基づき、全国について算出したものである。

参考文献

石上悦朗（2010）「インドＩＣＴ産業の発展と人材管理」（夏目啓二編著『アジアＩＣＴ企業の競争力――ＩＣＴ人材の形成と国際移動』ミネルヴァ書房、pp. 159–179）。

鍬塚賢太郎（2017）「インド地方都市におけるＩＣＴサービス産業立地と成長機会」（夏目啓二編著『21世紀ＩＣＴ企業の経営戦略』文眞堂、pp. 123–142）。

Agarwal, Pawan（2009）*Indian Higher Education: Envisioning the Future*. Sage.

Ⅱ 現代に生きるインドの伝統思想

ダルマと幸福を再定義する

古典期バラモン教におけるダルマの定義とその正当性の認識根拠[1]

パトリック・オリヴェル
Patrick Olivelle

はじめに――ダルマの前史

ダルマ（dharma）という術語は、インド史を通じて常に論争されてきた語であり、その論争の歴史は、いくつかの苦行者集団、特に仏教が、彼らの教義の中核と生き方とを特定するためにダルマという語を適用した紀元前四世紀に遡る。私のいくつかの著作[2]で示したように、ヴェーダ期において、ダルマは後のバラモン教やヒンドゥー教におけるほど中心的な概念ではなかった。すなわちヴェーダにおける神学的語彙においてダルマは周辺的な術語にとどまっていた。初期仏教がそれを採用し、紀元前三世紀に、アショーカ王が普及させた帝国思想とともに、ダルマが社会全体に広まると、その概念は、根本的に再定義され、道徳性、正しい生き方、敬虔さ、そして苦行者の生活様式という領域に強固に組み込まれることとなった[3]。ヴェーダにおけるダルマの概念は、仏教とアショーカによって仲介され、前三世紀に初めて著される初期の法典（ダルマ・スートラ）に代表される学問的バラモン教の伝統が、それを採用し直したのだと私は考えている。紙幅を考慮して、この初期の歴史については論じず、読者には上に注記した私のこれまでの研究を参照されたい。

一　ダルマ（法）とカルマ（行為）

九世紀の有名な法学者であるメーダーティティは、『マヌ法典』に対する彼の注において、ダルマという複雑な概念について、非常に魅力的な概観を与えている。

「ダルマ」という術語は、なされるべきこと（kartavya）となされるべきでないこと（akartavya）、すなわち、その目的がまだ知られない教令（vidhi）と禁止（pratiṣedha）、そして両者の対象となる行為（kriyā）を指して使われるのが観察される。……それゆえ、ダルマが「八日目」（aṣṭakā）と呼ばれる儀礼（karman）であっても、それが執行されねばならないという性質（kartavyatā）であっても、結果的に相違はない。　［MDh 1. 2. p. 4］

ここでの主要な点は、ダルマが、ある行為を行わなければならない義務（それは、法ということになるだろう）を指すのか、それともある人が行うことを義務づけられている行為（karman）を指すのかということである。この区別が、ダルマの意味に関して広く認められる混乱の中心にあると私は思う。あいにく、メーダーティティはこの区別についてさらに説明することはなく、読者に彼の他の著作を参照するよう指示しているが、その著作とは、他の場所から『スムリティ・ヴィヴェーカ』という著作であると分かっているものの、それは現存しない。

第一の意味は、法典類（ダルマ・シャーストラ）における法的議論において支配的である。そこでは人間生活のさまざまな局面についての規則や禁止が、詳細に説明されており、その内容は相続などの家族法、刑法、訴訟手続などにおよぶ。カルタヴィヤター（kartavyatā なされるべきであること）という、見事なサンスクリットの術語は、このダルマの意味を内包している。この意味は、ラージャ・ダルマ（rājadharma 王のダルマ）、アーシュラマ・ダルマ（āśramadharma 学生期・家長期・林住期・遊行期という四住期のダルマ）、デーシャ・ダルマ（deśadharma 地方のダルマ）といったよく知られた複合語において前提とされている。

第二の意味は、通常はカルマという語がカバーする意味領域である、実際の善行・悪行の領域にダルマを組み込む。それゆえ、よくダルマとカルマは同義語として用いられるのであり、また良俗、すなわちアーチャーラ（ācāra）が、ダルマと同一視されるのである。ダルマのこの意味から、「有徳な、信心深い」を意味するダールミカ（dhārmika）、その反意語である「罪深い、不信心な」を意味するアダールミカ（adhārmika）などの派生語がある。この種のダルマのさまざまな用法は、次の『マヌ法典』の一節に要約されている。

> ヴェーダにおいて述べられているものでも、スムリティ（smṛti 伝承文献）において述べられているものでも、良俗（ācāra）が最高のダルマである。（中略）ブラーフマナが良俗から逸脱するならば、彼はヴェーダの果報を手に入れることはない。しかし良俗に専心するならば、彼はその果報を余すところなく享受すると伝承されている。聖者たちは、このようにダルマは良俗に由来すると観察して、良俗が全ての苦行（tapas）の究極的根源であると理解する。
> [MDh 1. pp. 108–110]

ここにおけるダルマはあらゆる種類の宗教的活動、敬虔な行為、苦行を指している。それは、良い行いをし、良い人でいることを意味している。これは、いくつかの摩崖碑文に刻まれた、アショーカ王によるダルマの定義を思い起こさせる。「母と父に従順なるはよきかな。友人・知人・親戚・ブラーフマナ（婆羅門）・シュラマナ（沙門）

に与えるはよきかな。不殺生はよきかな。あまり使わず、あまり貯えぬはよきかな」（ギルナールの摩崖法勅3）

後者の意味（ダルマ＝行為）に関して、行為の結果（phala）すなわち果報を指すさらに拡張的な意味がある。この文脈では、ダルマはしばしば功徳（merit）と訳されるが、これはサンスクリットの術語プニヤ（puṇya 福、福徳、功徳）と一致する。それゆえ、まるで銀行口座のように、ダルマを蓄積したり増大させたりするとか、ダルマは人の死後もその人に同行する友であるという言明がある。以下は『マヌ法典』の一節である。

あの世での付き添いを確保するために、徐々に、いかなる生類も害することなく、ダルマを積むべきである、白蟻が蟻塚を（積みあげるように）。なぜならあの世では、父も母も付き添うことはない。息子も妻も親戚も付き添わない。（あの世においては）ダルマだけが傍に居るのだ。生類は独りで生まれ、独りで死ぬ。独りで善行（sukṛta）を享受し、独りで悪行（duṣkṛta）も（享受する）。親族たちは、死体を木片や土塊のように地上に捨てて、顔を背けて去っていくが、ダルマは同行する。それゆえ道連れを確保するために常に少しずつダルマを積むべきである。なぜならダルマを道連れとして、超えがたい闇を超えるからである。ダルマに専念し、苦行（tapas）によって罪を滅した人を、（ダルマは）天上の身体で輝くあの世へ導く。

[MDh 4. pp. 238–243]

マヌが、ダルマを善行、苦行（tapas）、そしてカルマとカルマの果報に関する全教義と、いかに継ぎ目なく結びつけているかに注目されたい。

二　法としてのダルマとその根源

しかし、ここでは私はメーダーティティが特定した二つのダルマの意味のうちの最初の意味に焦点をあてたい。

すなわち、個人の生活を律する教令と禁止、法としてのダルマである。ダルマのこの側面は、ミーマーンサー学派として知られるヴェーダの聖典解釈学の伝統学派が最も焦点をあてたところである。『ミーマーンサー・スートラ』の実質的に第一の格言（スートラ）は、ダルマを次のように定義している。「ダルマとは、教令を目印とする有益なものである」［Mīmāṃsā Sūtra 1.1.2: codanālakṣaṇo' rtho dharmaḥ］。それゆえ、ダルマの本質は、メーダーティティがカルタヴィヤター（kartavyatā なされるべきであること）と呼んだ、規則や法の持つ命令的拘束力に含まれているのである。

古代インドの法学者たちが直面した大きな問題は、どこにダルマを見出すかという認識論的問題であった。オックスフォード大学の法律学教授H・L・A・ハートは、一九六一年に『法の概念（*The Concept of Law*）』というタイトルの、法哲学に関する権威があり、当然有名な著作を出版した。その中でハートは、一次的規則と二次的規則という重要な法の区別を与えている。一次的規則とは、（十戒の）「汝盗むべからず」のように、個人と集団の行動を律する規範である。これは理解しやすいものであり、このような種類のものに対して多くの人々は法という術語を適用し、「これは違法である」などと言うのである。しかし法哲学にとってより重要なものは、ハートの二次的規則という概念、特に彼が認知の規則（the rule of recognition）と呼ぶものである。認知の規則は、簡単に説明するならば、一般市民と国家公務員、特に判事に、何が正当な法であって何がそうでないかの基準を与えてくれるものである。別の言い方をするなら、それは法の正当性の認識根拠（the epistemology of law）を扱うものである。これは、ダルマ・プラマーナ（dharmapramāṇa）すなわちダルマの認識根拠として、インドの法学者たちが、ダルマについて論じてきた問題と全く同じである。

これは大きな問題であるように思える。なぜなら異なる集団が、互いに権威と援助を得るために、競ってダルマを自分のものとしたからである。例えば、仏教徒たちは、ブッダ・ヴァチャナ（buddhavacana）、すなわち仏語という概念に要約されるような独特の判断基準を有していた。すなわち権威のあるダルマとは、まさしくブッダの言葉を含んだものである。従って、初期のダルマ・シャーストラが冒頭にダルマ・プラマーナ（dharmapramāṇa）、すなわちダルマの正当性の認識根拠を論じているということもうなずける。しかしこれは、同種の論書であるシュラウタ・スートラ（公的祭式綱要書）やグリヒヤ・スートラ（家庭祭式綱要書）が全く論じることがないことから、新奇なことであった。ダルマの根源についてのいくつかの初期の記述を見てみよう。

> さて次に、人々が合意した規範的慣例にもとづくダルマ（sāmaya-ācārika dharmān）を説明しよう。権威は、ダルマを知る人々の合意と、ヴェーダである。 [ĀpDh 1. 1. pp. 1–3]

> ダルマの根源はヴェーダであり、またヴェーダを知っている人々の伝承と慣習である（vedo dharmamūlaṃ tadvidāṃ ca smṛtiśīle）。 [GDh 1. pp. 1–2]

> ダルマはそれぞれのヴェーダにおいて教えられている。それらに従ってそれを説明しよう。伝承文献に書かれていることが第二である（smārto dvitīyaḥ）。教養あるエリートたちの伝統が第三である。 [BDh 1. 1. pp. 1–4]

> ダルマの根源は、ヴェーダ全体であり、また、ヴェーダを知っている人々の伝承と慣習、善き人々の良俗、そして自分自身の満足である。 [MDh 2. p. 6]

要するに、これら初期の原典中で、ダルマ・プラマーナ（dharmapramāṇa ダルマの正当性の認識根拠）の議論においてヴェーダは重要であるが、ヴェーダがダルマの唯一の根源であると明白に述べているような記述もなければ、ダルマの正当性の認識根拠はたった一つであるという記述もない。いくつかの根源が挙げられており、それらを一つの根拠に還元する一致した努力も見られない。

三　ダルマの根源としてのヴェーダ

ヴェーダをダルマの唯一の真の根源、すなわち唯一のムーラ（mūla 根源）であると見ようとする契機は、おそらくヴェーダ解釈学のミーマーンサー学派の伝統に由来するのであろう。上述のように、ミーマーンサー学派の根本聖典であるジャイミニの『ミーマーンサー・スートラ』の冒頭は次のように始まる。codanālakṣaṇo᾽rtho dharmaḥ.「ダルマとは教令を目印とする有益なものである」[MS 1. 1. 2]。この格言は、少なくとも主要な注釈家たちの解釈によると、ヴェーダがダルマの唯一の根源であると宣言している。しかしながら不都合なことに、バラモン教のダルマを構成する諸規則のほんの一部分でも、シャーカー（śākhā）と呼ばれるさまざまなヴェーダの学派において保持されてきたヴェーダ文献には見出されない。これらの規則の多くはダルマ・シャーストラとして集合的に知られる、ダルマに関する論書においてのみ見出される。そうすると、すべてのダルマはヴェーダにおいて見出されなければならないのに、ダルマのほとんどは実際にはダルマ・シャーストラにおいて見出されるという矛盾にどのように折り合いをつけることができるだろうか。

これについて二つの説が提唱されている。第一の説は、全てのダルマはヴェーダにおいて見出されるが、これらのダルマを含むヴェーダのいくつかは失われてしまったのだとする。これらの失われたダルマの記憶は、ダルマ・シャーストラにおいて想起され、提示されている。それゆえにダルマ・シャーストラはスムリティ（smṛti 伝承）、すなわち記憶に基づく文献、と呼ばれているのである。第二の説は、全てのダルマは現存するヴェーダ文献に見出されるのだが、不運なことに、これらの文献は、広大なインド亜大陸全体に散在しており、特定の個人が、特定の時に入手することはできないのだとする。この問題を克服するために、散逸したヴェーダ文献を一字一句復元しているわけではないが、その内容を示すものとして伝承文献が作られたとされる。どちらの説にしても、それに対応するヴェーダ文献の存在は、推定しなければならない。そのようなヴェーダ文献は、あるダルマ・シャーストラに見出される規則に基づいて推定されたヴェーダ文献、アヌミタ・シュルティ（anumitaśruti）と適切に呼ばれる。従って、ダルマ・シャーストラにおける教令の権威は、ヴェーダ文献から独立しているのではなく、ヴェーダ文献に由来するのである。すなわち、それらの教令に権威があるのは、ひとえにダルマ・シャーストラがヴェーダに基礎づけられており、ヴェーダの教令の記憶を反映しているからである。

『ミーマーンサー・スートラ』の五世紀の注釈家であるシャバラは、忘れやすいという人間の性向を論拠として、（ダルマ・シャーストラに対応するような）ヴェーダは失われてしまったのだとする説を支持している。

まさにその伝承が確固としたものである理由を私たちは推論しなければならない。それは、しかしながら、経験（anubhavana）ではない。不可能だからである。なぜなら人間は今生においては、そのようなことを経験することはできないからである。また前世において経験したことは想起されることはない。しかし（伝承の原典となったが、現在は失われてしまったヴェーダの）文献が推論されうるだろう。なぜならヴェーダと伝承（文献）において命じられている行為を「為す者が共通しているから」である。それゆえブラーフマナ、クシャトリア、ヴァイシャという三ヴァルナの人々とヴェーダとの繋がりは極めて適切である。

［MS 1. 3. 2 に対するシャバラの注］

同じような考え方はすでに前三世紀にアーパスタンバが提唱している。「教令はブラーフマナに述べられている。それらのうち失われた読みは、実際の用例から推定される」［ĀpDh 1. 12. 10: brāhmaṇoktā vidhayas, teṣām utsannāḥ pāṭhāḥ prayogād anumīyante]。

『ミーマーンサー・スートラ』へのシャバラ注に対する複注を著した七世紀の学者、おそらく当時の知的巨人の一人であったクマーリラは、いくつかのヴェーダ文献が現在は失われてしまったという見解を拒否する。[4] クマーリラは、このような見解を認めれば、仏教徒などが彼らの文献もヴェーダに根拠があり、スムリティ（伝承文献）と同じになるだろうと主張するのを助長する結果になってしまう、と戦略的に考えた。仏教徒も、彼らの文献は失われたヴェーダ文献に基づいていると主張できることになってしまう。すなわち、

さて、マヌのスムリティのようなスムリティもまた失われたヴェーダの学派をその根拠とすると考える人々に対しては、仏教徒たちなどが、彼らの文献もまた、まさにそのようなヴェーダの学派に根拠をもつのだと容易に主張することができる。なぜなら、誰が失われたヴェーダの学派の言明の範囲を特定の文献だけに限定することができるだろうか。そしてそれゆえ、一部の人々が一定期間何らか（の文献）を墨守して、それが名声を得ると、たとえ現に知ることができるヴェーダの学派と矛盾するかもしれない時でも、失われたヴェーダの学派にその根拠があると認識されれば、[5]（そのような文献はスムリティと）同じ権威をもつように見えるだろう。

［Kumārila Vol. 2p. 113］

クマーリラは、広大なインド亜大陸に散在している、実際に現存しているヴェーダ文献にダルマ・シャーストラの根拠をおく方がよいと考える。

上述のように、スムリティがヴェーダ文献に根拠を持つことが強固に確立されるなら、スムリティがヴェーダのテクストに対立するときでも、そのスムリティに［ヴェーダ文献とは］異なる根拠をどうして認めることができようか？　なぜなら、ヴェーダの言明はそれぞれ異なるヴェーダの学派に散在していて、それぞれ異なる

個人によって直接認識されるにすぎない（すなわち、一個人が全てのヴェーダのテクストを認識することはできない）。さらに、それら（ヴェーダの言明）は、個人のダルマが遂行される順番で唱えられるわけではない。それゆえ、豊富なヴェーダの伝承が失われるのをおそれて、スムリティが作成されたのである。スムリティは、原文通りにヴェーダのテクストを引用しないが、その内容を書き記すことによりヴェーダの原テクストと同定されるのである。これらのスムリティは、直接には認識されないが、その内容を書き記すことによって明らかになる、ヴェーダのテクストを一箇所に集めている。それが、特定の音で表せる原テクストのかわりとなるのである。

[Kumārila Vol. 2, p. 104]

ダルマ・シャーストラの根拠をヴェーダに置かせようとするこの試みが、普遍的に受け入れられたわけではない。その証拠に、同じこれらの文献の中に、サンスクリットではプールヴァ・パクシャ（pūrvapakṣa）として知られる対論者からの熾烈な反論が記録されている。『ヤージュニャヴァルキヤ・ダルマ・シャーストラ』の九世紀の注釈家であるヴィシュヴァルーパは、熾烈で説得力のある反論を記録している。

四ヴェーダすべてについて、それを暗唱しているいくつかの学派がある。しかし、そのたった一つの学派にも、伝承文献に規定されているダルマに似たものを見出すことはできない。そして、異なる学派であるという事実は、それらの学派が互いに根本的に異なると想定する理由ではありえない。なぜなら、マイトラーヤニー派がカータカ派と根本的に異なるということはないから。

[YDh p. 18]

ここでの議論は次のようなものである。すなわちダルマ・シャーストラにおいて与えられているすべての規則が見出される、まさにそのようなヴェーダ文献が、たまたま失われているというのは実に奇妙である！　さらに、さまざまなヴェーダの学派がそれぞれ根本的に異なるということはない。それゆえ、もしもこれらのダルマが本当にヴェーダに見出されるなら、現存するヴェーダ文献にこれらのダルマのほとんどがあるはずである。

四　ダルマの根源としての歴史的現実

ここまで私たちが見てきたのは、ダルマの正当性の認識根拠についての教理学的議論である。この教理学は二つの事柄に折り合いをつけなければならなかった。すなわち、ダルマとして通用しているものの多くはヴェーダには見出されないという現実と、ダルマは定義上ヴェーダに見出されなければならないという教理学的原則とである。ひとたびこの厳格な教理学的立場から先に進むと、ダルマの正当性の認識根拠を提示する別の方法が見つかる。このような現実主義的見解は、九世紀の学者メーダーティティがもっとも明確に提示している。彼は恐らくインドで最も偉大な法学者であり、マヌの法典に対して偉大で並ぶもののない注釈を著している。彼は王のダルマに関する議論を次のような大胆な言明ではじめる。

なぜなら、ここで説かれるダルマは［ヴェーダ］以外の［様々な］認識根拠に基づいているからである。全て（のダルマ）がヴェーダを根源とするわけではない。さらに、他の認識根拠に基づいているとしても、ここで説かれるものは、ダルマ・シャーストラと矛盾しないものだけである。［MDh 7.1］

メーダーティティは、クマーリラ同様、失われたヴェーダという概念に問題を感じて、そのような概念は多くのありそうもない前提を要求すると言う。

多くのありそうもない前提を立てなければならない。すなわち、全ての階級や四住期に係わる伝承文献（スムリティ）と家庭祭式文献（グリヒヤ・スートラ）とにある全てのダルマが説かれている、非常に有用なヴェーダの学派が無視されるというあり得ないことや、その学派に属する全ての復唱者たちがいなくなってしまうことである。

[MDh 2. 6]

メーダーティティはまた、マヌが神の子であったという物語に賛成することなく、マヌが実際に成し遂げたことを真正直に賞賛している。メーダーティティは、マヌは単に進取的気性の学者で、さまざまなヴェーダの伝統に通じた人々を集め、彼らから資料を集めて、著作をものしたのだと考えている。

マヌは、多くの学派（の文献）を学んだ多くの弟子たちや、他のヴェーダ学者たちを集め、諸学派［の文献］を聞いて、この著作を著した。それらヴェーダの諸学派をこの著作の根拠として提示することにより、彼は自らの著作を権威あるものとして確立した。このようにして、他の者たちは彼の論書に基づいて行為を行い、さらにその根拠を見つけようと努力することはなかった。これは私たちの推論でもある。

[MDh 2. 6]

本論考の終わりにさしかかっているので、ここでメーダーティティに従って、教理学から歴史へ移ることとしよう。ダルマ・シャーストラに与えられている諸規定が由来するところの歴史的根拠は何だろうか？　アルブレヒト・ウェツラー（二〇〇四年）とリチャード・ラリヴィエール（二〇〇四年）の研究は、この歴史的現実についてかなり解明の光をあてている。ダルマの記録全体は、ラリヴィエールが注意するように、行動形態（ācāra）、すなわち実際にさまざまな地域や共同体において存在している慣習の記録である。アーパスタンバはこのことを意識して、ダルマをサーマーヤ・アーチャーリカ（sāmaya-ācārika）、すなわち「人々が合意した規範的慣例」（前述一八四頁参照）と特徴づけた。このことは前二世紀の偉大な文法家、パタンジャリの記述からも示唆される。彼は、ダルマ・シャーストラのダルマを、ヴァイディカ（vaidika）すなわちヴェーダの言説と対比させて、ラウキカ（laukika）すなわち世間的なもの、あるいは世間的な言説に属するものと呼んだ。

以上のことから、ダルマ・シャーストラ文献を正しく評価し、用いれば、ほとんど、あるいは全く、他の歴史的データが残されていない慣習や訴訟手続きについて、歴史的情報を与えてくれる重要な資料となりうるという結論が導かれる。

（訳責　嵩 満也）

［略号表］

ĀpDh　*Āpastamba Dharmasūtra*. Ed. in Olivelle 2000.

BDh　*Baudhāyana Dharmasūtra*. Ed. in Olivelle 2000.

GDh　*Gautama Dharmasūtra*. Ed. in Olivelle 2000.

MDh　*Mānava Dharmaśāstra*. Ed. in Olivelle 2005a.

MS　*Mīmāṃsā Sūtra*, with the commentaries of Śabara and Kumārila. Ānandāśrama Sanskrit Series, 97. Reprint. Poona: 1981.

註

（1）この論文の、より増補され、若干違った点に焦点をあてた形のものを、私は二〇一四年一月七日～一〇日にインドのカリカットで行われた第六回国際ヴェーダ学・ワークショップにて発表した。当ワークショップで発表したものはその会報に出版される予定である。

（2）［Olivelle 2004; 2005b; 2005c］参照。

（3）［Olivelle 2012］参照。

（4）ダルマの根拠とスムリティの権威についてクマーリラとメーダーティティの詳細な議論については、［Yoshimizu 2012］を参照せよ。

（5）ここでは［Harikai 2008］の anubhavattulyakakṣayā という読みに従った。他の出版された版は、anubhavatulyakakṣayā

と読んでいる。

参考文献

Harikai, Kunio（2008）“Sanskrit text of the *Tantravārttika:* Adhyāya 1, Pāda 3, Adhikaraṇa 1–3.” *Annual Report of Medical Anthropology and Humanity*（Saga Medical School, Saga, Japan）3: pp. 1–47.

Hart, H. L. A（2012）*The Concept of Law*. Oxford: Oxford University Press. Originally published in 1961.

Kumārila, *Tantravārttika*. Edited in *MS*.

Lariviere, Richard（1997）“Dharmaśāstra, Custom, ‘Real Law’ and ‘Apocryphal’ Smṛtis.” In B. Kolver & E. Muller-Luckner （eds.）, Recht, Staat und Verwaltung im klassischen Indien （pp. 97–110）. Munchen: R. Oldenbourg Verlag.

Medhātithi, *Manu-bhāṣya*. Ed. Ganganath Jha. Reprint of 1920–39. 10 vols.; Delhi: Motilal Banarsidass: 1999.

Olivelle, Patrick（2000）*The Dharmasūtras of Āpastamba, Gautama, Baudhāyana, and Vasiṣṭha.* Delhi: Motilal Banarsidass.

Olivelle, Patrick（2004）“The Semantic History of *Dharma* The Middle and Late Vedic Periods.” *Dharma: Studies in its Semantic, Cultural and Religious History.* Special double issue of *Journal of Indian Philosophy*. Vol. 32, pp. 421–873.

Olivelle, Patrick（2005a）*Manu’s Code of Law: A Critical Edition and Translation of the Mānava-Dharmaśāstra.* New York: Oxford University Press.

Olivelle, Patrick. 2005b. “Power of Words: The Ascetic Appropriation and Semantic Evolution of *dharma.*” In Patrick Olivelle *Language, Texts, and Society: Explorations in Ancient Indian Culture and Religion.* Florence: University of Florence Press, pp. 120–135.

Olivelle, Patrick（2005c）“Explorations in the Early History of *Dharma*śāstra.” In Patrick Olivelle *Language, Texts, and Society: Explorations in Ancient Indian Culture and Religion.* Florence: University of Florence Press, pp. 169–190.

Olivelle, Patrick（2012）“Aśoka's Inscriptions as Text and Ideology.” In Olivelle, Patrick, Himanshu Prabha Ray, and Janice Leoshko, ed. *Reimagining Aśoka: Memory and History*. Delhi: Oxford University Press, pp. 157–183.

ダルマの相続者

若原雄昭
WAKAHARA YUSHO

一　ダルマを知る者は誰か？

オリヴェル教授の編著『ダルマ──その意味論的・文化的・宗教的歴史の研究』（*Dharma: Studies in its Semantic, Cultural and Religious History*）に示されるとおり、ダルマという語の意味論的領域は極めて広い。このテーマに関して種々の重要な問いが提起され得る──「ダルマを知る者は誰か？」「ダルマとは何か？」「ダルマは何故にダルマたり得るか？」等々。もちろんこれらの認識論的諸問題は互いに密接に関連している。第三の論点は、ダルマの認識根拠（dharma-pramāṇa）として、オリヴェル教授が「古典期バラモン教におけるダルマの定義とその正当性の認識根拠」（本書所収）において正に論じられたところである。ここで直ちに想起されるのは、聖典（就中ヴェーダ聖典）の権威（prāmāṇya: authoritativeness, authenticity）という類似した主題である。これは、やがて聖典のみならず知識一般の真偽（validity）を吟味する一種の真理論へと展開し、古典インド哲学の歴史を通じて様々な学者たちが繰り返し熱心に議論してきた重要なトピックであるが、今はこの問題にはこれ以上立ち入らない。しかしながら、第一および第二の論点には触れておく必要がある。

オリヴェル教授が言及された例を引くならば、正統バラモン教の擁護者を自認するミーマーンサー（Mīmāṃsā）学派にとって、ダルマとは「ヴェーダの教令（codanā）が示す有益な事柄」であって、不可視（adṛṣṭa）にして新規（apūrva）の恒常なる実在であり、供犠すなわち祭祀（yajña）を実行した果報として顕わになるものである。そうした、過去・現在・未来に亙る極めて微細で隠された、あるいは遠隔の事物たるダルマは、本質的に人知を超えており、それをよく我々に知らしめ実行を命じるのは、ただヴェーダのみである。かくして、超人間的な起源に由来し（apauruṣeya）、それゆえに無謬なるヴェーダ聖典を通じてのみ、ダルマは啓示されることになる。たとえ信者から全知者（sarvajña）とされる仏陀やジナであろうと、人間である以上、ダルマを知ることはできないのである。

七世紀の著名な仏教哲学者ダルマキールティ（Dharmakīrti 法称）は、これを揶揄して次のようにいう。

権威（pramāṇa）とは、捨てるべきことと取るべきことを正しく知り、それを相応しい実践方法と共に教える人のことであって、何でも知っていて教える人のことではない。
この世にいる全ての虫の数を悉く知っていたとして、それが何になろうか？　遠隔の事物を見る者が権威だというのなら、来給え、禿鷲を礼拝しようではないか。

［ダルマキールティ著『知識論評釈』〈*Pramāṇa-vārttika*〉第I章第31～33詩節。取意］

彼にとって仏陀が全知者であるとは、文字通りに全てを知る者の謂ではなくて、人間にとって真に重要な（pradhāna）事柄、すなわち苦・集・滅・道の四聖諦（āryasatya）というダルマ、を熟知し教示する者であることを意味する。そして、この四聖諦というダルマは、合理的な知的分析と偏りのない適切な実践を通して誰もが体得し達成し得る、またそうすべき、ものなのである。

神学的ドグマに対するこうした姿勢は、仏教の最初期以来の顕著な特色である。仏陀が答えることを拒否したという、よく知られた一〇（若しくは一四）の「回答されざる問い」（Pāli avyākata / Skt. avyākṛta 無記）はその典型的な例である――「世界は永遠か、永遠でないか（、そのいずれでもあるか、いずれでもないか）？」「世界は有限か、有限でないか（、そのいずれでもあるか、いずれでもないか）？」「霊魂は身体と同一か、異なるか？」「死後の存在はあるか、ないか、そのいずれでもあるか、いずれでもないか？」。

同様に仏陀は世界・宇宙の原初あるいは起源（agga / agra; aggañña / *agranya）について説明することを拒絶したという。

（仏陀が世界の起源を説かないことに不満を抱き、教団を去ることにした弟子のスナッカッタは、仏陀に訴える――）

「世尊よ、どうして私に世界の起源（aggañña）を教えて下さらないのですか？」

「だがスナッカッタよ、私はお前に〝来なさい、私の許に留まりなさい、世界の起源を教えてあげよう〟などと言ったかね？」

「いいえ、仰いませんでした。」

「では、お前は私に〝私は世尊の許に留まります、世尊は世界の起源を教えて下さいます〟などと言ったかね？」

「いいえ、申しませんでした。」

「つまり私はそのような約束をしたことはないし、お前もそのようなことを望まなかったのだ。それならお前は何者として何者の許を去ろうというのか？……（中略）……。

スナッカッタよ、世界の起源を教えようと教えまいと、私は苦を完全に滅するためにダンマを説くのであり、それはそれを実践する者が苦を完全に滅するのに益するのだ。それならば、スナッカッタよ、世界の起源を教えて何になるのか?……(中略)……。

私は世界の起源を知っている、それだけでなく、それ以上のことも知っている。知っているけれどもそれに執着しない。執着しない故に自ら寂滅を知る。それを知る如来は禍を受けることがない。」

〔長部経典第二四経『パーティカ経』〈*Pātika Sutta*〉より〕

この対話篇が注目されるのは、当時のバラモン教の思想家たちにとって宇宙の起源に関する思弁が主要な関心事の一つであり、また彼らが実際にこの問題を廻って互いに議論していたという事実があるからである。仏陀の時代にやや先立つと推定されるバラモン教聖典『ウパニシャッド』から、典型的な例を挙げよう。高名なバラモン学者ウッダーラカ・アールニは、師の許での十二年に亙る学修期間を終えて帰宅した息子シュヴェータケートゥに対し懇切に教え諭す。

愛し子よ、原初(agra)には、この世界は有(sat)のみであった、唯一であり第二はなかった。しかしながら、この点について、こう主張する者たちもいる――〝原初には、この世界は無(asat)のみであった、唯一であり第二はなかった。そして、この無から有が生じた〟と。

〔『チャーンドーグヤ・ウパニシャッド』〈*Chāndogya Upaniṣad*〉VI. 2. 1〕

しかしながら、興味深いことに、『起源経』(*Aggañña Sutta* 長部経典第二七経)と題された別の経典では、仏陀は世界の起源について饒舌に語っている。この経典は仏教的なダンマ/ダルマ観の重要な側面を我々に伝えているという点で極めて有益で意義深いものである。次節ではその梗概を紹介し、桂紹隆教授が「普遍的法則としてのダルマ

――仏教的パースペクティブ」（本書所収）において主として教理的側面から論じられた「初期仏教徒が抱懐していたダルマの普遍性」というテーマに対して、より社会歴史的な角度からアプローチすることにより、いささかの補足を試みたい。

二　ダンマの語られる文脈

『起源経』はT.W. Rhys Davidsが最初の近代語への完訳を刊行して以来、比較的よく知られた経典である。その英訳のタイトル*The Buddha's Book of Genesis*（「仏陀の創世記」）は、明らかに、聖書を連想させることで西洋の読者の注意と関心を引こうとしたものである。経典は、由緒正しいバラモンの家系に生まれた二人の見習僧ヴァーセッタ（Vāseṭṭha）とバーラドゥヴァージャ（Bhāradvāja）に対する仏陀の説法という体裁をとっている。二人は、バラモンの家系を捨てて出家したことで、バラモンたちから非難され誹謗されていた。

バラモンこそ最上の階級（vaṇṇa／varṇa 原義は「色」）であり、他の階級は劣っている。バラモンは白い階級であり、他の階級は黒い。バラモンは清浄であり、バラモン以外の者たちは不浄である。バラモンは梵天（brahmā）の実子として、その口から生まれたのであり、〈梵天から生まれた者〉（brahma-ja）、〈梵天によって創造された者〉（brahma-nimmita）、〈梵天の相続者〉（brahma-dāyāda）である。そのお前たちが、自ら最上の階級を捨てて劣った階級に加わり、あの惨めな禿頭の似非沙門ども、卑賤で黒く、我らの親族である梵天の足から生まれた下等な連中に従っているとは！

仏陀はこの二人の元バラモン青年を宥めて、社会階級や家系は、善行とダンマの達成に比すれば何ものでもなく、四階級のいずれに属する者であっても、出家修行者、沙門（samaṇa／śramaṇa）、となり、最高者（agga／agra）となり得る、と説き、ダンマの普遍性と卓越性を強調する。

ヴァーセッタよ、四階級の全てにおいて、（殺生・偸盗などの悪行という）黒い性質と（それらの悪行から離れるという）白い性質、賢者たちが非難する性質と称賛する性質、の両方が入り混じっている。だから、賢者たちはバラモンが〝バラモンこそ最上の階級であり、他の階級は劣っている。……〟などと主張するのを認めない。それは何故か？　ヴァーセッタよ、四階級のいずれの者であれ、比丘となって、阿羅漢となり、煩悩を滅し、尊き生を全うし、為すべきことを為し、重荷を下ろし、真の目的を達し、束縛を断ち、正智を得て解脱した者こそ、最高者（agga）と呼ばれる。そして、それは他ならぬダンマによって（すなわち正当に）であり、ダンマならざるものによって（つまりバラモンたちが自称する如く不当に）ではない。というのも、ヴァーセッタよ、現世においても来世においても、この世界ではダンマが最上であるから。

ヴァーセッタよ、汝らは生まれ（jāti）も名も姓も氏もそれぞれ異なるが、家を捨てて出家したのだ。〝汝らは誰か〟と名を問われたなら、〝我らは釈迦族の子なる沙門なり〟と答えるがよい。如来に対して確乎たる深き堅固な信仰を確立し、世間のいかなる沙門・バラモン・天・魔・梵天によっても、またその他この世のいかなる者によっても、その信仰を揺るがされることのない者、その者はこう語るに相応しい——〝我は世尊の実子として、その口から生まれたのであり、〈ダンマから生まれた者〉、〈ダンマによって創造された者〉、〈ダンマの相続者〉である〟と。何故ならば、ヴァーセッタよ、如来の別名を〈ダンマを身体とする者〉（dhamma-kāya）、〈梵を身体とする者〉（brahma-kāya）、〈ダンマとなれる者〉（dhamma-bhūta）、〈梵となれる者〉（brahma-bhūta）というからである。

この最後の一節は直前に引用したバラモンの語る言葉を換骨奪胎し、梵天（brahmā）をまず仏陀で置き換え、次いでダンマで置き換えたものである。本経典のタイトルである aggañña という語は、「最初、原初、起源」と「最高性、至高性」の意味を併せ持つから、上記引用文中に見られる最高者（agga）を念頭に置けば、意図的な両義性を含むであろう。

仏陀はさらに言葉を続け、ヴァーセッタに対し、全ての人類が共通の祖先を持つことを示すために人類の起源を説明する。ここで仏陀が語る宇宙論的・起源論的神話がこの長篇経典の半分以上を占めていて、『起源経』というタイトルも、主としてこの箇所に由来する。その物語は永劫の昔に起こった宇宙の全面的破壊とそれに続く再生から始まる。そこには心で出来た生き物のみがおり、喜びを常食とし、光り輝き、空中に住していた。やがて万物は一つの水となり、完全な暗黒の中にあって日月星辰も昼夜も季節も歳もなかった。そこの生き物たちは性の区別がなく形態も曖昧で、身体は固形性を欠いていたが、水面の膜として生じた美味な土を食べるようになって身体が固形化し、多様な具体的形態を持つようになった。その結果、生き物たちには美醜が生じたため、互いに高慢と軽蔑を抱くようになり、その報いで美味なる土が消失した。その代わりに茸のような苔が現れ、生き物たちはそれを常食としたが、その結果生じた美醜と高慢の報いで苔も消える。今度は蔓草が現れて同様な事態が繰り返され、最後に稲が食料となる。そこで性の区別が生まれ、男女が出現するとともに互いに淫欲を起こすことになった。

やがて人間たちは日々その日に必要な稲を収穫することをやめて貯蔵するようになるが、その貯えも乏しくなると、土地を分割して各自の所有財産とするに至る。その結果、盗みが始まり、それを罰する刑罰が定められ、最終的に人々は支配者たる王（rājan）を選ぶこととなった。その王はマハーサンマタ（Mahāsammata 字義通りには、「多数によって選ばれた者」の意）と呼ばれた。かくして、王族（Khattiya / Kṣatriya）が最初に現れ、次いでその他の三階級すなわちバラモン（Brāhmaṇa）、庶民（Vessa / Vaiśya）、隷民（Sudda / Śūdra）が出現した。

ここに要約した神話は、宇宙の様々な様相、王権、そして四階級の起源を説明しようとするものである。本経に対する卓抜な論攷をものしたGombrich教授は、この神話を文字通りに正直に受けとるべきではなく、むしろバラモン教的諸観念に対するパロディと洒落に満ちた諷刺（satire）として読むべきであると評される。上述したように、仏陀は世界の起源について説明することに関心がなかったと描かれていることを考慮すれば、教授の見解は一層説得力を増す。ただし、階級制度は人間による創作にすぎないと語るとき、この説法は全く真面目である。同様に、この長篇経典の終わり近く、四階級の起源を説明した直後に、これら四階級の全てから出家する沙門が現れるに至った事態を極めて印象的に語る場合も、真剣である。

ヴァーセッタよ、実に王族が自らのダンマを否認し、〝私は沙門になろう〟と、家を捨てて出家する時が来た。バラモンも自らのダンマを否認し、〝私は沙門になろう〟と、家を捨てて出家し、庶民も、また隷民も、同様に自らのダンマを否認し、〝私は沙門になろう〟と、家を捨てて出家する時が来た。ヴァーセッタよ、このようにして、もともと同じ生類、等しい生類であった四つの階級から、沙門の集団が誕生したのである。そして、それは他ならぬダンマによってであり、ダンマならざるものによってではない。というのも、ヴァーセッタよ、現世においても来世においても、この世界ではダンマが最上であるから。

古代インドにおいて出家という行為が社会的にいかなる意味を持っていたかを端的に示す記述と言っていい。出家のこうした側面には、もっと注意が払われて然るべきであろう。

この経典に関連して、著名なバラモン教の典籍である『マヌ法典』（*Manu-smṛti* / *Mānava Dharmaśāstra* 前二世紀～後二世紀の成立）に注目しておきたい。この法典の冒頭では、初めに一群の無名の聖者たちが太古の聖者マヌにダルマを教示するよう要請する。これに応えて、マヌは宇宙の創造から人類の出現そして四階級が組織されるに至るまでの物語を説き、その後の続きを代わって教えるよう、弟子の聖者ブリグ（Bhrgu）に命じる。そこからが本法典の主題たるダルマの記述であり、ダルマの根拠に始まって多種多様なその実際が詳説されるのである。

起源経とマヌ法典というこの二書の類似と相異は共に際立っている。起源経は階級の平等に関する教説と、一種の「社会契約説」を含む進化論的宇宙論との組み合わせである。これに対し、マヌ法典は、序章としてのバラモン教的創造神話と、四階級（および四住期）の厳格な区別と義務（ダルマ）の詳細な規定とから成る。どちらのテキストもユニークな宇宙論的＝救済論的な複合物であり、あたかも同じ写真の陰画と陽画のようである。マヌ法典以前の、『ダルマ・スートラ』（*Dharma Sūtra* 前六世紀〜前二世紀の成立）と総称される初期の法典類は、マヌ法典の序章をなす創造神話に相当する部分を欠いていることにも注意すべきである。

三　ダンマを相続する者は誰か？

アンベードカルはその最後の著作にして「遺書」である『仏陀とそのダンマ』（*The Buddha and His Dhamma*）において起源経に言及するが、その冒頭部分しか引用せず、宇宙論に関わる教説の部分を無視する（A. S. Rathore & A. Verma ed., p. 163. なお、同書該当箇所の脚注61はこの引用を『スッタ・ニパータ』〈*Suttanipāta*〉からのものとしているが、誤りである）。彼は前述のパーティカ経をも引き、仏陀が世界の起源を論じないということを強調する。

これは宗教が物事の始まりを明かすことに関わるのに対し、ダンマはそうではないということを示す好例である。

［同書　pp. 169–170］

彼はまた長部経典第九経『ポッタパーダ経』（*Poṭṭhapāda Sutta*）から、本論第一節でも上述した「仏陀が答えなかった十の問い」（十無記）の件りを引き、次のように評する。

この対話篇において、何が宗教の主題であり何がダンマの主題でないかが明確に提示されている。この両者は対極的である。宗教の目的は世界の起源を説明することである。ダンマの目的は世界を再構築することである。〔同書 pp. 170-171〕

アンベードカルが起源経の大半を占める宇宙論的神話の記述を黙殺したのは、おそらくこの故であろう。彼が仏教聖典を引用する仕方が往々にして恣意的であることは、しばしば指摘されている。また、彼は四姓制度と不可触民制に対する本質的な批判を内容とする重要な経典をいくつか見落としている。例えば、『三明経』（*Tevijja Sutta* 長部経典第一三経）、『アッサラーヤナ経』（*Assalāyana Sutta* 中部経典第九三経）、および『ヴァーセッタ経』（*Vāseṭṭha Sutta* 中部経典第九八経＝スッタ・ニパータⅢ、9第594～656詩節）に言及し、また引用もしているが、『マドゥラ経』（*Madhura Sutta* 中部経典第八四経）、『バラモン法経』（*Brāhmaṇadhammika Sutta* スッタ・ニパータⅡ、7第284～315詩節）および『賤民経』（*Vasala Sutta* スッタ・ニパータⅠ、7第116～142詩節）を見逃しているようである。後者の諸経典も前者の諸経典に劣らず彼の議論にとって重要かつ有益であり、彼が仏教に求めたものを彼に提供したことであろう。本書を著した際の彼の関心は、主として仏陀の生涯およびその（再）解釈に向けられていたから、仏典の参照の面で視野が限られていたのも止むを得ないかもしれない。

よく知られているように、アンベードカルにとってダンマとは、ほとんど常に思想体系としての仏教の謂であり、また、何よりもまず社会的規範に他ならなかった。彼が大乗仏教と菩薩道に関心を持って評価し、一方で現代の上座部仏教および言うところのその独善的な頑迷さに対して不満を表明していたことも、これで説明がつくのではないだろうか。「宗教とダンマ」（Religion and Dhamma）と題された彼の小論では、宗教は漠然とした多義的な語であり、多くの段階を経て発展してきたものであると述べたあと、宗教に関する持論をこう結んでいる――「これが宗教の成り立ちでありその意味するところのものである――神の実在を信じること、霊魂の実在を信じること、神を崇拝すること、過てる魂の救済、祈り・儀礼・生贄による神の宥め、等々」。そして自らのダンマ観を箇条書きで示している。

1　仏陀がダンマと呼ぶものは、いわゆる宗教とは根本的に異なる。

……（中略）……

7　宗教は個人的なものであり、人はそれを自らのうちに留めておかなければならない、とされる。公的生活において宗教に役割を果たさせてはならないのだ。

8　これに対し、ダンマは社会的である。根本的かつ本質的にそうなのである。

9　ダンマとは正義（righteousness）であり、生活のあらゆる局面における人と人の正しい関係を意味する。

10　このことから明らかになるのは、人は独りであればダンマを必要としないということである。

……（中略）……

21　さてダンマとは何であろうか、そして何故にダンマが必要なのであろうか？　仏陀によれば、ダンマは智慧（prajñā）と慈悲（karuṇā）から成る。

22　智慧とは何か、また何故に智慧なのか？　智慧とは知性である。仏陀は智慧を彼のダンマの二つの要石の一つとしたのだが、それは迷信が入り込む余地を与えたくなかったからである。

23　慈悲とは何か、また何故に慈悲なのか？　慈悲とは愛である。それなくしては社会は生きることも成長することも適わないからであり、だからこそ仏陀はそれを彼のダンマの第二の要石としたのである。

［Valerian Rodrigues ed., *The Essential Writings of B. R. Ambedkar*, pp. 58–59］

24　以上が仏陀のダンマの定義である。

別の小論「仏陀には社会的メッセージがあるのか？」（Does the Buddha have a Social Message?）では、彼は「仏陀のダンマを論じる際にこれまでほとんど問われたことがない」問いとして、以下を列挙している。

「仏陀は公正を説いたか？」「仏陀は愛を説いたか？」「仏陀は自由を説いたか？」「仏陀は平等を説いたか？」「仏陀は博愛を説いたか？」「仏陀はカール・マルクスに答え得るか？」

そして彼はこう結論する。

仏陀には社会的メッセージがある、というのが私の答えである。仏陀はこれらの問いの全てに答えている。しかし、それらは現代の学者たちによって埋葬されてしまったのだ。

［同書 pp. 217–218］

彼らは、つまり我々は、本当にそれらを埋葬してしまったのだろうか？　これは我々が学的良心をもって誠実に向かい合わなければならない課題である。

四　補　論——アンベードカル『ブッダとそのダンマ』エピローグに関するノート

山際素男氏によるアンベードカルの主著の邦訳『ブッダとそのダンマ』は、我が国において彼の名を広く知らしめる契機となった出版であり、山際氏の功績は大きいが、その訳文に問題なしとはしない。また最近、英文原著 *The Buddha and His Dhamma* が、有益な序文と注記・参考文献・索引を付して新たに出版されたことは、アンベードカルの思想と行動に対する世界的な関心の高まりを示すものであり、悦ばしい出来事である。ただ、批判版

Critical Edition と銘打たれているにも拘わらず、その注記に不正確かつ不充分な箇所が見受けられるのは残念である（『ブッダとそのダンマ』に引かれる仏典に関する問題点については、つとに Adele Fiske と Christoph Emmrich による重要な指摘がある）。特に、以下の例は、アンベードカルの仏教観を見る上でも重要な事実であると思われるのに、何故か従来注目された様子がなく、山際訳にも、また新刊の批判版原典にも、依然としてオリジナルな出典が示されていない。

同書の掉尾を飾る「エピローグ」は、⑴「仏陀の偉大さへの賛辞」（Tributes to the Buddha's Greatness）、⑵「仏陀のダンマを弘める誓い」（A Vow to Spread His Dhamma）、そして⑶「仏陀がその故国へ帰るための祈り」（A Prayer for His Return to His Native Land）、の三節から成っている。⑴は、同時代の思想家や科学者八人が、仏陀あるいは仏教について語った言葉を、アンベードカル自身が編んだ「選集」（anthology）である。

⑵は、次のような四詩節の詩篇である。

'There are beings without limit,
Let us take the vow to convey them all across.
There are depravities in us without number,
Let us take the vow to extinguish them all.
There are truths without end,
Let us take the vow to comprehend them all.
There is the Way of Buddha without comparison,
Let us take the vow to accomplish it perfectly.'

これが我が国の諸宗派で広く用いられて知られる、以下のいわゆる『四弘誓願』の英訳であることは、仏教の初学者でも容易に察し得ることである。

衆生無辺誓願度
煩悩無数誓願断
法門無尽誓願学
仏道無上誓願成

しかし、山際訳（四一二頁）、批判版原書（三〇五頁）ともに、アンベードカル自身が初版でレファレンスしていた『宗教・倫理百科辞典』第一〇巻一六八頁（James Hastings ed., *Encyclopaedia of Religion and Ethics*, vol. X, p. 168, Edinburgh, 1909. 因みにアンベードカルは本書冒頭のプロローグでも同百科辞典を引用しており、机辺に常備していたことが窺える）という書誌情報を再録するのみである（しかも批判版脚注3は、当該頁を'p. 668'と誤記している）。また山際訳には、訳者が原典の四弘誓願に思い至らなかったことに起因すると思われる明らかな誤訳が見られる。なお、四弘誓願は『心地観経』「功徳荘厳品」にその原型があることが知られるが、一般には天台智者大師智顗の『摩訶止観』巻十下の文に由来するとされ、各宗派で若干の語句の出入りがある。今は浄土真宗で現在依用しているものを引いた。

(3)は、やや長文の引用であるが、以下に全文を示そう。

'O Exalted One! I trust myself whole-heartedly
To the Tathagata whose light pervades,
Without any impediment, the regions in the ten quarters,
And express my earnest desire to be born in Thy Land.

……
In realising in vision the appearance of Thy Land,
I know that it surpasses all realms in the threefold existence.
That it is like sky, embracing all,
Vast and spacious without boundaries.
Thy mercy and compassion in accordance with the righteous way,
Is an outgrowth of the stock of merits（accumulated by Thee）,
　which are beyond all worldly good;
And Thy light permeates everywhere,
Like the mirrors of the Sun and the Moon.
……
Let me pray that all beings, having been there,
Shall proclaim the Truth, like Buddha Thyself.
Herewith I write down this essay and utter these verses,
And pray that I could see Thee, O Buddha, face to face,
And that I could, together with all my fellow-beings,
Attain the birth in the Land of Bliss.’

これは前出の四弘誓願ほど一般的ではないにせよ、多少とも浄土仏教の教理を学んだ者であれば、インド大乗仏教唯識派の学説を大成した世親（Vasubandhu, ca. 400-480）に帰せられる『無量寿経優婆提舎願生偈』（一般に『浄土論』あるいは『往生論』と呼ばれることが多いので、以下この通称を用いる）からの引用であるということに直ちに気づくであろう。

世尊我一心　帰命尽十方　無礙光如来　願生安楽国（第一偈）

……（第二偈略）……

観彼世界相　勝過三界道　究竟如虚空　広大無辺際（第三偈）

正道大慈悲　出世善根生　浄光明満足　如鏡日月輪（第四偈）

……（第五偈～第二三偈前半略）……

[何等世界無　仏法功徳宝]　我願皆往生　示仏法如仏（第二三偈後半）

我作論説偈　願見弥陀仏　普共諸衆生　往生安楽国（第二四偈）

世尊、我れ一心に尽十方無礙光如来に帰命して、安楽国に生ぜんと願ず。（第一偈）

彼の世界の相を観ずるに、三界の道に勝過せり。究竟して虚空の如く、広大にして辺際無し。（第三偈）

正道の大慈悲は出世の善根より生ず。浄光明の満足せることは鏡と日月輪との如し。（第四偈）

[何等の世界なりとも、仏法功徳の宝の無からむには、]　我れ願はくは皆な往生して、仏法を示すこと仏の如くせむ。（第二三偈）

我れ論を作り偈を説く。願はくは弥陀仏に見みえ、普く諸々の衆生と共に、安楽国に往生せむ。（第二四偈）

『浄土論』は、その原題が示すように、浄土仏教の根本経典とされる『無量寿経』に対する註釈書であるが、著者である世親の令名も与って中国・日本の浄土門の祖師たちに等しく重んじられ、経典に準じる扱いを受けてきた典籍である。漢訳のみで伝わる、全二四の詩節（偈あるいは偈頌と称する）およびその散文によるその注釈（長行と称する）で構成される小論で、その偈のうちの四偈半が抄出された形で引用されていることになる。ここでも山際訳、批判版原書ともに、アンベードカル自身の示す前掲百科辞書一六九頁という情報を注記するのみである。山際訳では表題を「(三) 浄土祈願」としているので、訳者はこの詩句が浄土教と何らかの関係があると見ていたのであろうが、やはり原典を参照していないために訳文も不正確の譏《そし》りを免れない。

さて、アンベードカルが参照し引用した『宗教・倫理百科辞典』当該頁は、同書第X巻の「祈り」PRAYERという大項目中の「仏教の祈り」PRAYER（Buddhist）なる小項目（pp. 166-170）に相当しており、項目執筆者はM. ANESAKIと署名されている。言うまでもなく、東京帝国大学哲学科卒業後ヨーロッパに留学し、帰国後に同大宗教学講座を開設して我が国における宗教学の基礎を築いた、姉崎正治（一八七三―一九四九）その人である。

姉崎はこの項目を、(1)概説（General）、(2)仏陀自身の祈り（Buddha's own prayer）、(3)大乗仏教における（誓願）（In Mahāyāna Buddhism）、(4)法華経崇拝（Adoration to the Lotus of the Perfect Truth）、(5)阿弥陀仏信仰（Homage to the Buddha of infinite light）の五節に分けて詳細に記述している。まず初期仏教における誓願の諸相から説き起こし、第三節で「大乗仏教の誓願を代表する典型的例」として 'four great vows of bodhisattva' すなわち四弘誓願を訳出、紹介する。次いで第五節で南無阿弥陀仏という「阿弥陀仏への簡素な祈り」（simple prayer to Amitābha）を解説するにあたり、「世親は無量寿経に対する彼の注釈書を（阿弥陀仏への）祈りで始めている」（Vasubandhu opens his commentary on the *Sukhāvatī-vyūha* with a prayer）と述べて、上掲の『浄土論』四偈半の抄訳を掲げ、同論の主旨を礼拝・讃歎・作願・観察・廻向のいわゆる五念門として要約している（ただし、何故か同論の書名は明示していない）。アンベードカルは姉崎の抄訳四偈半をそのまま引用しているわけである。引用に際して彼は何の説明も加えていないので、その理由は分からないが、よほど深い感銘を受けたものと推測される。

なお、姉崎の原文には、第四偈の後に、以下の省略された箇所について「浄土の荘厳に関する更なる記述あり」（Further description of the excellence of the Paradise）という注記が、最終偈の後に「散文訳にしてあるが原詩の行分けは保った」（In this prose translation, the lines of the original verse are kept）という注記が、それぞれ括弧つきで挿入されている。引用にあたって、これらの注記をアンベードカルが省いたのは当然であるが、姉崎訳が世親の韻文原典の抄出であることは理解していたであろう。ただし、上述したように、アンベードカルはこれを「仏陀がその故国へ帰るための祈り」（A Prayer for His Return to His Native Land）なる表題の下に引用しているので、元の浄土論の文脈を必ずしも正確に把握していたとは言えないようである。辞典記事中の部分的引用に依っているのだから無理もないことではあるが。

因みに、姉崎はこの項目の論述の末尾で、念仏という「祈り」が親鸞によって根本的に変革されたことに言及している。

更に、浄土仏教（Amita-Buddhism）の展開にはもう一つの興味深い局面がある。すなわち、その主導者の一人である親鸞（一一七三―一二六二）という日本の改革者が（念仏という）祈りに関する特別な理論を提唱したということである。彼は、信心とは単に思想を意味するだけではなく、人が自らの倫理的生活を通して示す仏への尊敬と、仏の名を口に称えることによる仏の恵みの讃歎とをも意味する、と説明する。この讃歎、つまり仏の名の反復は、決して嘆願の観念を伴って発せられてはならず、必ず仏の恵みに対する絶対的な信頼および感謝の表現として称えられなければならない。親鸞がこの教義を説いたのは、仏の救済の力の無限なる強さを彼が信じていたからであり、その結果、あらゆる自力の観念は無用な余剰であるのみならず真の信仰を妨げる障害とされるに至るのである。かくして、祈りは親鸞によって仏の慈悲と救済に対する我々の絶対的な信頼の表現と見なされている。

親鸞の宗教は、このように、本来の仏教教義に見られるような自己完成の宗教の対極にある。しかしながら、祈りから嘆願の観念を厳格に排除することにおいて、彼は仏教の原点に戻ったのであり、彼の時代に支配的であった仏教の諸形態とは対照的であった。
［同書 pp. 169–170］

この一節は、アンベードカルにどう響いたのであろうか。

アンベードカルが、死の直前の一九五六年秋にナーグプルで行った仏教への改宗式において、「二十二の誓い」（Twenty-two Vows）を述べたことはよく知られている。本論で紹介した四弘誓願と浄土論の引用を見ても、彼には大乗仏教に特徴的な菩薩の誓願という形式への特別な関心があったらしく思われる。姉崎は『宗教・倫理百科辞典』の「誓願」VOWSという項目中の「仏教の誓願」VOWS（Buddhist）という項目も別に執筆しているが（第XII巻 pp. 644–646）、アンベードカルがその項目を読んだかどうかは定かでない。ともかく、彼と大乗仏教、浄土教、そして日本は、思いの外に様々な縁で結ばれているようである。

参考文献（本論の性質上、記載は最小限に止めた）

S. Collins（1993）The Discourse on What is Primary, *Journal of Indian Philosophy* 21, pp. 301–393.
A. Fiske and Ch. Emmrich（2004）The Use of Buddhist Scriptures in B. R. Ambedkar's *The Buddha and His Dhamma*, in S. Johndhale and J. Beltz ed., *Reconstructing the World: B. R. Ambedkar and Buddhism in India*, pp. 97–119, Oxford University Press.
R. F. Gombrich（1992）The Buddha's Book of Genesis?, *Indo-Iranian Journal* 35, pp. 159–178.

J. Hastings ed.（1909）*Encyclopaedia of Religion and Ethics*, vol. X, Edinburgh.
P. Olivelle ed.（2009）*Dharma: Studies in its Semantic, Cultural and Religious History*, Delhi.
A. S. Rathore & A. Verma ed.（2011）*B. R. Ambedkar the Buddha and His Dharma, A Critical Edition*, Oxford University Press, New Delhi.
T.W. & C. A. F. Rhys Davids ed.（1899–1921）*Dialogues of the Buddha*, London, Pali Text Society.
V. Rodrigues ed.（2002）*The Essential Writings of B. R. Ambedkar*, Oxford University Press, New Delhi.
山際素男訳『ブッダとそのダンマ』（三一書房、一九八七年。光文社新書一六五、二〇〇四年）。

翻訳において失われたもの——植民地時代のヒンドゥー法の一元的処理

ヴェルナー・メンスキー
WERNER MENSKI

序論

インドにおいてイギリス人がヒンドゥー法の法律問題の処理に現地で携わり始めたとき、彼らは現地の言葉を知らなかっただけでなく、ヒンドゥー法の内的な複雑さに気づいていなかった。この法体系を無視することは絶対にできなかったため、彼らはそれを何とか把握しようと努力し、そこでいくつかの識見を得た。しかし、それらの識見は、何よりもまず、この法体系の性質とその主要な概念についての非常に見当違いな推定にもとづくものであった。

本論は、ダルマ、そして、人としての義務を確認する諸々のプロセスに焦点を当てて、いかにその観念的な翻訳が生きた現実に対応していなかったかを示そうとするものである。

イギリス人はヒンドゥー法やインドのその他の法律の処理に携わり始め、アングロ・ヒンドゥー法という「偽の」実体を作り上げた[1]。そしてまた、ユニークな混成物であるアングロ・イスラム法を生み出したが[2]、明らかにその翻訳の過程で何か重要なものが失われてしまった[3]。

本論における、アプローチと方法論は、サンスクリット学者のものというより、比較法律家や法哲学者のものである。この議論における重要な問題は、グローバルな論争の的となる法概念の定義という広いコンテクストにおいて、ダルマ(あるいは、イスラム教徒にとってのシャリーア)を法概念として扱うことが、理論的かつ実際的に意味を持つのである[Menski 2006b; Twining 2010]。実際、一六〇〇年代以降、早い時期から、イギリス人はダルマとシャリーアについて知ってはいたが、彼らは訓練された法律の専門家ではなかったことから、それがどのような法であるのか、十分には理解していなかった。ダルマを明確な宗教法であると誤解して、その包括的な諸概念に内在する自然法の様相や社会文化的な要素を、見逃がしたり過小評価したりした。今日でも、ダルマを単に何か「宗教的なもの」と認識することで、研究者たちは同じような落とし穴に陥る。早い時期には、この還元主義的な見落としは、植民地主義者が出納簿の項目に焦点を当てたこと(つまり、経済性を重視したこと)[Anderson 1993]、より効果的な統治と支配を成し遂げるために信頼できる情報を望んだこと、そして明確なテキスト上の根拠を優先させたことから生まれた。この時期には、ダルマは生きた実体、すなわち「生きている法」として、評価されることはまったくなかったのである。

今日、ダルマという語は、インドの世俗的な体制や公式のインド法の言説では事実上使用が禁止されている。したがって、現在行われているインドの法の議論は、ダルマという語が規範を生み出してきたとてもダイナミックなプロセスとより広いコンテクストにおいて概念として持ち続けてきた重要性を認識していない[4]。現在でもなお、われわれは翻訳において失われた重要な要素を失っているのである。

一　法多元主義（legal pluralism）の理論的背景

筆者の最近の主な研究関心は、異文化間の法的コミュニケーションに見られる、上述のような欠陥が持つ重大かつネガティブな意味を明らかにしようとするところにある。特に、法律に関する理論を立て、それを実践する際に、一元的方法論（ＭＭ：Monist methodology）を適用するのと、多数の多元性（ＰＯＰ：Plurality of pluralities）を認めるアプローチを用いることの間の、主要な違いを指摘してきた。(5) では異文化間の翻訳において、この非常に複雑なプロセスが、特にヒンドゥー法がイギリスの入植者たちと相互に干渉する中で、どのように具体化されてきたのだろうか。

現在のインド法は、イギリス法の劣った改訂版にすぎないという理解（奇妙なことに、多くのいわゆる教育のあるインド人たちによってこの理解は共有されている）は、今なおよくある誤解である。実際、一二億人以上の全国民の幸福は、インド亜大陸の特定の時空間コンテクストにおける法多元主義の現実——激しい議論の的となり、政治と深く結びついているもの——にどう対処するかということに、今日決定的に依存している。インドはアメリカでもなければ、ヨーロッパの一部でもない。こんなふうに言うのは当たり前のことかもしれないが、多くのインド人は、彼らの法的・文化的同一性について非常に混乱しており、そしてまた彼らを取り巻く複雑な現実を解明しようと苦労している。今日のこのような状況は、文化的、社会・経済的、風土的、戦略地政学的な要因だけでなく、植民地時代の虐待や不公平への反動でもある。したがってインド憲法は、今や全インド人に適用される多くの一般法の中心部分であり、歴史の中で育まれてきた一連の個人身分法（personal status law）との絶え間ない弁証法的な相互作用

タイプ1　一般法であると主張するが、例外がある。

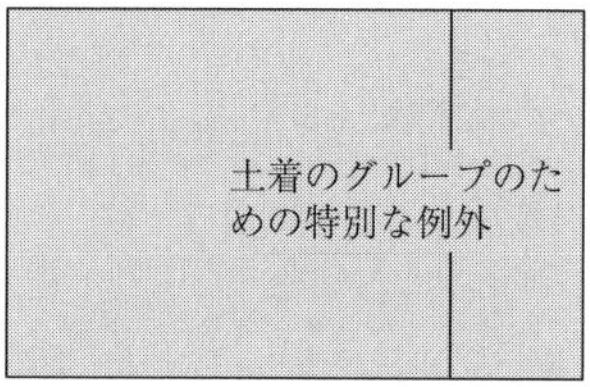

タイプ2　土着の人々に特別な立場が認められる。

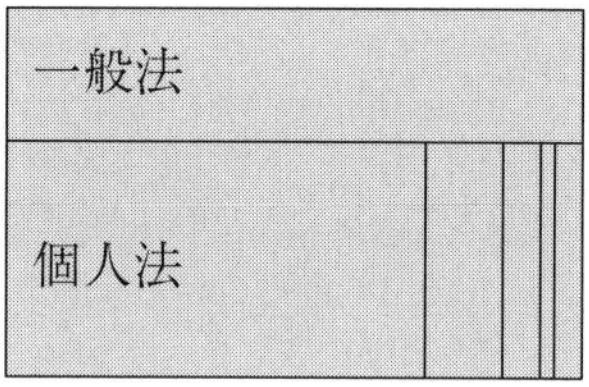

タイプ3　一般法と個人法の組み合わせ。

の中において理解される必要がある。もちろん、一連の個人身分法とは、多数派の個人法体系としてのヒンドゥー個人法――仏教徒・ジャイナ教徒・シーク教徒にも適用される――が含まれる⑥。

上の図表で示された全体像は、世界における三種の法体系を示している。一般的に言って、今日、世界の法体系には三種類の典型的なタイプしか存在しない。また、三種すべてがその内部においては多元的である。もっともタイプ1は、法的一貫性という便利な擬制を採用することにより、実際には一元的方法論を用いることによって、この事実を抑えつけたり、隠蔽したりしている。常にタイプ3の変形であったインドの伝統法と、タイプ1の法体系からやって来た植民地時代初期の訴訟者とが出合うことによって、国家中心の、近代的で、基本的には均一的なヨーロッパの法秩序の重要な要素と、多元性をより重視する非ヨーロッパの法規制のパターンとを組み合わせ、調和させることが必要となった。なかでも後者においては、国家が唯一「公式の」立法者ではなかっただけでなく、私的な法という広大な領域を、国家中心の規制のもとに完全に組み込むことは不可能だった。

イギリスからやって来る植民地官僚やマコーレイ（Macaulay）のような後代の法律作成者たちは、「文明化した」法体系は基本的にタイプ1に従うべきだという前提のもとに事を進めていたが、一方、当時の南アジアのさまざまな伝統的法体系では、主としてタイプ3の構造が機能しており、その極めて薄い上層部だけが、時々の国家権力が定めた一般法にあたるものであった。イギリスの植民地干渉が始まった一七世紀の南アジアにおいて、この上層部は、主として犯罪法と税制に重点を置いたイスラムの一般法であったが、一八五八年になって初めて、それがイギリス人が作った植民地用の新しい一般法に取って代わられ、さらにずっと後、一九四七年のインドとパキスタンの独立に従ってさらなる変更が加えられた。

二 初期の誤解の影響

このように変わりやすい法体系の多元的共存のパターンは、人々の生き方に指針を与える宗教的・慣習的な法の規範体系に、常に大きな解釈の余地を残した。インドが今日なおタイプ1の法体系を望むと公式に表明するのは、初期の植民地時代の一般法と個人法の出合いがうまくいかなかったこと、そして翻訳の中で失われたものの影響が今も続いているからである。(7) しかし、現実にこの国ではずっとタイプ3の法体系が機能してきた。すなわち、さまざまな個人法の間の違いを調整しようとする強い傾向があることは、ますます明らかになってきている［Menski 2012a, 2012b］。これは、望ましい理想的なタイプの法的一貫性のミラーイメージ（鏡像）と見ることができる［Menski 初期論文 2006］。ただ、全体に浸透した内部矛盾の結果として起こる、インドの大衆にとっての生きた現実は、多くの法学者や他の分野の学者たちにとって、法的対立としてあまり認めたくないものであった。したがって、高度に政治的で、学術的な議論――しばしば混乱を極め、自己矛盾に満ちた議論――を巻き起こしてきた。

この複雑極まりない議論は、外部の観察者（法律家もそれ以外の評論家も）と直接関係するインド国民自身との間で混乱を生じている。このようなコミュニケーションにおいて生じている問題は、数世紀前に翻訳において失われたものの帰結として今日も持続しているように思われる。残念ながらその結果生じる深刻な緊張状態と対立、すなわち自分たちの個人法が危機にさらされているという恐怖心によって、「公衆の暴動」の炎があおられ、多くの人々の幸福に悪い影響を与えている［Wilkinson 2005］。個人法が帰属意識と密接に関係していることは疑いようもない。したがって、急に個人法を廃止するわけにはいかないことは、法を単に社会改革の上意下達の手段として用いたいと考えている改革主義の活動家たちにも、今や少しは明らかになったはずである。

しかし、私自身は、無責任な学者だと非難されている。というのも、多くの学者は必死になって無視しようとしているが、私があえてヒンドゥー法に関する一書［Menski 2003］を著しただけでなく、現在のインド法に関する私の研究が、ヒンドゥーの個人法（そして、他の個人法）が二一世紀のインドの法体系に不可欠な要素として引き続き認められなければならないと強く主張しているからである。このような緊張関係は、ごく最近 *The Journal of Legal Pluralism and Unofficial Law* の特集号、Livia Holden 編 *Legal Pluralism and Governance in South Asia and in the Diasporas*（Vol. 45(1), March 2013）において、Archana Parashar（2013）が法の多元性を支持する私の議論［Menski 2013a］は、人権時代と言える現代において、イデオロギー的に受け入れられないという批判にも見られる。批判者が言っていることは、タイプ3の法体系は基本的に今や堪え難い後進性と父権的専制の発現であるということである。しかし、批判者は、国家中心主義そのものも、現実の持続的なジェンダー・バランスをもたらすという点ではまったく信用できないという周知の事実は認めようとしないようである。

今の場合、私の議論の要点は、上記三つのどのタイプの法体系も、それだけでは公正なバランスを維持するのに完全に成功することはできない。したがって、いずれも公正な法（right law）ではありえないという点にある。それに対して、批判者のアプローチは、ヒンドゥー法の正式な廃止を含め、単にインドの複数の家族法に対してより、国家中心主義的な統制を加えることを主張しているにすぎない。批判者の処方箋は、法と文化は法律の介入によってきれいに分けることはできないし、それぞれ異なったカテゴリーに属することから、宗教を法によって簡単に廃止することはできないという事実をまったく無視している。このようにインドを文明化しようという使命感に燃えた学者たちは、いまなお一八、一九世紀のヒンドゥー法に対する植民地官僚たちの初期の誤解を糧として、今日流行している人権用語によってそれらの誤解を提示しているだけなのである。

いかなる法体系においても、法と文化の分離（そして、その結果、法と宗教の間に確固たる壁を築く可能性）を主張することが、庶民の幸福や適切な法律問題の処理に本当に役に立つかどうかについて、結論を出す必要がある。過度な宗教的ナショナリズムとローカルな父権的権力乱用を強調することと、価値中立性という名のもとにいわゆる世俗的な概念を他の人々に押し付けることとはまったく別のことである。活動家の積極的な介入が「良い法」をもたらすと機械的に想定することは、たいていの場合、極めて独善的なものである。このような問題に関して、さまざまなエリート集団の一員である個々の研究者の間で行われる白熱した議論が、南アジアの事実上至る所にいる普通の人々の基本的――多くの場合とても困難な――生活状態をまったく無視する傾向にあることは明らかである。私の見方によれば、これはまったく非現実的でエリート主義的であり、普通のインド人の幸福という視点を欠いている（“slumdog law”については［Menski 2010b］参照）。

三　競合する幸福概念を確認し、推奨する

植民地時代初期のインドでは、イギリスの植民地官僚とパンディットなどの専門家との間の単なる対話以外に、何かが同時に起こっていた。翻訳の過程で何か重大なことが失われてきたのである。インド法へのイギリスの干渉は、おそらくインド法がどのようなものであるかを確かめ、それを正しく理解しようとする試みでもあった。しかしながら、よく調べてみると、そのことは明らかに主要な目的ではなかった。翻訳の難しさは、経済的・社会的な政策課題によっても大きく影響された。ただ単に法律に関わる政策立案、あるいは社会的に信頼されうる新しい法律を起草するためだけではなかった。多くの実際の事例で、インド法の本質に関する偽りの想定にもとづいて、契約の自由という個人主義的な原理が、今なお法廷に蔓延していることが分かる。

幸福を求める現在進行中のプロセスにおいて、インドの法文化は、時間と空間を超えて、多くのアプローチを試行錯誤してきた。これら複雑に絡み合う法文化のパターンを見るならば、ダルマには決して競争相手はいなかったと偽りの主張をすることは不可能である(8)。実際、ダルマ、そしてヒンドゥーという概念もまた、今日なお大いに異議申し立ての対象となり、さまざまな政治的目的のために誤って用いられている。二つの概念について、世界中の学者たちは熟達しているが、明らかに偏向的な理屈付けが行われている。しかし、思考時間の長さが尊重されるというシナリオは、現代の学者が、ことによると古代のバラモンなどの学識ある専門家たちとそれほど違わないのではないかという疑問を提起することになる。バラモンたちは、複雑な意味を持つ語彙・イメージ・流動的な概念を高度に複雑な仕方で操ることにより、幸福を増大させるという約束、少なくともその可能性を保証する言葉と儀礼

の巧妙な操作を行ってきた。しかし、それはもしバラモンたちが良き意図を持っていると想定した場合のことである。もし昔も今もよくあるように、その基本原理が利己的にポケットを満たすことや、何か見える形で利益を獲得することにあるなら、そうはならなかっただろう。

多くの幸福概念が競い合うこの舞台にダルマが登場するのは、かなり後になってからであると考えるに足る多くの根拠がある。というのは、秩序や幸福に関する別の観念が、かつてはダルマよりも支配的であったが、その概念が歴史の背景に退いていったからである。初期インドの大宇宙的概念であるリタ（[ṛta] 天則）やサティヤ（[satya] 真理）という有力な概念があるにもかかわらず、しばしばこれらは無視される。これらの概念は普通のインド人の間でさえも知られていないのか。裏に潜んだこれらの概念を知ってはいるが、その言葉を聞いたことがないのか。あるいは、学者たちが何かを隠そうとしているからであろうか。もし何かを隠したいという願望があるならば、その理由は、ヒンドゥー法がヴェーダに依存しているということにあるのであろうか。ところが、多くの学者はいまだに「ヒンドゥーイズム」は植民地時代のでっちあげにすぎないと主張する。このような議論は今後も続けられるであろうが、ヒンドゥー法の祖型がヴェーダに存在したことは明らかであり、現代に至るまでその展開を辿ることができるという見解を、私はとっている。

ドイツ・インド学の伝統出身のサンスクリット学者として論じるなら、その文献的根拠は、例えば『リグ・ヴェーダ』[10. 85. 1] にある。『リグ・ヴェーダ』の成立は、紀元前一五〇〇～一〇〇〇年頃に遡り、もともとは古代の洗練された口承文献の一部であり、大量の流動的なテキストがあり、はっきりとした作者はいない。次の詩節は最も古いヒンドゥーの結婚讃歌の冒頭に登場する。結婚は、人生でとても重大な節目であり、人の生涯の決定的な瞬間でもある。結婚では、大宇宙と小宇宙の間に協力的な関係を確立する理想的な儀礼が、厳かな式の遂行により完全に実行されなければならない。後に結婚のサンスカーラ（通過儀礼）と呼ばれる公共の場における儀礼的ドラマになっていく、このシーンの最初の描写は、新婚カップル（月ソーマと太陽神の娘のスールヤー）がその場面にふさわしい真理もしくは秩序の既存の形式に言及することにより描かれている。『リグ・ヴェーダ』［10. 85］の最初の詩節は、今でもなお、ヒンドゥーの結婚式において用いられる。それは、秩序に関する古代ヴェーダの観念にもとづく整然とした小宇宙の儀礼によって、結婚するカップルが既存の大宇宙の真理・秩序の形式に適合することを、明確に保証しようとするものである。それは、カップルの、そして彼らを取り巻く社会の、そしておそらく究極的には宇宙そのものの幸福に役立つように、デザインされている。関連する詩節のサンスクリット原文と私訳は以下の通りである。

satyenottabhitā bhūmiḥ sūryeṇottabhitā dyauḥ |
ṛtenādityās tiṣṭhanti divi somo adhi śritaḥ ||

可視の秩序（satya）によって大地は保たれ、太陽（sūrya）によって天は保たれ、不可視の秩序（ṛta）によってアーディティヤーたちは安心であり、ソーマ（月）は天に自分の場所を得る。

大宇宙のリタ（天則）もしくはサティヤ（真理）に対して、小宇宙ではダルマがそれと同等物であることは、ここではまだはっきりと表現されているわけではない。しかし、個々の正しい行為（元来は儀礼における行為、後には人生のあらゆる時点での行為）が理想的であるという考えは、この詩節においてすでに形成されている。別の観点に立てば、リタとサティヤは後代になって、やがて支配的となるダルマの概念に包摂され、覆い隠されてしまったと論じることができるだろう。つまり、それらは見えなくなったが、決して存在しなくなったわけではない。

このプロセスに対する仏教の介入の可能性についてここでは論じない。しかし、仏教理論は、ヴェーダの主として不可視で、したがって「宗教的な」リタ概念を、もちろん否定し、批判したという印象を受ける。代わりに仏教では、可視的でより「世俗的な」次元の真理、サティヤに焦点が移された。そのプロセスは、その後パーリ語の saccakiriyā（真実行）のように、よく議論の的となった用語に反映されている［Kong 2012］。

それより以前ではないとしても、ヴェーダ時代後期までには、初期ヒンドゥー法の中で宗教的なものと世俗的なものが共存していたことは明らかである。その頃は、もちろんまだヒンドゥー法として明確に存在してはいなかったが、ヴェーダ的な何かとはおそらくヒンドゥー・プロトタイプであった。そうすると、初期仏教徒がヴェーダの自然法理論に反発して立てた幸福の理論は、もしかすると初期の人定法（lex humana）として可視的になったものだと言えるのではないか。仏教徒の理論は、人間の良い行動はより高度な意味の秩序に従うべきであると要求し、個人とその行動を関心の中心に置いた社会的・法的アプローチであったと言える。実際、その範囲で、仏教のダンマ（dhamma）は、自己と他者、そして世界全体の幸福を促進する人間の力の可能性を、より明らかな形で世俗的・人間中心的に概念化したものである。それはまた、熟考された意識的な行為にもとづいているので、儀礼が効果的かどうかという運・不運に左右されることはほとんどなかった。この点で、やがてヴェーダ自身に依存することは、人間の幸福を保証するのに十分ではないとみなされるようになった、というオリヴェル（Olivelle）教授の意見に私は賛同する。どうやら古代ヴェーダ時代のヒンドゥー教徒たちは、時が経つにつれ、そのことに気がついたようである。それゆえ、彼ら自身の儀礼の技能と知識を開発することを始め、それらをより広い社会・文化的領域に拡大し、拡張した結果、後世のダルマ中心の基本原理が発展したのである。また、サンスクリット学者たちは、その時期に新しい形の文献が生み出されたことも知っている。

以上のような多元的・法的証拠を考慮すると、あまりにも多くの研究者が今なお、ヒンドゥー的なものはすべて

（そして、今日ではイスラム的なものも）宗教にすぎないと決めつける理由がまったく理解できない。逆に、神聖であるなら、すべて合法的だと決めてかかるのは、もっと嫌な一元的方法論の誤用のように思われる。元来は部分的に宗教的で、部分的に世俗的な実在が、純粋に宗教的もしくは純粋に合法的なものとして認識されるようになるという現象は、他ならぬ一元的方法論が初期から抱えていた深刻な誤りを明らかにする。ヒンドゥー法は単に宗教だけに関するものではなく、また単に成文化されたテキストとして見られるべきものでもないのである。

しかしながら、弁護士は言うまでもなく、サンスクリット学者でも、ここで議論されている複雑な古代の概念や観念がただちにグローバルな期待をも引き起こしていることに、ほとんど気づいていないようである。それらの概念や観念は、単に孤立して存在した独特のローカルな概念ではないし、かつてインド亜大陸のどこかにいた、あるいは今日グローバルな南アジアの至る所に分散している、高度な知識人の創造力に富んだ精神の中に大事にしまわれてきた観念でもない。実際、「グローバリゼーション」がまだ流行っていない頃に、ヴェーダ時代のダルマの宇宙的、あるいはグローバルな特質を解明した初期の研究［Miller 1986］によるならば、そこには物事の真相を見抜くすばらしい分析が見られる。リタ／サティヤ／ダルマ複合体が宇宙秩序に関する古代のグローバルなヴィジョンを示していることが分かる。そして、秩序に関する初期の大宇宙的概念から、正しい、あるいは適切な行為によって小宇宙的秩序を維持し、そのことにより、より個人的な期待を求めるように推移した歴史を確認することができる(9)。しかしこの点は、最近の研究動向においては、忘れ去られ、無視され、脇へ追いやられているように思われる。

四　植民地時代のシナリオと国家中心主義の結果

以上、予備的な論点をまず提示したのは、イギリス人がインド亜大陸における法の管理・運営に関与したとき、明らかにヒンドゥー法の概念とそのイメージ（そして、その複雑さ）に関する手がかりをまったく持っていなかったばかりか、後にインド学者が研究することになるサンスクリット語やパーリ語文献のさまざまな層について何も知らなかったことを強調したかったからである。しかも、外部者の視点、例えば聖典と呼ばれるものは間違った「異教のもの」だとしても、単なる呪文ではなく聖書に相当するものであると捉える傾向を持つキリスト教徒の観点から理解したのである［Balagangadhara 2013］。

けれども、これら外国からの介入者たちの頭の中では、幸福に対する視点は宗教に向けられていなかった。異教徒の地にキリスト教をもたらそうという、ラテンアメリカにおけるカトリック・ミッションに見られた努力は、インドを獲得するためのイギリス人の努力とほとんど関係がなかった。インドの場合には、植民地権力とその関係者の、利己的で、主として経済的な関心事に焦点が当てられてきただけであった。インドのシナリオは、多くの点で外的なシナリオであったし、そうなって行ったのである。私の考えでは、そこで何か決定的で内的なインドの視点が脇へ追いやられ、翻訳の中で実際に失われていった。インド的な視点は、登場してきた植民地的構造の影にただ隠蔽されてしまったのである。一種の袋小路に入ってしまったので、新法を大量に作っても、ましてやイギリス法を単に押し付けても、容易にその視点から抜け出すことができなくなってしまった。結局、概念が誤訳され、沈黙が失われたものを隠蔽することで、そのことを強化することになったのである。ただ、思った以上に早く、学問的探求の新しいドアが現在開かれつつある[10]。

植民地時代初期の南アジアで出現した官僚制度の構造は、主として利潤のバランス・シートと、しばしば過酷で変わりやすい気候のもとでの自分自身と家族の生存という観点から、幸福を査定した［Anderson 1993］。このことは、西洋的でキリスト教的な存在論と認識論の枠組みの内に設定されたものである。このことに気づかずに、この極めて競争の激しい分野に登場したさまざまな役者は、「相手」が何を言っているのか、何を意味しているのか、十分注意を払わずに、それぞれの「相手」を、プラカシュ・シャー［Prakash Shah 2005］の言い方に従えば「もう一つの他者」とした。ここに、翻訳によってどれほど多くのことが失われるかというプロセスを、われわれは目にすることができる。それは単に言語や言語的コミュニケーションの問題ではない。もっと重要なのは、互いに相手の思考法や重要概念の扱い方を理解する能力に、あるいは意欲に欠けていたことである。そこで最も顕著なことは、植民地にやってくるヨーロッパ人たちが法と宗教について考えていたのに対して、インドのさまざまな人々と彼らの代弁者たちは、ダルマやダンマといった概念、あるいはアルタやアーカーラ（ācāra）などの言葉——それ自体、長期間存在してきた、ダイナミックなインドの多元的合法性（pluri-legality）を反映するハイブリッドな用語——を考えていたのである。

インド人の多くは、今日でも、そのような隠れた概念の多元性について潜在的には気づきつつあるようである。彼らは今世界のどこに行っても、自分たちの骨の髄まで染み込んでいる概念の多元性に、ぼんやりと気づいているように見える。しかしながら、東インド会社が関わり始めた時期、そしてその後のイギリス領インド帝国時代に、インドと遭遇した多くのヨーロッパ人は、そのような流動性を持ち、常にアメーバー的に再編成される概念の可能性について意識していなかった[11]。彼らは多かれ少なかれ、特定のキリスト教的アプローチを頑固に信じており、法の力が国家の道具として用いられ始め、生き生きと議論された時代の（多くの場合）男性だった。ヘンリー・マイン卿（Henry Maine）は、法の進化についての理論をまだ提示していなかった。だが、書物や書かれた文章の中に「適切な法」を見つけ出すことを期待する思考の枠組みこそ、この時代の理論の雰囲気であった。

同時にこの時代は、どんどん世俗化する改革指向の時代でもあった。そうではないという疑念がないわけではないが、一歩譲ってインド人が「宗教的」であることを認めるとしても、結局のところ、西洋の法理論で伝統的な自然法の時代は終焉し、その頃には、すでに宗教を法の舞台の周縁へと追いやっていた。そのために、結果的に宗教を「超法規的」領域に追放してしまったのである。「超法規的」領域とは、西洋の法理論においても、結果として生じる誤解があることを証明する、きわめて強力な用語でもある（詳細については［Menski 2006b: pp. 146–150］を参照）。

インド亜大陸における新参者であるイギリスの植民地官僚と、南アジアにおける伝統知の守り手とみなされるパンディットなどの賢者たちとの間の相互作用について、ここでは検討・評価することができないのは残念なことである。インドのパンディットは、私が言うところの、包括的な物事についての考えであるダルマやダンマ、あるいはそれに関連する概念に関して考察をしてきた。一方、ヨーロッパ人たちは、法は国家が発展するための道具だと当時ますます思い描くようになっていた。注意すべきことは、幸福ということをどう捉え、達成されるべきだと考えるかということについて、この違いによりまったく異なる概念が導入されたことである。

私の理解するところでは、幸福について考える上で、ヴェーダ時代には、大宇宙的実体が持つと考えられる力と、複雑な儀礼によって人間がそれを支える必要性とに焦点が当てられた。実際、ヴェーダ時代の人定法は、そこでは儀礼化された構成物として現れる。正しい行為を行うことによって、個人だけでなくグローバルな幸福に貢献するのが人間の義務であると考えられた。それは、儀礼行為だけでなく、人生のあらゆる時点においても適切な行為をすることが重要であった[12]。

この人間の義務に関する合理的説明は、古典的なダルマ概念を支持し、生み出す。それは、正しい道に従うという意味で、中国語の「理」や日本語の「義理」、イスラムの重要概念である「シャリーア」と、顕著な概念的類似性を持っている。ヨーロッパ的コンテクストでは、もちろん、ギリシャ語の「ノモス」や類似するラテン語の概念、さらに後代には聖トマス・アクィナスの人定法の起源を反映している（［Menski 2006b］を参照）。これらの概念すべてに共通しているのは、それぞれ個々の信者や、特定の伝統あるいは「宗教」の信奉者が、今や、どのような種類のものであれ「正しい行動」によってグローバルな幸福へ貢献する、やっかいで、恒常的な義務を課せられているということである。ここで、誰もが認めることだが、完全な異文化交流においては、「権利」よりも「義務」に典型的に焦点が当てられる。

しかしながら、植民地時代のヨーロッパ的アプローチでは、世界に対する基本的義務に関する人類のグローバルな概念におけるこのような決定的なリンクを、見落としているように思われる。その理由は本論の主題ではないが、一つには、おそらくインド人が適切な「宗教」を持っていたことを安易に否定していたからであろう。というのも、インド人は、ただ彼らの人生を送り、何も考えず、多かれ少なかれ幸せな異教徒の野蛮人であるとみなされたからである。インドの知的教養を認識していなかった理由として考えられるのは、すでに述べたように、その頃までにヨーロッパの法哲学が、法実証主義とさまざまな社会的・法的アプローチという新しい仕方で、自然法理論に対して挑戦してきたからかもしれない。言い換えると、次にあげる図の「ヒンドゥー法の凧」のコーナー1に位置する宗教と宗教法は、法律家の間ではもはや中心的な関心事ではなくなり、より世俗的な次元と見方へ移行してきたのである。それには二種類あり、一つはより社会的なもの（コーナー2）であり、もう一つは、コーナー3に位置する国家とその構造に焦点を当てた見方である。

この種の人間中心的な理論は、マックス・ウェーバや、後にはユルゲン・ハーバマス（Jürgen Habermas）が強調した、人間の相互作用に対する合理的インプットに焦点を合わせ、概して社会規範よりも政治や行政により焦点を当てる立場である。政治理論家や社会理論家の間で行われているエリート的なアプローチは、過去二世紀の間に、公領域に対する世俗的なイメージの構成を必然的に招いた。それにはルドルフ夫妻が記したコーヒー・ハウス文化や目下流行中の「市民社会」に関する文献も含まれる。国家中心主義とナショナリスティックな志向は、やがて世俗的な国家とその官僚的な使命に特権を与えることによって、法の舞台を支配するようになったのであった。今日の、近代後期あるいはポスト・モダン期の観点から見ると、これらすべては、特に「宗教」を中立化し取り除くために考案された、一種の高級な学問的フィクションだと言うことができる。このように「宗教」を無視したり、敵対視したりする方向に一元論的に焦点を向けることは、その後ますます明瞭になった。ハーバマス（興味深いことに、自分の初期の考えを修正している）などの多くの指導的な思想家たちは、九・一一以降、特にそうなっていった。

しかしながら、そのような認識変化のプロセスにおいて、個人の持つ決定的な力が徐々に限定され、基本的に国家権力に譲り渡されてしまったことには深い訳がある。人が生涯のうちに為すことに関する研究が異なる学問分野

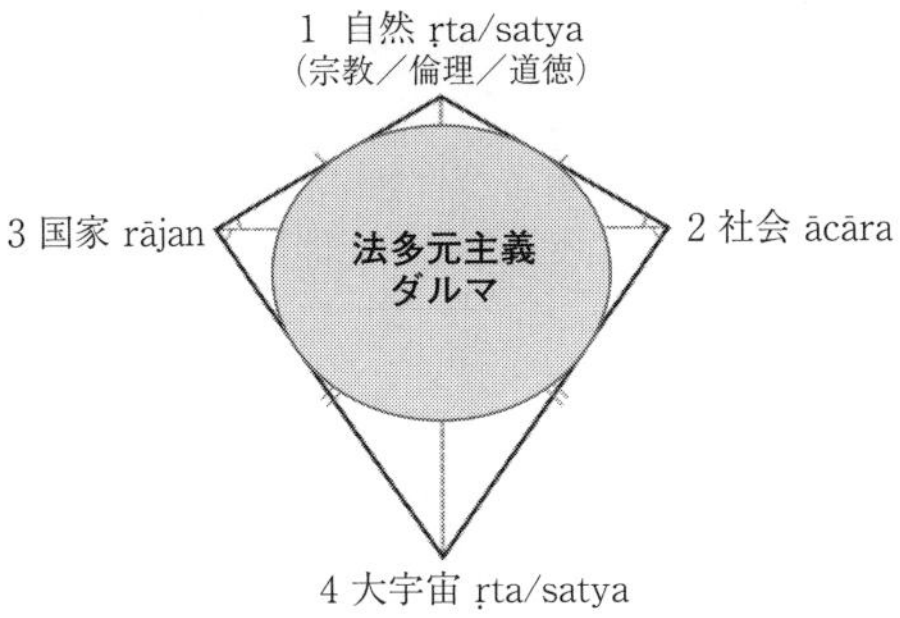

ヒンドゥー法の凧

に分けられたことは、いかにして幸福は達成されるか、いかにして「生きた法」は機能するかについての包括的な理解を阻むさらなる壁を築くことになった。個々の儀礼行為において、ヒンドゥーのダルマやイスラムのシャリーアなどが本来持っている宇宙的な側面が、多かれ少なかれ無視され、個人的なものとしてのみ規定されるようになった。

やがて現代の国家が人々の幸福を守るという重要な機能を引き継いだ（あるいは、少なくともそれを引き受けると期待された）が、一方で、世俗主義と国家中心主義が手を携えて人々の生活を支配するようになり、ついには独裁的国家が単に象徴的な恐怖の種になるという恐ろしい現実が生まれた。国家の関心の焦点が、市民生活についてすべてを知るという要求に向けられたからである。また、この素地はすでに植民地時代初期に部分的につくられていたと思われる。したがって、特に法の舞台では、法分析の社会的・法的側面が一種の酸欠状態に陥っていた。法制度は、法の機能についてより多元的な見方を重視する現在のポスト・モダン法理論の時代になって、やっとその酸欠状態から回復しつつあるのである。今、われわれは「相対的権威」が存在するグローバルな現実の中にあり、「絶対的真理」という主張はフィクションにすぎないことを再認識しているが、しかしそろそろ人間の能力のインプットにもっと注目すべき時である。

イギリス領インド帝国の初期段階では、有意義な異文化コミュニケーションに対する障害は越えがたいものであった[13]。初期のイギリス植民地役人が現地人に「法」の根拠と説明を聞き、ダルマを確認することに焦点を当てて、その当該事例から固有の答えを受け取ろうとした。後代の判事たちは、一八六九年まで、現地の陪席判事として法廷を活動拠点とするパンディットたちと一緒に仕事をしようとしたが、実際にはそれほどうまく行かなかった。パンディットたちは、イギリス人判事を惑わせたと非難されさえした。事態はより深刻となった。非常に重要な何かが翻訳において失われてきた。それは、南アジア全体を通じてさらなる法的・政治的展開にとってきわめて重大な結果をもたらし、現在に至るまで明らかに大きな影響を及ぼしているのである。

五　「法」を概念的に把握する類似の取り組み

これまで述べたように、「法」という観念そのものが、内的に多元的な実体として依然議論の対象であることも、すでに明らかである。ヴェーダだけがあらゆる法の根源だという趣旨のヴェーダ中心説（vedamūlatva）に無理矢理向かわせようとする、初期のバラモンたちの努力は明らかに失敗せざるを得なかった。これは、何の結果も生み出さないに決まっている一元論的なアプローチである。この点について、私はオリヴェール教授に完全に同意する。ヴェーダ原理主義者と呼ばれても仕方がない彼らは、初期インドの社会的・法的現実主義者たちからとりわけ激しい反対に直面しなければならなかった。なぜなら、彼らは、大宇宙的秩序（リタ／サティヤ）と小宇宙的行為（ダルマ）という概念を実践的に結びつける必要を強調したからである。強固な社会的・法的アプローチは、国家の介入によって促進されるのではなく、姿を現しつつある国家構造によって先導されるものなのである。

もしヴェーダ時代の最初の焦点が祭式行為にあったなら（「ヒンドゥー法の凧」のコーナー1）、これはサンスクリット文化の広範囲にわたる形成期の後期に、あらゆる人間の行為を含むまでに拡大した（コーナー2）。つまり、多元性に対する意識を強く持ったある種の「生きた法」理論が、宗教中心の一元論的で近視眼的な主張に対して最初は勝利したように思われる。他の文化や宗教の伝統の中でも起こった現象と同じように、「宗教的源泉」すなわち、霊的なものとして主張され、信じられるものにのみ依存することは、現実の人々がどのように人生を経験し、どのようなプロセスで決断を下したかを精査することにより崩れ去ることになった。人々が大宇宙と小宇宙の秩序（Order / order）を維持することの追求に積極的に介入したことは否定できない事実であった。一方、消極的な宿命論はそれよりも良い別の選択肢とはみなされなかった。それはおそらく弱くて力が無い人々に勧められる道であった。よく知られているように、彼らはバクティ運動やイスラムのスーフィーへ志向し、独自の献身的信仰の道を作り出すことを選んだ。

このように、リタとサティヤという初期の観念や概念が、内的に多元的で極めてダイナミックなダルマという概念に組み入れられてしまったという事実は、生きた宗教においては当たり前のことにすぎないと思われる。しかしながら、人為的に作られ管理された法と、社会的・法的実体としてのダルマの優越性は、インド法に関わった植民地初期のイギリス人にとって、大きな理解の問題を生み出した。彼らはダルマの持つ内的に多元的な力を認識せず、そのためまた、登場してくる国家構造にとって、後にそれがどの程度の問題を引き起こすか、予期することができなかった[14]。カースト法によるにせよ、国の規定によるにせよ、法を国家の産物、道具として強く認識することは、ダルマが何を意味するにせよ、国家が介入する必要があることを意味した。しかしながら、ダルマが国法に深く関わることは、さらに深刻な翻訳の問題を生み出した。

その後の歴史はよく知られていると思われる（例えば［Derrett 1968］参照）。宗教法としてのヒンドゥー法はテキストとしてあり、それを単に翻訳すれば統治の道具にできるという、イギリス人にとって魅力的な想定はうまくいかなかった。というのも、それらのテキストは「法典」ではなく、その構造は国家中心的な法規制の基盤として役立つものでもなかったからである。この権威ある手引きのごく一部は、ある場合は、適切な解決策を決定したり、示唆したりするのに使うことができた。しかしながら、これらのテキストの法典というより風変わりなガイドブック的な性質は、成文化においては不利に働いた。もし十分時間をかけて調べ、正しいツールを持っているなら、シャーストラ（インド法典）から何でも証明できるだろう。しかし、シャーストラにおける面倒なプロセスと心を悩ませるような認識はよく知られている通りである。例えば、そのことは、一九世紀後半にイギリスの植民地役人が書いた数多くの古い地方誌に大量に残されている。そこには、個人や家族がヒンドゥー教徒であれ、シーク教徒であれ、ムスリムであれ、特にパンジャーブ地方では、訴訟はテキストの指示によるよりも、大部分その土地の法、すなわち慣習の規範的パターンによって決められたことを示す分厚い実証的証拠が書かれている。この地方の人々の間では、法の基本的な源は、どのように定義されるにせよ、「慣習」であった。

もちろん、後にイギリスの植民地介入がどのように慣習と慣習法に対応し、操作したかという話は、別の複雑なトピックであり、この短い報告の範囲をはるかに超えたものである。翻訳により多くのものが失われた植民地介入の初期段階と同様に、翻訳のうちに法体系全体を失う、非常に複雑なプロセスが継続された。注目すべきことに、この物語は現在も続いている。インド法におけるさまざまな家族法の問題を研究しようとすると、極めて不適切で思想的に混乱した多数の文献と注釈と、さらに、混乱し困惑した判事たちに直面する。彼らは、今でもときどき目の前の事件について判決を下さずに、お説教を垂れる。それは、家族の取り決めの慣習的なパターンに関する豊富な証拠を含んでおり、正規の法が提案し想定するものとは、正反対であることもある(15)。

六　過去の過ちから学ぶ

このように翻訳によって失われたものがあったにもかかわらず、ヒンドゥー個人法は忘却の淵には沈まなかった。

むしろ、今なおインドの法体系の中心部分として存続しており、世界の多くの国々でも見られる。世界の他の場所へヒンドゥー教徒とともに移動するからである。しかも、それに加えて、私の学問上の同僚の多くは苛立たしく思うだろうが、極めて眼に見えない形で、ヒンドゥー個人法はインドの一般法の大部分の概念の核心を下支えしているのでもある。例えば、一九五〇年のインド憲法は、さまざまな修正事項とともに、ダルマの重要な原理を世俗的に言い換えているものとして読むことができる。ただ、おそらくそれはサンスクリット学者としての訓練を受け、正しい概念上のツールを持っていればの話である。けれども、これに関していくつかの例を示すことができる。最も明らかなのは、基本的義務の一部を構成する、第五一条A（j）項である。「国が常により高いレベルの努力と達成に向上するように、個人的かつ集団的活動のすべての領域で卓越性を目指して努めるのがすべてのインド国民の義務である」。このよく選ばれた言葉を、現代の世俗語でダルマを説明する決まり文句とみなすのを拒否することは、私の見立てなら、深刻な視野狭窄に陥った症状である。

多くのインドの政治家が、そのような基本的義務を都合良く無視することを選んできたという趣旨の批判的なコメントをここではするつもりはないが、憲法の言葉の選択は決して偶然ではない。それは、植民地時代に見られた個人化の持つ致命的な結果を是正しようという試みとさえ思われる。それは、人間のあらゆる活動の根底にすべての他者との繋がりを認識する根本的義務があるという、ダルマの根本原理が翻訳のために失われたことに対する、救済策として読むことができる。この点こそ、アジアの法文化と西洋の法文化の最も大きな違いである。

つまり、いまなおインドの個人法と支配的な一般法は、リタやサティヤやダルマのような重要概念を支持しながら、国とその多様な国民の幸福を増大させようとしているのである。インド憲法（特に第三八条を見よ）は、多くの言葉を費やして、近代国家は、それ自体が重大なチャレンジとして設定された正義を提供しようと努力するものであると語っている（[Sen 2009] 参照）。個々の国民は、この野心的な目標に貢献することを期待されている。一方、インド国家は、そのための道徳的ガイダンスを定めている秩序のための召使いにすぎない。私の理解では、このことによりヒンドゥー法は、テキストにもとづいたガイダンス集から、現在の立法者、特にインドの判事に莫大な権力を与える、意思決定と法律問題処理のための概念的な道具、パトリック・グレン（Patrick Glenn）が言うところの「リッチな玉手箱」に姿を変えてしまっている。今日のインドの判例を読むと、インドの判事は、家族法の領域だけでなく、それに関連する道徳問題に関する混成慣習法の裁判特有の、議論の的となる問題を扱わねばならないことがすぐに分かるのである。しかしながら、そのような広い視野からの考察は、初期の植民地役人にとっての使命感の完全に外にあった。すでに見たように、彼らは利己的な介入者であり、その目は利潤と残高の数字、税金と売れ行きに向けられ、土地の人々の幸福には向けられていなかった。

私は、今日のインドの国家官僚制度が当然別の見方をしていることを期待している。疑うことも必要だが、明らかに期待することもできる。インド法の一般の言説の世俗的な支配のゆえに、沈黙させられ語ることができなくなったヒンドゥー原理とダルマの概念が、引き続き強固な存在感を示す家族法においては、特にそうである。確かにこのことは、外部の観察者に容易に見えるものではない。しかしながら、多元主義を意識して法の領域全体を再検討すればすぐに、ダルマは実際どこにでも存在しており、ヒンドゥーの法構造は極めて多元的であり、異なる種類の法が今なお絶え間ない緊張と競争の関係の原因となっていることが分かるのである。

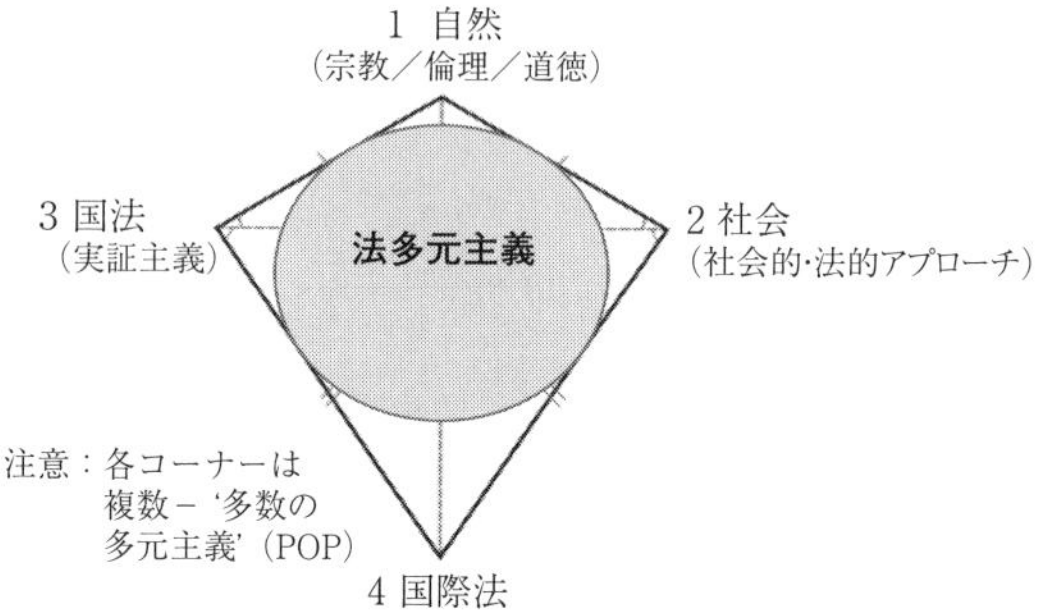

メンスキーの凧（2010）

七　多元主義的法理論のコンテクスト

本論の最後に、先にあげた法の凧型モデルと、私が人間の幸福に役立つと考える、法分析における多元性方法論の有益な効果について、少し説明をしなければならない。もし法が、国家とその支配だけではなく生活全体、さまざまに相反する期待についての微妙なバランスに関わるものであるなら、すべての法は本質的に混成的であり多元的である［Twining 2010］。

したがって、私がこの混成性を表現するために考案した法の凧は、必然的に絶え間ない緊張と競争の関係にあり、相互に関連する四つの主要な法のタイプを表現している［Menski 2013b; 2014］。このメンスキーの凧型モデルは、世界じゅうの法律家たちが研究してきた四つの主要な法のタイプを含んでいる。四つの角のある凧が空中に漂うのを想像していただきたい。これは絶え間ない法のナヴィゲーションと関連する極めてダイナミックなシナリオである。一番上のコーナー1には、自然法／宗教／倫理／道徳がある。もちろんこれは、実証主義的法理論に比べると、今日では目立たない存在である。この種の法は、心理学とも個人の能力の主要領域とも関係していることは重要である。次に（経済的考慮を含む）社会的規範が右側のコーナー2に置かれる。これは、周囲の人々を喜ばせたり、感銘を与えたりするための行為の選択、あるいはそうすることを期待される、その土地の多くの慣習や伝統を含んでいる。これは、多くの内部矛盾をともなう規範の大舞台を対象とする社会学・人類学、そして経済学の領域と関係している。

三番目に国法と政治が左のコーナー3に置かれる。多くのタイプの国法は、実際に国によって作られたものではなく、他のコーナーから採用され、法体系に吸収されたことに気づくことは重要である［Chiba 1986］。さまざまな個人法は、大体このようなタイプの混成法から成っている。最後に、人権と国際的規範や法、すなわち国際関係も凧の下のコーナー4に見られる(16)。

これらの四つのコーナーはさまざまな物の見方を表しており、法関連の言説における極めて多様な学問分野を組み入れている。コーナー1は、互いに結びつく個々人と、彼らの哲学・倫理・心理学の取り扱いに焦点を当てている。これはまた、自発的で個人的な物の見方や展望に関する法的対立を強調し、われわれが個人の能力の限界を測定することを可能にする。コーナー2は、そのような物の見方や展望の社会的レベルに焦点を当て、社会的・法的プロセス、経済的段取り、文化的影響にもとづき、ヴァラエティに富んだ内的に多様な規範体系を含んでいる。コーナー3は、政治と国家、そしてそのさまざまな参加者や執行者に関連するあらゆることを扱う。このコーナーは、明らかに古典的実証主義者の法の範囲をはるかに超えている。コーナー4は、今日よく目にする重要な領域であり、グローバルで国際的な次元に関わるあらゆるものを含んでいる。また国際関係と関わり、今日、コーナー1に由来する、伝統的なものの見方と激しく衝突する「新しい自然法」［Menski 2006: pp. 168-173］を下から支えている。

さらに、このメンスキーの凧イメージのさらに高度に関連する次元を認識する必要がある。つまり、これら四つのコーナーはすべて、分離できないひとつの形として共存していることである。さもなければ凧はただつぶれてしまうだろう。このことは、これらのコーナーのどれかを切り取ろうとするいかなる試みも、Twining［2010: p. 474］

が「社会的事実の法多元主義」(social fact legal pluralism)と名づけた不協和音を生み出し、テロリズムとまでは言わないまでも暴力となるだろう。つまり、法と関連する決定を下すときには、必然的にその決定を下すプロセスは法の凧の特定の場所から始める必要があり、そこから、決定を下す者が最初に凧のどの特定のコーナーに位置しているか、何を好むかによって、凧のさまざまな要素を縦横に駆け巡ることになる。この決定を下すプロセスにおいて、最も好ましくないことは最後にまわされるが、嫌われた要素を単にまったく切ってしまうことはできない。たとえそれに反対で、それを嫌っていても、少なくとも考慮し、関与する必要があるのである。繰り返すと、凧のコーナーのどの一つでも取り除くことは、凧の構造全体を壊し、その結果、大きな問題を生じることになる[Twining 2009: p. 218]。

本論が論じたように、インドにおける異文化交流の初期においてイギリスの意思決定者は、ほぼ確実に一個人として決定を下したであろう。それゆえ、コーナー1か2から始めたはずであり、ただちに国家の代理人として——その場合はコーナー3からプロセスを始めることになるが——決定を下したのではないだろう。けれども、イギリス人の役人が徐々に植民地国家の代理人として公的に関与するようになると、その程度に応じて、コーナー3は次第に支配的な存在となっていった。ただ、それでも、確固とした決定を下すための唯一の見方では決してあり得なかった。

最後に——翻訳により多くのものが失われた?

イギリスがインドにおいてヒンドゥー法に関わり始めたとき、何か重要なものが翻訳において失われたという見方は、まだ個人的な見解にすぎない。しかしながら、初期イギリスの意思決定者が公的機能を担った程度に応じて、システム全体は潜在的に「植民地的他者」の抑圧の道具となった。この結果、インド法全体の展開の仕方と、今日も含めて後代の研究の仕方に対しても長期間にわたって影響をもたらしてきた、構造的暴力をそこに見いだすことになる。

ヒンドゥーの法概念と植民地的介入の後のその不安定な立場に対して今焦点を当てることは、人間の幸福が不公平な政策決定によっていかに否定的な影響を受けるかという事例研究として役立つ。言い換えると、一元的方法論の否定的な影響は、文化に対する無知、もしくは「他者」とかれらの見方や関心を意図的に排除するならば、容易に反対勢力への深刻な暴力を生み出すことになるであろう。しばしば、何も言ったり、表明したりしない意図的な沈黙といった忌避反応が起こる理由もそこにある。このことは、今日、南アジア法研究が直面しているように見える重要な窮地を説明するのに役立つかもしれない。その理由は、異文化間の翻訳において何かが失われただけではなくて、インドの法と政治の展開に見られる多元性を見てこなかったからである。そのような重要な点がこれまで指摘されず、そのことにより人口一二億の国の重要な問題が公的利益の観点から十分に論じられていないのを繰返し見るとき、政治的正当性の風潮の中で、インド法研究は、さらにもっと多くのことを失う危険を冒していると思われる。

人権と国際的な規範の時代である現代、われわれは数世紀前に翻訳において失われたものと明らかに取り組み続けなければならない。個々の研究者としてのわれわれ自身の幸福のために、この困ったシナリオから何かを引き出す必要があるかという議論は、本論考の範囲をはるかに超えている。しかし、今後の私の研究活動の主要な関心は、まずもって、インドという国に受け継がれて来た伝統的な法の翻訳により失われた意味に取り組むことにある。

（訳責　嵩満也）

註

（1）［Derrett 1968］の特に第8・9章と、その参考文献を参照。その最初期は［Fawcett 1979］と［Jain 1990］によってカバーされている。近年では、［Williams 2006］と［Denault 2009］を参照。

（2）例えば、［Wilson 1921］参照。

（3）［Anderson 1993］と、その参考文献を参照。

（4）［Chiba 1986: pp. 6-7］は「法律の前提条件」（legal postulate）のような実体を理論化し、「公式の法」と「非公式の法」はいつもともにそのような前提条件と結びついていると主張しているのは正しい。

（5）詳細は、以下と［Menski 2014］を参照。

（6）この今や世界じゅうに拡大しつつある「多元性」（plurality）に関する最近の役に立つ研究は、［Solanki 2011］と［Sezgin 2013］である。

（7）関連する憲法の規定は、一九五〇年のインド憲法の第四四条であり、「国は、インドの版図全体にわたって、国民のために同一の民法を保証するために努力する」と規定している。

（8）もしもヒンドゥー法に関する私の研究［Menski 2003］がそれを示唆すると理解されるなら、私が実際に書いたことをもう一度読むよう忠告するだけである。なぜなら、ダルマには競合する相手がいなかったなどと私は主張したことはないし、実際は、まったくその逆のことを示している。［Menski 2010a］も参照。

（9）それを「宗教」と呼ぶか、あるいは［S. N. Balagangadhara 2012］を中心とする研究チームが考えたように、そのようなラベルを西洋的概念として留保するか、という問題は、まったく別のトピックである。目下のトピックに関しては、［Bloch, Keppens and Hegde 2010］参照。

（10）その結果、バラガンガダラ教授と彼のチームのインド宗教に関する研究努力が、なぜこれほど強く議論の的となり、これほど理解が困難であるのかを、説明できるかもしれない。

（11）日本の千葉先生［1986, 1989, 2002］は、このアメーバという独特のイメージを見いだし、用いておられるが、大変啓発的であると筆者は評価する。

（12）すでに述べたように、そのような観念が、より仏教的か、ジャイナ教的か、ヒンドゥー教的かを確かめたり、主張したりすることに、筆者のここでの関心はない。否定できない事実は、（西洋や世界のその他の場所で存在したように）これらの観念が存在し、それらが互いに関係するとき、初期から［Mesnki 2010a］、インドの混成的な文化的風土の発展に強い影響を与えたことである。

（13）［Derett 1968: ch. 8］は、特にシャーストラ（インド法典）の保護者としてのイギリス人の、挫折した役割を探求している。

（14）もちろん、ガンディーはまだ居ない。そして、植民地政府の地元への介入に対する初期の反乱について、われわれがほとんどまったく無知であることについては、よく分かっている。

（15）この最適の例は、D. Velusamy v. D. Patchaiammal, AIR 2011 SC 479 と 2010（10）SCC 469 である。（http://indiankanonn.org/doc/1521881/）

（16）凧モデルのさらなる詳細と説明は、［Menski 2012a: p. 81; 2013b: p. 26］参照。

参考文献

Anderson, Michael（1993）'Islamic law and the colonial encounter in British India'. In David Arnold and Peter Robb（eds.）*Institutions and ideologies: A SOAS South Asia reader*. London: Curzon Press Ltd., pp. 165–85.

Balagangadhara, S. N.（2012）*Reconceptualizing India Studies*. New Delhi: Oxford University Press.

Balagangadhara, S. N.（2013）"The heathen in his blindness...". *Asia, the West and the dynamic of religion*. Second edition with corrections. New Delhi: Manohar.

Bloch, Esther, Marianne Keppens and Rajaram Hegde (eds.) (2010) *Rethinking religion in India*. London and New York: Routledge.

Chiba, Masaji (ed.) (1986) *Asian indigenous law in interaction with received law*. London and New York: KPI.

Chiba, Masaji (1989) *Legal pluralism: Towards a general theory through Japanese legal culture*. Tokyo: Tokai University Press.

Chiba, Masaji (2002) *Legal cultures in human society. A collection of articles and essays.* Tokyo: Shinzansha International.

Denault, Leigh (2009) 'Partition and the politics of the joint family in nineteenth-century north India'. *The Indian Economic and Social History Review*, 46 (1), pp. 27–55.

Derrett, J. Duncan M. (1968) *Religion, law and the state in India.* London: Faber and Faber.

Fawcett, Charles (1979 [1934]) *The first century of British justice in India*. Reprint. Aalen: Scientia Verlag.

Jain, M. P. (1990) *Outlines of Indian legal history*. Fifth edition. Bombay: N.M. Tripathi.

Kong, Choy Fah (2012) *Saccakiriyā. The belief in the power of true speech in Theravada Buddhist tradition.* Singapore: The author.

Menski, Werner (2003) *Hindu law. Beyond tradition and modernity.* New Delhi: Oxford University Press.

Menski, W. (2006) 'Asking for the moon: Legal uniformity in India from a Kerala perspective'. In: 2006 (2) Kerala Law Times, Journal Section, pp. 52–78.

Menski, W. (2010a) 'Sanskrit law. Excavating Vedic legal pluralism'. *SOAS School of Law Research Paper*, No. 05–2010. [Available at SSRN: http://ssrn.com/abstract=1621384].

Menski, W. (2010b) 'Slumdog law, colonial tummy aches and the redefinition of family law in India'. *Review article. South Asia Research,* 30. 1 (February): pp. 67–80.

Menski, W. (2012a) 'The uniform civil code debate in Indian law: New developments and changing agenda'. In Malcolm McLaren (ed.) *The many faces of India. Law and politics of the subcontinent.* Delhi: Samskriti, pp. 136–82.

Menski, W. (2012b) 'Ancient and modern boundary crossings between personal laws and civil law in composite India'. In Joel A.

Nichols（ed.）*Marriage and divorce in a multicultural context. Multi-tiered marriage and the boundaries of civil law and religion.* Cambridge: Cambridge University Press, pp. 219–52.

Menski, W.（2013a）‘Governance and governability in South Asian family laws and in diaspora’. *The Journal of Legal Pluralism and Unofficial Law*, 45（1）（March）: pp. 42–57.

Menski, Werner（2013b）‘Law as a kite: Managing legal pluralism in the context of Islamic finance’. In Catttelan, Valentino（ed.）*Islamic finance*（pp. 15–31）. Cheltenham: Edward Elgar.

Menski, W.（2014）‘Legal pluralism as a global irritant of critical relevance: MM v POP’. In Waheeda Amien, Chuma Himonga and Gordon Woodman（eds.）*Law, custom and religion. Cape Town: Juta* [forthcoming].

Miller, Jeanine（1985）*The vision of cosmic order in the Vedas*. London et al.: Routledge.（With a foreword by Raimundo Panikkar）.

Parashar, Archana（2013）‘Religious personal laws as non-state laws: Implications for gender justice’. *The Journal of Legal Pluralism and Unofficial Law*, 45（1）（March）: pp. 5–23. [http://dx.doi.org/10.1080/07329113.2013.773804].

Sen, Amartya（2009）*The idea of justice*. London: Penguin.

Sezgin, Yűksel（2013）*Human rights under state-enforced religious family laws in Israel, Egypt and India.* Cambridge: Cambridge University Press.

Shah, Prakash（2005）‘Globalisation and the challenge of Asian legal transplants in Europe’.（2005）*Singapore Journal of Legal Studies*, pp. 348–61. [http://law.nus.edu.sg/sjls/articles/SJLS-2005-348.pdf].

Solanki, Gopika（2011）*Adjudication in religious family laws. Cultural accommodation, legal pluralism, and gender equality in India.* Cambridge: Cambridge University Press.

Twining, William（ed.）（2009）*Human rights, Southern voices.* Cambridge: Cambridge University Press.

Twining, William（2010）‘Normative and legal pluralism: A global perspective’. *Duke Journal of Comparative & International Law*, 20, pp. 473–517.

Wilkinson, Steven I. (ed.) (2005) *Religious politics and communal violence*. New Delhi: Oxford University Press.

Williams, Rina Verma (2006) *Postcolonial politics and personal laws. Colonial legal legacies and the Indian state*. New Delhi: Oxford University Press.

Wilson, Sir Roland Knyvet (1921) *Anglo-Muhammadan law. A digest*. Fifth edition, Calcutta and Simla: Thacker, Spink & Co.

普遍的法則としてのダルマ——仏教的パースペクティブ

桂　紹隆
KATSURA SHORYU

イギリスの初期仏教研究者ゲシン教授は、初期仏教の伝統において「ダンマ／ダルマ」という語の持つ六つの意味を整理している。すなわち、(1)ブッダの「教え」(the 'teaching' of the Buddha)、(2)「いい行い」もしくは「いい振舞い」('good conduct' or 'good behaviour')、(3)「真理」(the 'truth')、(4)すべての特定の「性質」「特性」(any particular 'nature' or 'quality')、(5)ものごとの背後に流れている客観的な「自然の法則、あるいは秩序」(the underlying and objective 'natural law or order' of things)、(6)基本的な心的あるいは物質的「状態」もしくは「ものごと」(a basic mental or physical 'state' or 'thing')である。ただし、第五番目の意味は、文献的根拠がないという理由で彼は支持しない。[1]

しかしながら、ブッダが目覚めて弟子たちに教えたものは、伝統的には「縁起」と呼ばれ、我々が「因果律」と呼ぶところの一種の自然の法則、あるいは秩序であったと考えられる。この法則によると、この世のすべての現象は何らかの原因と諸条件との結果である。ブッダは、「苦しみ」と「苦しみからの最終的な解放」とを因果律によって説明している。ブッダ自身は、「縁起」を「ダンマ」とは呼ばなかったかもしれないが、彼に続いた仏教徒たちは、「縁起」をブッダの「ダンマ／ダルマ」と見なしたのであった。

仏教が持つ、この極めて「科学的」あるいは「合理的」な性質のゆえに、現代インドにおけるダリット仏教運動の創始者であったB・R・アンベードカル博士（一八九一―一九五六）は、仏教を自分の「ダンマ」として採用したのであろう。彼が現代インド仏教徒のバイブルとなることを願って書き残し、没後出版された『ブッダとそのダンマ』*The Buddha and His Dhamma*（1957）の序文で、彼は「ブッダの宗教は、科学に目覚めた社会が受け入れることができ、それなしには滅びてしまう、唯一の宗教である。……仏教は、現代の世界が自身を救うために持つべき唯一の宗教である」と言っている。(2) ここで「宗教」ということばを使っているが、アンベードカル博士自身は、いわゆる「宗教」とブッダが「ダンマ」と呼んだものの間には根本的な違いがあることを強調している。(3) 彼によると、宗教は個人的なものであり、人はそれを内に秘めておくものであるのに対して、ダンマは社会的なものである。なぜならば、ダンマは正義／公正さ（righteousness）、生活のあらゆる局面における人と人との間の諸々の正しい関係（right relations）を意味しているからである。彼は次のように「ダンマ」を定義する。

さて、ダンマとは何か。なぜダンマが必要なのか。ブッダによると、ダンマはプラジュニャー（般若／智慧）とカルナー（悲）から成る。プラジュニャーとは何か。そして、なぜプラジュニャーなのか。プラジュニャーとは理解（understanding）である。ブッダがプラジュニャーをそのダンマの二つの礎石の一つとしたのは、迷信の介入する余地を残したくないためであった。カルナーとは何か。そして、なぜカルナーなのか。カルナーとは、愛である。それなしには、社会は生きることも、成長することもできない。だから、ブッダはそのダンマの第二の礎石としたのであった。以上がブッダのダンマの定義である。

ここでアンベードカル博士は、ダンマをプラジュニャー（般若／智慧）とカルナー（悲）によって定義しているが、『ブッダとそのダンマ』では「シーラ」（戒）と「マイトリー」（慈）という別の語を用いて、ダンマもしくは真実のダンマ（サッダンマ）を定義している。ここで興味深いのは、アンベードカル博士がブッダのダンマを論じる際に、大乗仏教修行者の理想像である菩薩の代表的な特性である智慧と慈悲を用いていることである。『ブッダとそのダンマ』において、パーリ・ニカーヤなどの初期仏教経典が大量に利用されたことは知られているが、彼のブッダのダンマの理解には、大乗仏教も重要な影響を与えたことが明らかである。いずれにせよ、アンベードカル博士にとって、智慧と慈悲とから成るブッダのダンマこそ、差別と抑圧から自由な社会を構築しようと願う人々が正しく生きるためのガイドラインであった。

＊

それでは、ブッダ自身に遡って、そのダンマの意味を考えることにしよう。最初に注意しておきたいことは、歴史上の人物であるブッダが実際に弟子たちに何を教えたか、私たちは正確には知ることはできないということである。私たちが知ることができるのは、伝統的にブッダが説いたと信じられてきたものにすぎない。筆者が初期仏教経典を読んだわずかな知識から得た印象は、「サッチャ／サティヤ」（現実／真実）という語が「ダンマ／ダルマ」という語と同じくらい重要な役割を果たしているということである。事実、ブッダが菩提樹の下で目覚め、ヴァラナシーの鹿野苑で最初の五人の弟子に教えたのは、「四つの現実／真実」（四諦）であったと考えられている。ブッダの最初の教えの記録とされる『初転法輪経』には、次のように説かれている。

さて、これが、比丘達よ、苦という、聖者にとっての現実／真実（苦諦）である。すなわち、生も苦であり、老も苦であり、病も苦であり、死も苦である。悲・嘆・苦痛・憂・悩も苦である。憎いものと会うのも苦であり、愛するものと別れるのも苦である。欲しいものを得られないのも苦である。要するに、五取蘊（人に対する執着の原因である五つのもの――色・受・想・行・識――の集まり）は苦である。

次に、これが、比丘達よ、苦の生じる原因である、聖者にとっての現実／真実（集諦）である。すなわち、それは再生を引き起こし、喜びと欲望とを伴い、あれやこれやに喜びを求める渇愛である。つまり、五欲の対象に対する渇愛、生存（有）に対する渇愛、消滅に対する渇愛である。

次に、これが、比丘達よ、苦の滅という、聖者にとっての現実／真実（滅諦）である。すなわち、それは渇愛の残りなき除去、止滅、棄捨、放棄であり、（それからの）解放、（それに対する）無依存である。

次に、これが、比丘達よ、苦の滅へ導く道という、聖者にとっての現実／真実（道諦）である。すなわち、それは八支聖道である。つまり、正見・正思・正語・正業・正命・正精進・正念・正定である。


［Saṃyutta-Nikāya 56. 11］

「四つの現実／真実」（四諦）とは、(1)人間存在そのものが苦であるという現実（苦諦）、(2)渇愛が苦の生じる原因であるという現実（集諦）、(3)渇愛の除去が苦の滅であるという現実（滅諦）、(4)八支聖道が苦の滅に導く道であるという現実（道諦）である。四諦の教えは、しばしば医者が病人を治療するプロセスと対比される。良医は、まず病気を発見し、その原因を特定する。それからしかるべき治療法を適用して、病気を治癒する。ヴァスバンドゥ（世親、紀元四―五世紀）は『阿毘達磨倶舎論』第六章第二偈の注釈で四諦を説明する際に『良医経／医譬経』という初期経典を引用している。(4)

医者が病を発見して、その原因と治癒と薬とを探求するが如し。経典中にもまさに次のように四諦の譬喩が説かれている。どの経典に？「四種の徳を備えた医者は（病という）刺／毒矢を除去する。四種の徳とは何か。病状を知り、病因を知り、病の治癒を知り、病の薬を知ることである。」ということ（良医経）においてである。医者が病を観察するとき（四種の）真実を追究するように、（加行位において）現観するとき四諦を現観するのである。

コペンハーゲン大学のインド医学研究者ジスク博士は、律蔵に保存されている薬や医療に関する豊富な情報にもとづいて、バラモン教の伝統の中に見られる呪術的な医療の伝統とはまったく異なる「合理的な」インド医学の伝統が、バラモン教ではなくて、沙門教団、特に仏教教団の周辺で発達したという学説を提示している。(5) ブッダの四諦の教えと呪術的ではない合理的な医療のプロセスとの間に類似性を指摘できれば、ジスクの提案を支持することになるだろう。

*

四諦の教えを貫いている根本原理は因果律である。すなわち、苦は渇愛の結果であり、苦の原因の滅は八支聖道の修習の結果である。因果律を表す仏教語は「縁起」（*paṭiccasamppāda* / *pratītyasamutpāda*）である。パーリ律蔵の「大品」冒頭で、ブッダが菩提樹の下で悟りを開いた時の経緯が詳しく述べられるが、そこで無明・行・識・名色・六処・触・受・愛・取・有・生・老死から成る「十二支縁起」が言及される。

その時、初めて悟りを開かれた仏世尊は、ウルヴェーラー（村）のネーランジャラー河の岸辺の菩提樹の根元におられた。そして、そのとき世尊は菩提樹の根元で七日間、ひたすら結跏趺坐して、解脱の楽を味わっておられた。それから、（七日目の）夜の初夜に、縁起に向けて、正順と逆順に心を集中された。

（すなわち）無明という縁から諸行が生じ、諸行という縁から識が生じ、識という縁から名色が生じ、名色という縁から六処が生じ、六処という縁から触が生じ、触という縁から受が生じ、受という縁から愛が生じ、愛という縁から取が生じ、取という縁から有が生じ、有という縁から生が生じ、生という縁から老死と愁・

悲・苦・憂・悩が生じる。このようにして、苦の集まり全体の生起がある。

また、無明の残りなき除去・止滅から行が滅し、行の滅から識が滅し、識の滅から名色が滅し、名色の滅から六処が滅し、六処の滅から触が滅し、触の滅から受が滅し、受の滅から愛が滅し、愛の滅から取が滅し、取の滅から有が滅し、有の滅から生が滅し、生の滅から老死と愁・悲・苦・憂・悩が滅す。このようにして、苦の集まり全体の止滅がある。

さて、世尊は、以上のような意味を知った上で、そのとき、次のような感興の詩を述べられた。

「諸々のダンマが、熱心に瞑想に励む梵行者（バラモン）に明らかになるとき、ダンマをその原因とともに知ることになるから、彼の疑問はすべてなくなる。」　[Vinayapiṭaka, Mahāvagga, Mahākkhandhaka, 1-6]

その夜ブッダは、二度・三度と、苦しみがいかにして生じ、いかにして滅すかを十二支縁起により観察する。無明に始まり苦の生起に至るプロセスは、輪廻のプロセスであり、無明の滅に始まり苦の消滅に至るプロセスは、輪廻からの解放、すなわち解脱に至るプロセスである。実に、『初転法輪経』に説かれる四諦の教えは律蔵「大品」に示される「十二支縁起」を簡潔にしたものであり、両者はともに、苦の生起と消滅に関する因果律を説いているのである。

＊

ここで、上記の「大品」に繰り返し現れる「Xという縁からYが生じる」「Xの滅からYが滅す」という表現に注目したい。他のニカーヤ・テキストでは、十二支縁起が説かれる時に、しばしば次のような定型句が付される。
(1)　此れがあるとき、彼があり、
(2)　此れが生じるから、彼が生じる。

(3) 此れがないとき、彼はなく、
(4) 此れが滅すから、彼が滅す。(6)

これは、後に「此縁性」(idappaccayatā / idampratyayatā)と呼ばれた定型句である。定句(1)と(3)は、それぞれ「Xがあるとき、Yがある」「Xがないとき、Yはない」と言い換えることができ、後に仏教を含むインドの哲学者たちによって「肯定的随伴」(anvaya)と「否定的随伴」(vyatireka)と呼ばれた。XとYとの間に、Xがある時にのみ、Yがあり、Xがない時には、決してYはないという関係が成立すれば、XとYとの間には、「因果関係」のような、何らかの関係が成立すると考えられた。例えば、火がある時にのみ、煙があり、火がない時には、決して煙はない、と経験されれば、火は煙の原因であると言うことができるのである。

ペンシルヴァニア大学のカルドーナ教授は、二項間の肯定的随伴と否定的随伴にもとづいて両者の間に何らかの関係を発見する方法を「インド的帰納原理」と名付けている。(7) この原理は、インドの文法家たちがことば(śabda)とその指示対象/意味(artha)との間の関係を説明する際に用いられる。さらに、インドの論理学者たちが正しい証因(hetu / liṅga)とその目標である証明されるべき事柄(sādhya / liṅgin)との間の関係を確立する際に、用いられている。筆者は、古代ギリシャに端を発し、ユークリッドの幾何学の体系、アリストテレス派の「三段論法」(シロジズム)に代表される公理主義的・演繹主義的思考が、西洋の知的伝統の主流をなすのに対して、インド的思考の基本は帰納法的であると考えている。さらに、ブッダ自身でなくても、ニカーヤ・阿含として残されている初期仏教経典を編纂した仏弟子たちは、「此縁性」に象徴されるインド的帰納法の原理を熟知していたと考えている。

菩提樹の下でブッダが目覚めた真実/真理は、縁起/因果律であった。そして、十二支縁起の二つの支分を構成するダンマ(例えば、無明と行)の間の因果関係を確立するために、ブッダもしくは仏弟子たちは帰納法的思考法を発達させていったと考える。ところで、観察にもとづく帰納的推理は現代科学の特徴の一つである。したがって、ブッダの根本的な教えに関する限り、現代の科学的な思考と矛盾しない。この意味で、本論の冒頭に引用したアンベードカル博士の言明、「ブッダの宗教は、科学に目覚めた社会が受け入れることができる唯一の宗教である」を我々は支持することができるのである。

＊

最後に、十二支縁起の各項目だけがダンマと呼ばれたのではなく、それら諸項目の間の因果関係を確立するために適用される帰納的推理を表す四つの定型句（此縁性）もまた、時にダンマと呼ばれることを指摘しておきたい(8)。後者は、さらに「法性」（*dhammatā* / *dharmatā*）とも呼ばれる。かくして、仏教のダンマ／ダルマは、バラモン教の伝統と共通する「いい行い」などの意味を別にすれば、ゲシン教授が六番目にあげた「基本的な心的あるいは物質的「状態」もしくは「ものごと」」であり、それらの心的あるいは物質的状態の間の因果関係を確立する帰納的方法である。彼が五番目にあげた「ものごとの背後に流れている客観的な「自然の法則、あるいは秩序」」とは、因果律であり、法性（ダンマター）と呼ばれるが、それもブッダの教えという意味でダンマと呼ぶことができる。

法性は、大乗仏教の展開過程において極めて重要な役割を果たした。ブッダが般涅槃したあと、仏教徒たちは次々と「仏語」（*buddhavacana*）という名の下に、新しい経典を作り出していったが、それを可能にした論理は、ブッダのみが法性（ものごとの真実）に従って教えを説くことができるということであった。その結果、いかなる経典にせよ、法性に違反しない限りは、仏語と見なすことができ、ニカーヤや阿含とは異なり、多くの新しい考えを含む大乗経典も仏語として提示することができたのであった(9)。

仏教徒たちは、衆生と環境世界を諸々の心的・物質的状態（ダンマ／ダルマ）によって分析し、それらのダンマ

／ダルマの間の因果関係を特定した。さらに、それらのダンマ／ダルマを貫く普遍的法則として、法性すなわち因果律を立てた。それはすべての世俗的な現象と世界のすべての人々に適用可能であり、適用されなければならない普遍的な法則なのである。

註

（1） Rupert Gethin, "He who sees dhamma sees dhammas: dhamma in Early Buddhism," *Journal of Indian Philosophy*, 32: pp. 513-542, 2004.

（2） A Critical Edition edited, introduced, and annotated by Aakash Singh Rathor and Ajay Verma, Oxford University Press, 2011, p. xxvii.

（3） "Religion and Dhamma," *The Essential Writings of B.R. Ambedkar*, edited by Valerian Rodrigues, Oxford University Press, 2002, pp. 57-59.

（4） vyādhiṃ dṛṣṭvā tannidānakṣayabheṣajānveṣaṇavat | sūtre' py eṣa eva satyānāṃ dṛṣṭānto darśitaḥ | katamasmin sūtre? "caturbhir aṅgaiḥ samanvāgato bhiṣak śalyāpahartā" ity atra | yathā ca vyavacāraṇāvasthāyāṃ satyaparīkṣā tathābhisamayāvasthāyāṃ satyābhisamayaḥ |

Cf.『大正蔵』第二巻、No. 99『雑阿含経』三八九経。

（5） *Asceticism and healing in ancient India: Medicine in the Buddhist monastery*, Oxford University Press, 1991. 梶田昭訳『古代インドの苦行と癒し——仏教とアーユル・ヴェーダの間』（時空出版、一九九三年）。

（6） *imasmiṃ sati idaṃ hoti. imassuppādā idaṃ uppajjati. imasmiṃ asati idaṃ na hoti. imassa nirodhā idaṃ nirujjhati.*（*Majjhima-nikāya* 28）

（7） "On Reasoning from Anvaya and Vyatireka in Early Advaita," *Studies in Indian Philosophy, A Memorial Volume in Honour of*

Pundit Sukhalji Sanghavi, eds. D. Malvania and N. J. Shah, Ahmedabad: 1980.

（8）例えば、*Majjhima-nikāya, Cūlasakuludāyi-sutta* に二度出る。

（9）藤田祥道「大乗仏説論の一断面――『大乗荘厳経論』の視点から」（斎藤明編『大乗仏教とは何か』シリーズ大乗〈第一巻〉、春秋社、二〇一一年）。

幸福探求《ウェルビーイング》の支えとしてのダルマ——秩序の再構築過程に着目して(1)

田辺明生
TANABE AKIO

序論

ダルマ／ダンマとは何か。それは、特定の宗教によって定められた規範のことなのか。そうではない。ダルマとは、「人と人、人ともの、そしてものとものとのあるべき関係性」のことである。そして、そのあるべき関係性を求める動きによって、宇宙は支えられ、開展する。人間は、世界における自己のあるべき位置づけを求めて、自己のダルマを探求してきた。そしてそうした探求は、インドにおいて多様性と複数性を含み込みながら集合的なかたちをとり、ダルマという観念を軸として、よりよき社会と生態のあり方が模索されてきた。ダルマは、そうして展開してきた自己形成と歴史のダイナミズムを支えるものである。その意味でダルマは、超越的な「起源」（origin）によって決定されている宗教規範というよりも、個々の人々が自らの生の「始まり」（beginnings）を歴史に刻んでいく営み——与えられた具体的な状況のなかでの絶えざる自己形成——を支えるものである(2)。

一九八〇年代から一九九〇年代前半にかけて、インドの公共圏におけるダルマの重要性を声高に語ったのはヒンドゥー主義者たちであった。ヒンドゥー主義（Hindutva）から距離を置く知識人の多くは、アシス・ナンディーのような重要な例外を除いて[3]、公共圏における宗教の役割について語ることは、当時ほとんどなかった。しかし一九九〇年代半ば以降、ダルマやダンマその他の宗教的イディオムは、ヒンドゥー主義だけでなく穏健派やアンベードカル運動などさまざまな立場から、あるべき社会秩序にかかる主張をなすのに盛んに用いられるようになっている。宗教的イディオムの公共的使用に関わるこうした変容は、「関係性の政治」の重要性の増大と同時に起こっている、とわたしは考えている。

ここでいう「関係性の政治」とは、人間と人間そして人間と自然の関係性を政治の焦点とし、その関係性のあり方およびそのなかでの自らの位置づけを変えていこうとする共同的営為を指す[4]。現代インドにおいて「関係性の政治」の重要性が増大しているのは、自他の社会生態的関係性を批判的に検討し改善するために、多様な立場、利害、価値観をもつ諸個人や諸集団が、自らの声を上げ、公共的な討論と交渉の場に参加をなしつつある「ヴァナキュラー公共圏」の近年の台頭と関わる[5]。そこではヴァナキュラーな声をもつ多元的主体が公共参加を遂げるなかで、グローカルな組織や制度を媒介として、諸政府・政党・司法機関・市民団体・民衆組織・諸メディアなどを巻き込みながら、政党政治と非政党政治を含むさまざまなかたちでの対話と交渉が起きている[6]。「ヴァナキュラー」ということばには、(1)日常的に使う口語、という意味と、(2)民衆の生活形式に即した、という意味がある[7]。ここで「ヴァナキュラー公共圏」ということばを用いるのは、公共圏での討論と交渉が生活世界の文脈とすり合わされ、民衆が自分たちの日常のことばで政治と社会を語り、自らの生活形式に則した政治と社会のあり方を公共的な活動を通じて求める動きに着目したいからだ。

現代インドの公共圏において展開している社会生態的関係をめぐる議論と交渉は、ダルマの観念を中心のひとつとして、長い歴史のなかで行われてきたウェルビーイングを追求する過程（a search for well-being）の一端であると理解するべきであろう。ここでいうウェルビーイングは、幸福、福利、安寧などの意味を含むが、とりあえず「自己が自己自身および他者との関係においてよき満足の状態にあること」と定義づけられる。(8) 以下では、わかりやすく「幸福《ウェルビーイング》」と表記する。

インドの歴史においては、普遍的価値に即しつつ個々人がそれぞれの立場から幸福《ウェルビーイング》を追求するなかで、ダルマの観念を軸としつつ、ダイナミックな秩序の再構築が行われてきた。これが可能になったのは、より包摂的な幸福《ウェルビーイング》をめぐって、多様な視点からさまざまな見解が出され、そのあいだの議論と交渉が行われてきたからである。現代インドで民主主義が深化するなかで、ヴァナキュラー世界における多様性と、公共世界における普遍性とが媒介されて、新たな動態が展開しつつある。ここにおいてインド社会の特徴である多様性は、幸福《ウェルビーイング》の集団的な追求——それは新たな対話・交渉・摩擦・対立を含む——において、その倫理・政治的な可能性を示しつつあるといえよう。(9)

一　現代インドにおける宗教の公共的役割

現代インド・オリッサ（オーディシャー）州のフィールドから、ダルマやその他の宗教的なイディオムが、公共圏においていかに用いられているかについて、二つの事例を紹介しよう。

まずは鉱山開発をめぐる問題である。(10) ヴェーダンタ・リソーシス社（以下、ヴェーダンタ社）は、オリッサ州西部のニヤムギリ山のボーキサイト採掘を企てていた。しかし二〇一〇年八月二四日、環境森林大臣ジャイラーム・ラメーシュは、オリッサ州政府とヴェーダンタ社が環境保護法および森林権利法に違反しているとして、ニヤムギリ山の開発許可を取り消す旨を宣言した。国民会議派幹事長（当時）のラーフル・ガーンディーは、その二日後の八月二六日、ニヤムギリ山近くの村を訪れた。ラーフルは、以前二〇〇八年に当地を訪れたとき、あるトライブ民の若者が自分たちはニヤムギリ山を神として崇拝していると語ったことに言及し、「それはあなたたちのダルマです。わたしのダルマは、貧しい人や先住民《アーディヴァーシー》を含むすべての人びとの声が聞こえるようにすることです」と語った。政府の採掘許可取り消しとこのスピーチをめぐっては、さまざまな波紋が生じた。オリッサ州のビジュ・ジャナタ・ダル（ＢＪＤ）政権は、中央政府がトライブ民（アーディヴァーシー）の経済発展を阻害していることを批判した。一方、民衆運動家たちは、諸政党がこの問題を政治の道具としようとしていることについて不快感を示した。そしてニヤムギリ山に住む当事者であるドングリア・コンドたちは、採掘中止を歓迎する一方、教育・医療・雇用における発展を望んでいることを表明した。だが、ラーフルがスピーチでダルマに言及したことについて、誰も批判する者がいなかったことは興味深い。一九九〇年代初頭ならば、セキュラリズムの原理にもとることとして厳しい批判を受けていたことだろう。

二〇一三年四月、最高裁において、ヴェーダンタ社のボーキサイト採掘計画は、当地域の村落自治組織から承認を得なければならないと決定された。村落自治組織は、諸トライブ民や森林居住民たちの文化宗教的な権利——ニヤムギリ山を神として崇拝する権利を含む——を考慮しながら採掘計画を許可するかどうかを決めることとなった。当決定を受けて七—八月に行われた村落自治組織の一二のすべての会合で、採掘計画は否決された。最高裁の判決においてトライブ民の文化宗教的な権利が言及され、宗教や信仰に公共的な位置づけや配慮が要求されるようになっていることは、注目される。

こうしたことを鑑みると、現代インドの法的政治的領域においては、セキュラーな配慮および宗教的価値の双方を尊重することが要求されているようだ。ここでのセキュラーとは、公共圏から宗教を排除することではなく、さまざまな信仰や価値をもつ諸コミュニティを平等に扱うということである。[11] そして宗教については、単に私的な領域における個人的信仰としてのみではなく、公共的な意思決定に関わる価値として尊重することが求められている。ここでも、宗教的な価値を含むヴァナキュラーな生活形式や価値と、公共的で民主的な制度とがすり合わされようとしている様子を見ることができる。そこにおいて、諸宗教の平等な扱いという意味でのセキュラーな配慮と、宗教的価値の公共的な尊重は矛盾するのではなく、むしろ相互補完的なものとして位置づけられている。

インド・オリッサ州からのもうひとつの事例は、村落自治体の民主化に関わるものである。[12] 一九九二年の第七三次憲法改正に基づく地方自治体改革によって、県、郡、村落の地方自治体に対して大幅な予算拡大と権限委譲がなされただけでなく、「指定カースト」「指定トライブ民」「その他の後進諸階級」は人口比率に応じて、そして女性は三分の一の、議席留保枠が与えられた。ここで新たな課題となったのは、新たに政治に参入する低カーストや女性を含めた多元的なアクターの固有性と平等な政治的権利を保証しつつ、全体の協力を確保するための、新たな社会的・政治的秩序を構築することであった。わたしは、低カーストの人たちがいかなる新たな社会ビジョンを提唱しているかを、インタヴューを通じて明らかにしようと試みた。低カーストの村落議員たちになぜ立候補したのかを尋ねると、「村の発展に尽くすのが自分の義務（*kartabya*）だから」とか、「みんなに奉仕（*sebā*）をするため」という答えが口々に返ってきた。「義務を果たすべし」とか「奉仕として行為をなすべし」というのは、インド社会でよく聞かれる物言いだ。それは、バガヴァッド・ギーターという人口に広く膾炙した聖典の教える宗教的イディオムでもある。わたしは当初、村人たちはただ耳に心地よい決まり文句を並べているだけだと思い込んでいた。ところがインタヴューを続けるにつれ、新たな地方自治のあり方を語る際のそうした宗教倫理的な決まり文句の使用が、より重要な政治・社会的意味をもっていることに気がついていった。地方自治体改革後のもうひとつ重要な語りとして、低カーストの人たちが「取り分」(*bhāga*)の平等を主張することがある。たとえばある人は、国家資源の分配の仕組みを次のように説明した。「(政府の予算は)すべて割り当てに応じて分配される。大きな選挙区は「取り分」がたくさんもらえる。全部そういうもんだ」。わたしは、一八世紀の職分権体制で地域共同体の生産物は職分権保持者たちに「取り分」に応じて分配されていたことを学んでいた[13]。長い時代を経て同じことばが遣われることに強い印象を受けたが、そこでは意味のずらしがあった。一八世紀には職分によって取り分は異なったのに対し、現在では、取り分が公正・平等に分けられるべきことが語られる。「取り分」というカースト分業体制のことばは、現在、平等な権利の主張のために用いられるのだ。

こうした観点から、低カーストによる「義務」や「奉仕」ということば遣いを再検討してみると、それは、伝統的なカースト分業体制においてそれぞれの集団の役割を正当化するものから、社会を構成する多元的な集団がそれぞれ政治過程に平等参加する権利を主張するものへと、機能的な変化を遂げていることに気がついた。同じようなことば遣いをしながらも、そこでは「記号体系の機能的変化」がはっきりと見てとれる[14]。つまり低カーストの人びとは、民主的な地方自治のあるべき姿を主張するために、創造的に新たな意味で「義務」「奉仕」「配分」という宗教やカーストに関わるイディオムを用いたのであった。かれらは、既存の社会関係と文化的価値に根ざし、誰もが正当なものとして受け入れざるをえない宗教倫理的なことばを用いながら、実は支配カースト中心の政治社会関係を批判し、多元的な諸集団の平等参加と協力という、地域社会における民主的関係の新しいビジョンを提示しようとしたのである。

これらの事例から、ダルマやその他の「宗教的かつ世俗的な世界性」(religio-secular worldliness)[15]を有する理念は、既存の枠組を批判し、「場所・時間・主体」(*deśa kāla pātra*)[16]に応じた新たな社会生態的秩序を提起する潜在力を有していることが見てとれる。そうした潜在力は、人びとの行為主体性によって実際に発揮され、現実化されるのである。インドにおいて、ダルマの考えは秩序再構築のための理念的基盤として機能してきたといってよいであろう。

二　動態的理念としてのダルマ/ダンマ

上に挙げた事例が示すのは、「ダルマ」や「義務」や「奉仕」などの宗教倫理的な概念が、単に私的なものではなく、むしろ公共的な場面において既存の枠組や秩序への批判をなし、新たな関係のあり方を提示するのに用いられているということである。それは、公共圏における「宗教的なるもの」の可能性を示唆するものである。ここでいう「宗教的なるもの」は、意味と価値を志向する実践をその基底で支える〈リアリティ〉(実在、普遍的真理)への感受性とコミットメント、および、そうした感受性とコミットメントを基礎として自他の関係性を再構築しようとする志向性を指すものということができよう。こうした「宗教的なるもの」は、制度化され固定化された「宗教」と区別される。「宗教」と呼ばれるものは、確立された制度として、この世の意味と価値の体系を支える超越的な根拠——宗教的真理——を表象・媒介する装置——教会・寺院、教理・教典、宗教指導者などのセット——を備えている。「宗教」は、この世の意味と価値を支える超越的な根拠とその特定の表象・媒介に対する信仰体系であると定義することができよう。「宗教」におけるコミットメントが制度に向けられるのに対して、「宗教的なるもの」におけるそれは〈リアリティ〉に即して現実を生きることに向けられる。

ヒンドゥー・仏教世界における根本概念であるダルマ／ダンマは、〈リアリティ〉の働きを個々が引き受けることであり、また個々が〈リアリティ〉へ至るための道でもある。別言すれば、ダルマは、この世の秩序を支える〈潜在的全体〉（the Virtual Whole）[17]の現実化（＝分化）のあり方を指す概念であり、またその〈潜在的全体〉とつながるための方便（道）を指すものであるといってもよい。ダルマは「場所・時間・主体」（*deśa kāla pātra*）に応じて、特定の形に現実化するものであっても、決してひとつの媒介や表象に限定されるものではない。制度化された「宗教」のようにひとつの特権的な媒介や表象で代表されないからこそ、ダルマを体系的に語るのは難しい。

ただダルマにおいては、バラモンとダルマ法典が特権的立場を与えられているのではないか、という疑問が上がるかもしれない。たしかに歴史上、ダルマの理念がバラモンの権威を再生産する支配秩序のイデオロギーとして作用してきた面があることは否定できない事実である。これはいわばダルマが、ある特定の表象秩序・社会秩序を特権化する「宗教」として機能していたということである。『マヌ法典』などのダルマ・シャーストラは、そうした「宗教」的な教典の代表といえるだろう。[18]だがこれは、ダルマが特定の規範表象を有する「宗教」としてのみ固定化されてしまったということを意味しない。ダルマ／ダンマがダイナミックであるのは、その現実化した特定の表象形態が常に「世俗批評（secular criticism）」[19]の対象となり、秩序を再構築するための概念的アリーナを提供してきたことによる。

興味深いのは、インドのダルマにおいては、特権的な媒介としてのバラモンの権威を認める一方で、それぞれの社会集団に対して、それぞれの方途を通じての「真理」や「神の力」とのつながりの道を認めていたことであった。より具体的には、それぞれの社会集団はしばしば自分たち独自の神々や儀礼を有しており、バラモンの媒介を必要とせずに、神霊との交流を行っていた。その明確な形態が、憑依であり、呪術であり、歌舞を通じたトランスであった。さらには、ヨーガやタントラにおける瞑想も加えてもよいだろう。これらは、個々人と〈リアリティ〉や〈潜在的全体〉がつながる方途であり、バラモンの特権的権威を相対化するものであった。

つまり、インド社会のダルマには、「宗教」による秩序化の側面と、「宗教的なるもの」によって秩序を超えたリアリティを探求しようとする脱構築の側面が、「伝統の内的矛盾」として双方共に備わっているということができるだろう。[20] インドの宗教の歴史において、バラモン的正統性に対する批判として最も重要なもののひとつが、仏教であった。ダルマ／ダンマということばは、そもそも仏教によって秩序を批判的に再構築するための中心概念として採用され、インドの宗教思想において重要性を帯びるに至ったのである。ただし、ヒンドゥー教の「正統」とされる諸テキストにおいても、伝統の内的矛盾すなわちダルマの動態的側面を見ることは難くない。

ここでは二つの例のみを挙げよう。ヒンドゥー教において最も人口に膾炙した聖典であるバガヴァッド・ギーターのなかでも、特にしばしば引かれる章句は、クリシュナ神がアルジュナに以下のように語ったものである。「すべてのダルマを放棄して、ただわたしのみに庇護を求めよ、アルジュナよ」（18–66）[21]。「すべてのダルマを放棄せよ」とはどういうことかの解釈をめぐっては、今日に至るまで人びとのあいだでしばしば熱い討論が行われてきた。本論の用語法でいうならば、法典化された「宗教」へのこだわりは捨てて、最高神クリシュナに顕される〈存在〉そのものへの「宗教的なる」探求のみへと心を向けよ、ということであろう。

また、これもきわめてポピュラーな聖典であるバーガヴァタ・プラーナにおいて、クリシュナ神は、彼を慕って自宅を抜け出して集まってきた牧女《ゴーピー》たちに次のように告げる。「女のダルマは夫と両親に仕え、子どもの面倒をみることだと知らないのか」と（X–29–33）[22]。あまりに冷徹なことばだ。牧女たちは当惑し、嘆き悲しむ。しかし、その後、クリシュナは牧女たちとラーサ・リーラー（情愛の遊戯《ゆげ》）と呼ばれる円舞に興じるのであり、これは善と悪を超えた絶対的な信愛（バクティ）の顕れであると説明される。ここに再び、宗教としてのダルマは相対化されるのである。

インドの歴史において、「宗教的なるもの」におけるリアリティへの探求はカーストやジェンダーにかかわらずすべての者に開かれているという、〈存在の平等〉に基づく考えは、多数派の認める「正統《オーソドックス》」に対する批判的な「異他《ヘテロドックス》」的見解として繰り返し登場してきた。[23] 仏教、タントラ、バクティ、アンベードカル主義などは、そうした異他《ヘテロドックス》的な思想運動の例である。これらは、ダルマの構造秩序を問い直し、再定義しようと試み、正統《オーソドックス》の反応および改革をもたらしてきた。これらの異他《ヘテロドックス》的な批判運動の盛り上がりは、支配的な秩序から周縁化されてきた人びとが社会参加を遂げることを、しばしば歴史的契機としていた。そうした周縁的な人びとにより、社会に新たな視点や価値がもたらされるからである。そこで新たな複数性を帯びた社会は、既存の秩序を問い直し、時代に合ったあるべき秩序はいかなるものかを再定義しようとしたのである。[24]

インドにおけるダルマ／ダンマは二つの側面を有していたといえよう。ひとつはバラモンと法典類を中心とする正統《オーソドックス》な「宗教」による秩序構造化の働きであり、もうひとつは現行の秩序を超えた「宗教的なるもの」の異他《ヘテロドックス》的な探求によって秩序を脱構築する働きである。[25] ダルマの秩序は、「宗教」を維持しようとする正統性《オーソドクシー》と、既存秩序を超えて「宗教的なるもの」を追求しようとする異他性《ヘテロドクシー》の相互作用によって、脱構築と再構築をくりかえし、その内容を更新してきたのであった。

三　「普遍」を求めて――「世俗／宗教」の二分法を超えて

「宗教的なるもの」は、批評的理性と連携しつつ、既存の正統秩序を超えた普遍的真理を探求しようとする。それは、自己形成という営為を人間が歴史に刻み始めてからずっと続いてきた探求であり、そこには既存の規範に対する絶えざる問い直しがある。別言すれば、「宗教的なるもの」の探求は、常に世俗批評と存在論的コミットメントの双方を含んできたのである。「宗教的なるもの」の可能性について論じるということは、現代における「世俗」および「宗教」の双方のカテゴリーを問い直すということにつながる。

必要なのは、世俗であれ宗教であれ、アプリオリに設定された、真理の特権的な媒介・表象のあり方自体を問い直すことであろう。真に問うべきは、それぞれの生きる主体が普遍的真理との関係において自らのあり方をより創造的に探求することはいかに可能なのかということである。そうした創造的な生の探求が可能になるためには、それぞれの主体が真理へとアプローチし、真理と共に生き、その真理との関係で自らの生をかたちづくる自由が確保されていなければならない。ここにおいて、世俗批評と存在論的コミットメントは補完的に機能する。

現代において、思想の自由を求める世俗的合理主義が、特権的で固定化された媒介・表象をもつ「宗教」の公共的役割を否定的にとらえるのは十分に理解できることである。また政教分離主義という制度も、思想と言論の自由と多元性を確保するために必要であろう。しかし他方で、世俗的合理主義が宗教的なるものに公共的役割を認めようとしないとき、また、科学的合理主義は宗教的価値に対して優越していると主張するとき、そこには一定の限界があるように思われる。自己の認識の正しさを疑おうとしたデカルト的懐疑は、既存の思い込みを批判する上で大きな役割を果たした。それには大きな意義があったといえる。しかし、科学的認識の基礎として自己《コギト》に依拠することは独我論に陥る傾向性があるし、何よりも問題なのは、現実の外部に真理の基準を置いてしまうことにより、その基準自体を批判することができなくなってしまうことだ。それは、結局、制度化された宗教と同じく、真理の特権的な媒介・表象を認めてしまうこととなる。

わたしたちは、社会生態関係そして、より根本的には「共にあること」の価値的基盤をどこに求めることができるのだろうか。これまでさまざまな答えが用意されてきたが、その基盤を探求すると、人間とは何か、世界とは何か、歴史とは何か、という本質的な問いに遭遇せざるをえない。どのような「イズム」を唱えようとも、わたしたちの社会生態関係を支える存在論的な基盤を問い続けることは必要である。究極的な問いは、わたしたちの生の基盤としての〈存在〉を問うことである。その探求は果てしない[26]。〈存在〉について、ひとつの表象で満足することは横暴であり不遜であるだけでなく、わたしたちが生を問い続け、形成していく自由を奪うものとなってしまう。真理の絶対的な基準を立ててしまうと、探索はそこでストップする。必要なのは、普遍なる〈存在〉へのコミットメントをもちつつも、常に歴史的な現実のなかから自らの生にとって意味のある真理を内在的に探索することである。

サイードは、ヴィーコに倣って、現実の外部に置かれた基準をもって対象を判断するようなデカルト主義的クリティカを批判し、現実の内部に論点《トポス》を提供する糸口（a point of departure, *Ansatzpunkt*）を見いだそうとする「トピカ的発見法」を勧めている[27]。これはサイードの世俗批評《セキュラー・クリティシズム》の営みと密接なつながりを有するが、ここでの「世俗《セキュラー》」の意味は、超越的な基準を設定するのではなく、この世界の現実のなかから内在的に思考することである。宗教的な感性自体を否定するものではない。実際、サイードの後継者であるヴィシュワナータンは、サイード自身の〈宗教的なるもの〉への感性を掘り起こし、彼が世俗批評の源泉としての宗教の可能性をもみていたかもしれない姿を描いている。[28] そもそもヴィーコにおける論点《トポス》とは、現実の内部においてそれまで蓄積されてきた多種多様な見解や立場がであい、それらを結合して共通感覚（sensus communis）を形成することを可能にする場所である。つまりトピカとはその場に潜在するものを顕わにするための糸口だといえよう。[29] そうした論点《トポス》を発見して、あらゆる境界を越えて想像力を駆使しながら思考を進めていくとき、「世俗／宗教」の対立は意味をもたない。あらゆる境界を越えて拡がる想像力と感性こそ、真に自由な思考を可能にする。

近代という時代は、「世俗／宗教」の対立という制度的な枠組がつくられたときであったが、同時に、そうした枠組から自由な思考がめざされたときでもあった。近代は、地理的に離れた文明の接触により、より多様な視点の邂逅を可能にし、また伝統的な権威主義からの自由をもたらした。それは、既存の規範に対する合理的懐疑と、存在論的基盤へのより自由な科学的・宗教的追求を可能にした。一九世紀後半から二〇世紀初頭にかけては、宗教伝統を問い直し、普遍的な価値を求めようとする思想運動がグローバルに展開した時期であった。一九世紀のヨーロッパでは仏教が普遍的世界宗教として「発見」され、キリスト教は唯一普遍の宗教としての位置づけから相対化されるに至った。[30] 一九世紀末からは、仏教復興運動が、スリランカのダルマパーラ、神智学協会のオルコット大佐やブラヴァツキー夫人、日本の日蓮宗や浄土真宗などが絡みつつ、トランスナショナルに展開した。これらの宗教的な問い直しの運動は、社会主義、ヒューマニズム、フェミニズム、ヴェジタリアニズム、ナチュラリズム、奴隷解放運動、反帝国主義、非暴力平和運動などの、既存の権威を批判しオルタナティヴの普遍性を探究する近代的な諸運動や諸組織と、思想的にも人的ネットワークにおいても強いつながりを有していた。[31] またインドにおいては、ブラフマ・サマージ、アーリヤ・サマージ、ラーマクリシュナ・ミッションなどの、ヒンドゥー教を中心とする宗教社会改革運動のほか、アンベードカルに始まる仏教改宗運動などが起こったが、これらは「普遍」との関連においてダルマ／ダンマを批判的に再定義する試みであったとみることができる。近代世界における真理の探究において、それが自らの生きる現実のなかから探索の糸口をみつけるものであったとき、宗教における異《ヘテロドックス》他的な問い直しと世俗的合理主義は、ごく密接な関係を有してきたのである。[33] そこには、「世俗／宗教」の二項対立は成立しない。

現実のなかから普遍的真理を探索しようとする近代史の文脈からは、アンベードカルの仏教改宗運動は、世俗批評と存在論的（宗教倫理的）コミットメントを組み合わせたものだといえないだろうか。アンベードカルは、『ブッダとそのダンマ』において次のように言う。「宗教は個人的なものである。……これとは逆にダンマは社会的なものだ。ダンマは義である。生活のすべての領域における人間と人間の正しい関係ということである」[34]。ここにおいてアンベードカルは、ダンマの秩序再構築の機能に触れている。現状のカースト秩序を批判し脱構築したのち、アンベードカルは新たな社会秩序を構築するための倫理的基盤を必要としたのであった。仏教のダンマが彼の答えとなった。アンベードカルは、「智慧」（"Prajna"）と「慈悲」（"Karuna"）をダンマの礎石とすることを提案する。既存の秩序における迷信から自由になるための「智慧」、そして新たな社会関係を築くための「慈悲」である。[35] 彼は明言する。「ダンマの目的は世界を再構築（reconstruct）することにある」[36]。現代インドにおけるアンベードカル主義的な仏教運動は、人間と人間の関係を再構築することが最も重要なアジェンダのひとつである「関係性の政治」に、重要な貢献を果たしているといえよう。ここにおいてダンマの理念は、ヒエラルヒー秩序に対する世俗批評、そして存在の平等性への存在論的コミットメントの、双方を推進する中心的な概念として機能しており、それによって秩序再構築に向けたダリトの行為主体性を支えている。

結論

ダルマ／ダンマの理念は、インド史において重要な役割を果たしてきた。しかしその公共的機能については、「近代世俗的国家と伝統宗教的社会」という（ポスト）植民地的な枠組のなかで限定されてきた。だが現代インドにおいてデモクラシーの深化が起こるなかで、国家と社会の相互作用が高まっており、「世俗的国家」や「宗教的社会」というカテゴリーのアプリオリな正当性が問い直されるに至っている。

現代インドにおいては、人間と人間そして人間と自然の関係のあり方をめぐる「関係性の政治」が、ヴァナキュラー公共圏における重要課題として現れている。そこにおいて、宗教的言辞はもはやヒンドゥー主義者によって独占されてはいない。本論で示した事例のように、ダルマ、ダンマ、その他の関連用語は、「関係性の政治」のなかでさまざまな視角から社会生態関係を再考し、幸福《ウェルビーイング》を追求するための枠組として用いられている。普遍的真理との関係において自己形成しようとする「宗教的なる」営みと、自他の関係について対立と交渉を通じて決定しようとする「政治的なる」営みとは、世界の再構築の営みにおいて深いつながりを有する。こうした「宗教的なるもの」と「政治的なるもの」が重なり合う〈宗教的かつ世俗的な世界性〉（religio-secular worldliness）の領域において、目的論的な合理性と、制度化された宗教との、双方の限界を超える可能性をみることができるかもしれない。

現代世界において、「自然と社会」そして「公共と私秘」の区別は、もはやはっきりしたものではない。[37] さらに「理性と信仰」「政治と宗教」の対立も疑われるに至っている。こうしたことを背景として、これらの対立を超えたダルマ／ダンマの概念は、「関係性の政治」において、あらゆる社会生態的な関係性を再検討するために用いられるようになっている。ここでは、政治的なるものと宗教的なるものが重なり合いながら、既存の秩序を批判的に再構築しようとする動きがある。アンベードカル主義的な仏教運動は、そうした重要な動きの一つである。こうした動態は、現代インドにおいてこれまで周縁化されていた多様な諸個人・諸集団が公共圏に参加を遂げ、ヴァナキュラー公共圏に多元的な視角が導入されるなかで、より活性化している。中心的な課題は、新たな秩序にヴァナキュラーな多様性を反映させつつ、同時に、公共的な普遍性を担保することである。そこにおいて、現行秩序の再構築と〈リアリティ〉への探求を結びつけ、全体的な幸福《ウェルビーイング》を追求するために歴史上用いられてきたダルマ／ダンマの理念が、現在また重要な役割を果たしているのは、おそらくきわめて自然なことなのであろう。

註

（1）本論は、二〇一三年一二月一四～一五日に龍谷大学で開催されたＩＮＤＡＳ全体国際シンポジウム "In Search of Well-being: Genealogies of Religion and Politics in India" にて報告した拙論 "Dharma as a Search for Well-being: On the Process of Norm-Remaking" を和訳し、改訂したものである。ただし本論の内容は、田辺明生「現代インドにおける宗教と公共圏」（島薗進・磯前順一編『宗教と公共空間』東京大学出版会、二〇一四年）と重複するところがあることをお断りしておきたい。

（2）「起源」と「始まり」については、サイードの次の著作を参照のこと。Edward W. Said, *Beginnings: Intention and Method*. New York: Columbia University Press, 1997.（エドワード・W・サイード『始まりの現象――意図と方法』山形和美・小林昌夫訳、法政大学出版局、一九九二年）。ダルマ（ダンマ）の世俗世界性については、次を参照のこと。ゴウリ・ヴィシュワナータン『異議申し立てとしての宗教』（三原芳秋・田辺明生・常田夕美子・新部亨子訳、みすず書房、近刊。特にアンベードカルを扱った第三章およびインタヴュー）。

（3）Ashis Nandy, "An Anti-Secularist Manifesto." *Seminar* 314, 1985, pp. 1-12.

（4）「関係性の政治」は、近代政治における従来の主要形態であった、すべての市民の自由をめざす「解放の政治」や、諸コミュニティが国家資源の再分配を求める「要求の政治」と対比される。「解放の政治」や「要求の政治」の重要性は継続しているものの、現在、「関係性の政治」が新たな政治の焦点となっていると、わたしは考えている。Partha Chatterjee, *Lineages of Political Society: Studies in Postcolonial Democracy*. New York: Columbia University Press, 2011; Akio Tanabe, "Toward Vernacular Democracy: Moral Society and Post-Postcolonial Transformation in Rural Orissa, India," *American Ethnologist* 34, no. 3, 2007.

（5）Akio Tanabe ibid.

（6）Rajni Kothari, *Rethinking Democracy*. New Delhi: Orient Longman, 2005.

（7）I・イリイチ『シャドウ・ワーク――生活のあり方を問う』（玉野井芳郎・栗原彬訳、岩波書店、一九九〇年）。

（8）ダルマ（ダンマ）において鍵となるのは関係性である。それは自他の相対性・相待性に基づく。自己が自己自身との関係を徹底的に探究し、真我（無我）を知るときには、それはダルマを超えて――仏教的にいうならばダンマの本質を悟り――モークシャ（ニルヴァーナ）の境地に至る。ダルマについては次でも論じた。田辺明生「宗教性からみたインド――存在の平等性にもとづく多様性の肯定」（大澤真幸編『宗教とこころの新時代』岩波書店、二〇一六年、九一―一一七頁）。

（9）現代インドを多様性社会として論じたものに次がある。田辺明生・杉原薫・脇村孝平編『現代インド1　多様性社会の挑戦』（東京大学出版会、二〇一五年）。

（10）本事例の詳細は、次で論じた。田辺明生「関係性の政治――開発と生存をめぐるグローカルネットワーク」（速水洋子・西真如・木村周平編『人間圏の再構築』京都大学学術出版会、二〇一二年）。

（11）セキュラーということばは、インドにおいては多義的である。文脈や立場に応じて、（a）組織制度上の政教分離、（b）科学的合理主義の宗教的価値に対する優越、（c）公共圏からの宗教の排除、（d）多宗教の相互尊重と共生、などのさまざまな意味づけがされている。インドの社会・政治的文脈でいうならば、（a）についての必要性は問題なく認められるだろうが、（b）（c）については、疑義があるだろう。むしろ公共圏における宗教的な価値や倫理の積極的な意義を認めてこそ、（d）は実現するという考え方が、インド的なセキュラリズムの特徴であるように思われる。（d）の理念は、M・K・ガーンディーによって、「すべての宗教の平等な尊重」（*sarva dharm samabhāv*）としてまとめられている（インドにおけるセキュラーについては、以下を参照。田辺明生「構造から生成へ――南アジア社会研究の過去・現在・未来」『南アジア研究』二〇、二〇〇八年、二〇八―二二五頁）。そして、さまざまな思想伝統の複数性と相互的な対話性・浸透性を保つことこそが、サイードのいう世俗批評のためにも重要なのではないかと思われる。セキュラーとは何かを、わたしたちは徹底的に再考しなければならない。Edward W. Said, *The World, the Text, and the Critic.* Cambridge, Mass.: Harvard University Press, 1983.（エドワード・W・サイード『世界・テキスト・批評家』山形和美訳、法政大学出版局、一九九五年）。

（12）本事例については、次で詳細に論じた。田辺明生『カーストと平等性――インド社会の歴史人類学』（東京大学出版会　二〇一〇年）第八章。

（13）同前書第一章。

（14）Gayatri Chakravorty Spivak, "Subaltern Studies: Deconstructing Historiography," in *Subaltern Studies IV: Writings on South Aian History and Society,* Ranajit Guha ed., New Delhi: Oxford University Press, 1985, p. 330.

（15）ここでの「宗教的かつ世俗的な世界性」（religio-secular worldliness）という表現は、ややこなれないものではあるが、宗教のもつ宇宙的な普遍性への志向を有しつつ、行為の基準が既存の教義《ドグマ》などの超越的規範によって決定されることなく、個々の主体が現実のなかで内在的に自らの生を形成していくという世俗世界性をもつような状況を指すために用いた。「世俗世界的」（worldly）の概念はエドワード・サイードによるが、現実のなかの自己形成の過程（世俗批評の過程）を宗教の信仰実践においてもみる視角については、ゴウリ・ヴィシュワナータンから学んでいる。エドワード・W・サイード『世界・テキスト・批評家』（山形和美訳、法政大学出版局、一九九五年）。ビル・アシュクロフト＆パル・アルワリア『エドワード・サイード』（大橋洋一訳、青土社、二〇〇五年）第一章と第二章。Gauri Viswanathan, *Outside the Fold: Conversion, Modernity, and Belief*, Delhi: Oxford University Press, 1998. ゴウリ・ヴィシュワナータン『異議申し立てとしての宗教』。

（16）この世におけるダルマは、「場所・時間・主体」（*deśa kāla pātra*）に応じてあるといわれる。これはつまり、ダルマは世俗世界の固有の現実において意味をもつということである。

（17）Yoshiaki Mihara, 2013. *Reading T. S. Eliot Reading Spinoza*. Ph.D. thesis submitted to the Faculty of the Graduate School of Cornell University.

（18）渡瀬信之訳『マヌ法典——サンスクリット原典全訳』（中央公論社、一九九一年）。

（19）「世俗批評」はサイードの用語であり、既存の宗教規範のような超越的な基準を持ち込まずに、支配言説を現実から内在的に批判する営為を指す。エドワード・W・サイード『世界・テキスト・批評家』（山形和美訳、法政大学出版局、一九九五年）。

（20）「伝統の内的矛盾」はヘーステルマンの用語である。ただしここでの用法は、ヘーステルマンの議論と深いところではつながっているものの、ニュアンスがやや異なっている。ヘーステルマンは、「伝統は超時間的な秩序と時間的な変化の内的矛盾によって性格づけられる」と論じている。またインドにおける「伝統の内的矛盾」の例として、ヘーステルマンは「隠遁者としてのバラモン」と「司祭としてのバラモン」の矛盾を挙げる。J. C. Heesterman, *The Inner Conflict of Tradition: Essays on Indian Ritual, Kingship and Society*. Chicago: Chicago University Press, 1985, p. 2.

（21）上村勝彦訳『バガヴァッド・ギーター』（岩波文庫、一九九二年、一四〇頁〈適宜改訳〉）。

（22）Swami Tapasyananda ed. tr. *Srimad Bhagavata III: The Holy Book of God*. Vol. 3. Madras: Sri Ramakrishna Math.

（23）特定の宗教制度の権威化が確立したわけではないインドの地において、「正統《オーソドックス》」や「異他《ヘテロドックス》」を厳密なかたちで語ることはできない。しかし、バラモンを中心とする社会的権威は存在しており、それに「正統《オーソドックス》」と認められるかどうかは、インドの地において実質的な重要性を帯びていた。異他《ヘテロドックス》として始まった運動（の一部）が、バラモン的な正統《オーソドックス》に吸収されることはしばしばあり、それによって、インドの正統《オーソドックス》は、変化する時代のなかでも生命力と頑健性《ロバストネス》を保ってきた。インドの正統《オーソドックス》は制度的に固定化されず、社会的権威に認められれば柔軟に変化しうるかたちであったからこそ、長い歴史のなかで蕩々と流れ続けているのである。

（24）ここでは検討できなかったが、ダルマという概念を用いないキリスト教やイスラームも、インド世界の秩序再構築にきわめて重要な役割を果たしてきた。本論では果たせなかったが、多宗教世界としてのインドにおける、多様性と複数性——宗教内部の異種性（heterogeneity）を含む——を考慮に入れた秩序再構築の歴史を考察していくべきである。

（25）デュモンは宗教構造の変化を否定したが、こうした立場は維持することはできない。ルイ・デュモン『ホモ・ヒエラルキクス——カースト体系とその意味』（田中雅一・渡辺公三訳、みすず書房、二〇〇一年）。

（26）サイードは、自らの標榜するヒューマニズムについて、「ヒューマニズムの名において、ヒューマニズムを批判することは可能であると、わたしはかつても今もそう信じている」と晩年に語っている。つまり、ヒューマニズムの伝統のなかから糸口をみつけてヒューマニズムを刷新することが可能であるということだ。生の探求には終わりがないのである。Edward W. Said, *Humanism and Democratic Criticism*. New York: Columbia University Press, 2003, p. 10（エドワード・W・サイード『人文学と批評の使命——デモクラシーのために』村山敏勝・三宅敦子訳、岩波書店、二〇〇六年、一四頁〈適宜改訳〉）。サイードのヒューマニズムについては、Yoshiaki Mihara, "Re-inventing Edward Said's Humanism in East Asia," Paper presented at Inha University, Korea on 29th October, 2016 から学ぶことが多かった。

（27）Edward W. Said, *Beginnings: Intention and Method*. New York: Columbia University Press, 1997.（エドワード・W・サイード『始まりの現象——意図と方法』山形和美・小林昌夫訳、法政大学出版局、一九九二年）。三原芳秋「まえがき」（ゴウリ・ヴィシュワナータン『異議申し立てとしての宗教』。Yoshiaki Mihara, "Re-inventing Edward Said's Humanism in East Asia."

（28）Viswanathan, Gauri. "Legacies: Intention and Method". *University of Toronto Quarterly* 83.1 (2014): 3-11. ゴウリ・ヴィ

シュワナータン「サイードの遺産《レガシー》——意図と方法」（三原芳秋訳『異議申し立てとしての宗教』みすず書房、近刊）。

（29）ヴィーコ・ジャンバッティスタ『学問の方法』（上村忠男・佐々木力訳、岩波文庫、一九八七年）。

（30）Urs App, *The Birth of Orientalism*. Philadelphia: University of Pennsylvania Press, 2011. Urs App, *The Cult of Emptiness: The Western Discovery of Buddhist Thought and the Invention of Oriental Philosophy*. Rorschach, Switzerland: University Media, 2012. Tomoko Masuzawa, *The Invention of World Religions: Or, How European Universalism Was Preserved in the Language of Pluralism*. Chicago: University of Chicago Press, 2005, Ch. 4.

（31）Leela Gandhi, *Affective Communities: Anticolonial Thought, Fin-De-Siécle Radicalism, and the Politics of Friendship*. Durham & London: Duke University Press, 2006. 安藤礼二『場所と産霊——近代日本思想史』（講談社、二〇一〇年）。

（32）Gauri Viswanathan, *Outside the Fold: Conversion, Modernity, and Belief*. Delhi: Oxford University Press, 1998, Ch.7. ゴウリ・ヴィシュワナータン『異議申し立てとしての宗教』、第四章）。

（33）Gauri Viswanathan, "Secularism in the Framework of Heterodoxy," *PMLA* 123, no. 2, 2008.

（34）B・R・アンベードカル『ブッダとそのダンマ』（山際素男訳、三一書房、一九八七年、二二六頁〈適宜改訳〉）。ここでアンベードカルがダンマを「人間と人間の正しい関係」と定義していることは、注目すべきである。まず、アンベードカルによるダンマの定義においても「関係性」がその核にあるということが確認できる。ただもうひとつ着目すべきは、ここでは人間と自然の関係性は捨象されていることである。「人ともの、そしてものとものの関係性」はアンベードカルの考えるダンマの視野には入っていない。これは、アンベードカルの思想と運動においては、ダリト解放が主眼にあったこと、そしてより根本的には、宇宙の法理よりもこの世俗世界の歴史における人間の主体性に焦点があったことと関連するだろう。ただしこのことは、機械化によるより効率的な労働を推進しようとするアンベードカルの近代主義的な仕事観とあいまって、人以外の世界を人間の行為の対象（客体）と見るような独特の自然観をアンベードカル主義に暗黙裏にもたらしたように思う。ガーンディー主義の系譜においては活発な環境運動が展開するようになったのに対して、アンベードカル主義においては、いわゆる環境運動がほとんど見られないこともこれと関連するだろう。アンベードカル主義において、自然環境は、多様な立場をもつ人間との関係のなかで、政治経済的な現実に即して多義的な意味づけがなされるのだと思われる。アンベードカル主義における自然環境の位置づけは、仕事、生きがい、社会発展についての考え方とも関連するもので、重要な問題を含むと思われるが、今の段階では十分に論じることができない。今後の課題としたい。ゴウリ・ヴィシュワナータン『異議申し立てとしての宗教』のなかのインタヴューも参照のこと。

(35) アンベードカル『ブッタとそのダンマ』、二一七頁（適宜改訳）。

(36) 前書、二二〇頁（適宜改訳）。

(37) ブルーノ・ラトゥール『虚構の「近代」――科学人類学は警告する』（川村久美子訳、新評論、二〇〇八年）、齋藤純一『公共性』（岩波書店、二〇〇〇年）。

COLUMN

ダルマの系譜

井狩彌介
IKARI YASUKE

インドの長い歴史のなかでさまざまに育まれてきた「よく生きる」ことをめぐっての多様な思考のありかた、そして、そのなかでも文化伝統のなかでの人のあるべき行動の指針をあらわすのに、古代以来もっともよく用いられつづけてきた重要な概念である「ダルマ／ダンマ（dharma / dhamma）」は、インド文化史の節目ごとにその変容と発展を繰りかえしてきた。

この「ダルマ」の概念はインドの長い歴史のなかで、多様な文化の接触と対立を経て変遷しながらも、インドの文化史、社会史、宗教史のなかでひとつの重要な底流をなしつつ存続してきた。インド文明史の重要な転回点のそれぞれにおいて、「ダルマ」の概念は状況に応じた新しい読み直しを加えられつつも、その基本性格を保持しつづけた。

オリヴェル教授は、インド文明のもっとも古い時期に焦点を当て、最古の文献ヴェーダからのダルマ概念の変遷を扱い、ヴェーダに基礎を置く、いわゆるブラフマンの知的伝統から、マウリヤ朝のアショーカ王治下の仏教伝統へのダルマ概念の取り直し、さらにその後に展開したヒンドゥー伝統における概念の再編の展開を論じ、ヴェーダのダルマ観念から仏教、ヒンドゥーのダルマ観念への展開を指摘した。また、紀元後六世紀から九世紀に活躍したヒンドゥー法学、教学の有力論者のヒンドゥー法典注釈論書の議論展開から、ヒンドゥー法典の基本性格が、当時に拡がっていた多様な社会集団の実際の慣例・慣習の記録にあったことを指摘した。

オリヴェル教授の提唱する、ブラフマン的知的伝統と仏教とのあいだの相互影響によるダルマ概念の変容と発展という視点はきわめて斬新で、重要な問題提起である。ただ、ヴェーダ期の祭式伝統のなかで展開したブラフマンの知的伝統と初期仏教との関連で、仏教が、先行するブラフマンの知的伝統から「ダルマ」概念をどのように選び取って自己薬籠中のものとしたのかについて、当時の状況をもう少し詳しく理解する必要があろう。

メンスキー教授は、インド法制史の観点から、特に一八世紀以降のイギリスのインド植民地支配の中で起こった行政・司法の実践過程で、イギリス支配層、特に行政・司法関連の官僚のあいだのインド土着法の伝統の基本性格についての誤解から生じた、インド法制のゆがみについて論じている。ヨーロッパ的な一元的な法支配と、インド土着法が基本に置いている多元的な社会の存在を前提とした法の多元性との対照が指摘された。インド近代史のなかでの、二〇〇年に及ぶ司法行政におけるイギリス支配の影響は、独立後のインドの司法行政において未だ大きな後遺症を残しつづけている。その観点から、現代インドの司法における伝統的な法観念とイギリスが持ち込んで実際の司法行政に適用しつづけようとした司法観念のずれが現在どのような問題を起こしているのかは、現代インドの変貌を理解するためのひとつの視点となろう。

古典仏教学の第一人者のひとりである桂教授の、現代のダリトの新仏教運動の創始者アンベードカルの仏教理解、特に彼の「ダンマ」解釈についての分析はきわめて興味深く、論旨はきわめて明快である。また、若原教授の「ダンマ」についての論文が掲載されているので、アンベードカルの仏教観についてほとんど無知である私は、それ以上のコメントを差し控えたい。

ただ一点だけ確認しておきたいのは、イギリス植民地支配期のインド近代のすぐれたエリートたちの思考パターンとアンベードカルの仏教理解との関連についてである。たとえば、ガンディー、ネルー、アンベードカル等のインド独立運動の指導者たちは、英語での高等教育を受け、かつ若くして欧米に留学して、近代西欧思想を深く学んだうえであらためて自国の伝統についての考えを深めるという仕方での、いわば高等教育での教養形成において共通の型を持っている。この点で、たとえばアンベードカルの仏教理解における「ダンマ」の「理性的」あるいは「科学的」な側面はどのように位置づけられるのか、原始仏教における「ダンマ」解釈との比較などについて考える必要があるであろう。

「ダルマ／ダンマ」の概念のインド古代から現代に及ぶ展開の概観を踏まえての田辺教授の提言は、示唆するところが多く、その分析枠組みの大筋に同意し、支持したい。田辺教授の本報告は、インド文化史のなかでかたちを変えて繰り返し現れる重要な概念である「ダルマ／ダンマ」のダイナミズムを明快に説明しうる重要な言説であると思われる。「ダルマ／ダンマ」の概念を、歴史の節目において繰り返し起こった行為規範の見直し、取り直しのダイナミックな過程における焦点となる概念装置と位置づけ、この伝統的な観念がインドの歴史のなかで繰り返して取り直され用いられ続けてきた活力の最大の理由を、西欧近代社会の「聖俗分離」の前提のもとで成立した世俗国家の思考枠組みのなかで置き去りにされた社会と自然、俗と聖、全体と個の領域区分をあらためて見直す契機を与えること、そしてこの概念が社会と自然にかかわる生のすべての領域を覆うものとして持ち出されるからだという解釈は、きわめて説得的である。

一点だけ指摘しておきたいことは、いわゆるブラフマン的な正統思考、正統文献のなかでの内的な対立／衝突（inner conflicts）の典型例として挙げられている『バガヴァッド・ギーター』『バーガヴァッタ・プラーナ』は、いずれもヴェーダ的なブラフマン正統思考に本来異質な思考様式である、唯一神への信愛（バクティ）の思想が融合されたもので、歴史的に見ると、ブラフマン的正統思考とこれに挑戦する対立的異端思考との接触によって生じた、文化融合の興味深い例であることである。これは、ある意味では「ダルマ」思考の柔軟性・包含性を示すもので、インド思想全般においての異質思考の融合の典型例のひとつと考えられ、その意味で、インド思想におけるダイナミックな思考形成パターンを典型的に示すものでもある。

執筆者一覧（掲載順）

嵩　満也（だけ　みつや）　＊奥付に記載

ゴウリ・ヴィシュワナータン（Gauri Viswanathan）
コロンビア大学教授。専門は英語・比較文学。
Masks of Conquest: Literary Study and British Rule in India, Columbia, 1989; 2d ed., Oxford, 1998. ほか多数。

ガンシャム・シャー（Ghanshyam Shah）
インド社会科学研究院（Indian Council of Social Science Research: ICSSR）前研究フェロー。専門は、社会学。
Caste And Democratic Politics In India, Delhi: Anthem Publication, 2004. ほか多数。

佐藤智水（さとう　ちすい）
龍谷大学客員教授、龍谷大学人間・科学・宗教総合センター研究フェロー。専門は東洋史学。
『北魏仏教史論考』（岡山大学文学部研究叢書15、一九九八年）ほか多数。

舟橋健太（ふなはし　けんた）
人間文化研究機構総合人間文化研究推進センター研究員、龍谷大学南アジア研究センター研究員。博士（地域研究、京都大学）。専門は文化人類学。
『現代インドに生きる〈改宗仏教徒〉——新たなアイデンティティを求める「不可触民」』（昭和堂、二〇一四年）ほか多数。

中村尚司（なかむら　ひさし）
龍谷大学名誉教授、龍谷大学人間・科学・宗教総合研究センター研究フェロー。農学博士（京都大学）。専門は地域経済学。
『人びとのアジア——民際学の視座から』（岩波新書、岩波書店、一九九四年）ほか多数。

中根智子（なかね　さとこ）
龍谷大学国際学部講師。博士（国際関係学、立命館大学）。専門はインドの貧困問題・児童労働。
「ストリート・チルドレン」（粟屋利江・伊坂理穂・井上貴子編著『現代インド5　周縁からの声』（東京大学出版会、二〇一五年）ほか多数。

鍬塚賢太郎（くわつか　けんたろう）
龍谷大学経営学部准教授。博士（文学、広島大学）。専門は経済地理学。
「ICTサービス産業の大都市集積と地理的な分散」（岡橋秀典・友澤和夫編著『現代インド4　台頭する新経済空間』東京大学出

版会、二〇一五年）ほか多数。

パトリック・オリヴェル（Patrick Olivelle）
テキサス大学オースチン校名誉教授。専門はサンスクリット語・古代インド文化。
King, Governance, and Law in Ancient India: Kauṭilya's Arthaśāstra, Oxford University Press, 2013. ほか多数。

若原雄昭（わかはら　ゆうしょう）
龍谷大学文学部教授。専門はインド仏教学、インド哲学。
『倶舎――絶ゆることなき法の流れ』（龍谷大学仏教学叢書④、共著、自照社出版、二〇一五年）ほか多数。

ヴェルナー・メンスキー（Werner Menski）
ロンドン大学SOAS教授。専門は南アジア法。
Comparative Law in a Global Context, Cambridge: CUP, 2006. ほか多数。

桂　紹隆（かつら　しょうりゅう）
広島大学名誉教授。Ph. D（トロント大学）、文学博士（京都大学）。専門はインド仏教学、インド論理学。
『インド人の論理学――問答法から帰納法へ』（中公新書、中央公論社、一九九八年）ほか多数。

田辺明生（たなべ　あきお）
東京大学大学院総合文化研究科教授。学術博士（東京大学）。専門は人類学・南アジア地域研究。
『カーストと平等性――インド社会の歴史人類学』（東京大学出版会、二〇一〇年）ほか多数。

井狩彌介（いかり　やすけ）
京都大学名誉教授。Ph. D（シカゴ大学）。専門はインド哲学。
A Study of the Nīlamata, Aspects of Hinduism in Ancient Kashmir（京都大学人文研究所、編著、一九九四年）ほか多数。

【編者略歴】

嵩　満也（だけ　みつや）

1958年生まれ、長崎県出身。龍谷大学国際学部教授、龍谷大学現代南アジア研究センター長。国際真宗学会会長。専門は宗教学・真宗学。
『親鸞読み解き事典』(共編著、柏書房、2006年)、Shinran's Understanding of Amida Buddha: an example of the embodiment of hope in Buddhism, Ed. by Elizabeth Harris, *Hope: A Form of Delusion?*, EOS Publication, 2013.「仏教は共生を語るのか？——「きょうせい」と「ともいき」の相克をめぐって」（権五定・斎藤文彦編『多文化共生の危うさ』経済評論社、2014年）、"In Search of Well-being: Genealogies of Religion and Politics in India"（龍谷大学現代インド研究センター〈現、南アジア研究センター〉、編著、2014年）ほか多数。

龍谷大学国際社会文化研究所叢書21
変貌と伝統の現代インド
——アンベードカルと再定義されるダルマ

二〇一八年三月二三日　初版第一刷発行

編　者　嵩　満也
発行者　西村明高
発行所　株式会社　法藏館
京都市下京区正面通烏丸東入
郵便番号　六〇〇—八一五三
電話　〇七五—三四三—〇〇三〇（編集）
〇七五—三四三—五六五六（営業）

装幀者　田中　聡
印刷・製本　亜細亜印刷株式会社

ISBN 978-4-8318-6371-3　C3015

ポスト・アンベードカルの民族誌　現代インドの仏教徒と不可触民解放運動　根本　達著　五、〇〇〇円

つながりのジャーティヤ　スリランカの民族とカースト　鈴木晋介著　六、五〇〇円

世俗を生きる出家者たち　上座仏教徒社会ミャンマーにおける出家生活の民族誌　藏本龍介著　五、〇〇〇円

舞台の上の難民　チベット難民芸能集団の民族誌　山本達也著　六、〇〇〇円

供犠世界の変貌　南アジアの歴史人類学　田中雅一著　一五、〇〇〇円

インド史　P・N・チョプラ著　三浦愛明訳　三、三九八円

法藏館　価格税別